U0683207

统计学实务

TONGJIXUE SHIWU

项目化教程

主　审　方向阳

主　编　凌彩金　郭　宁　相广萍

副主编　邓希海　惠国群　姚凯欢

东北大学出版社
Northeastern University Press

ⓒ刘正安　周丽梅　李文贵　2019

图书在版编目（CIP）数据

统计学实务项目化教程／凌彩金，郭宁，相广萍主编. -- 沈阳：东北大学出版社，2017. 5（2019. 1重印）

21世纪应用型人才培养"十三五"规划教材

ISBN 978-7-5517-0988-0

Ⅰ. ①统… Ⅱ. ①凌…②郭… ③相… Ⅲ. ①统计学-高等学校-教材

Ⅳ. ①C8

中国版本图书馆CIP数据核字（2015）第135668号

出 版 者：东北大学出版社
　　　　　地　址：沈阳市和平区文化街3号巷11号
　　　　　邮　编：110819
　　　　　电话：024-83680267（社务室）　　83687331（营销部）
　　　　　传真：024-83687332（总编室）　　83680180（营销部）
　　　　　网　址：http：//www. neupress. com
　　　　　E-mail：neuph@ neupress. com
印 刷 者：北京俊林印刷有限公司
发 行 者：东北大学出版社
幅面尺寸：185mm×260mm
印　　张：14.5
字　　数：327千字
印　　次：2019年1月第2次印刷
责任编辑：孙　锋
责任校对：李　欧
封面设计：唐韵设计
责任出版：唐敏志

ISBN 978-7-5517-0988-0　　　　　　　　　　　　　定价：32. 00元

前　言

统计方法在自然科学上的应用已经有很长的历史了，将之认知为一门独立的学科要追溯到 20 世纪。西格尔（Stigler）（1986）将现代统计学确认为一门统一的学科，它"既是逻辑又是方法"，产生了各种统计思想。

近年来，统计学应用性越来越强，与现实的联系也越来越紧密。学生通过系统的学习统计学，不仅可以学习书本上的知识，而且可以深入了解生活中事物的本质特征，同时也为学习其他与统计相关的学科提供了一个基础。

但是，在高校统计学的教学过程中，教师的教与学生的学存在一些问题。主要表现在以下两个方面：

第一，教材重理论、轻实践，应用性不强。特别是围绕抽样分布、参数估计、假设检验、相关分析和回归分析等内容展开的统计知识，理论性强，课程内容与实际生活脱节，导致学生学习的积极性不高。

第二，学生对统计学中的推导公式和原理很难理解，特别是专科院校学生，本身数学功底比较薄弱，他们对统计推导觉得非常深奥，在学习的过程中存在严重的畏惧情绪，上课听不懂，也不愿意听。

应用统计学的精髓在于利用统计学的知识解决实际问题，如何提高统计意识、培养统计思维就变得非常重要。随着信息技术的发展，统计学中很多问题都可以借助计算机及其统计分析或统计软件来处理。在西方发达国家，SAS 和 SPSS 是大学生的必修课。在我国，SAS 和 SPSS 也逐渐成为统计从业人员的"看家本领"。《统计学实务项目化教程》强调统计知识的应用，将统计知识与计算机相结合，着力提高学生运用计算机解决统计问题的能力。SAS 和 SPSS 等专业统计分析系统或统计软件包费用昂贵、推广不易，因此本教材所有涉及的统计计算，都由目前使用最广的 Excel 软件的统计功能完成。

《统计学实务项目化教程》是笔者在多年的教学实践基础上，结合现实生活中的统计案例凝练而成，着重培养学生对现实生活中的实际问题进行调查、分析和研究的能力。教材每一章都以任务的形式导入，对任务进行分解，然后介绍有关统计知识，结合 Excel 软件中的统计工具，解决现实生活中的数据整理与分析问题。每一个任务配备案例分析、上机实训，并附有实训答案和教学课件。

本书由方向阳担任主审并参与编写任务一，凌彩金、定西师范郭宁、相广萍担任主编，邓希海、惠国群、姚凯欢担任副主编。笔者力图使《统计学实务项目化教程》成为一本融 Excel 的高级应用与初、中级统计学于一体的项目化教材，可供经管专业本、专科学生使用，特别适合自学统计分析的读者和统计学爱好者使用。

由于作者水平有限，加之成书时间较紧，虽然我们尽了最大努力，但书中仍难免有错误和疏漏之处，恳请有关专家和广大读者批评指正。

编　者
2018 年 5 月

目录

Contents

任务1 选择调查研究的方法与设计调查问卷

【任务目标】

通过完成本项目，应该能够：

①了解调查研究的基本方法；

②体会调查问卷的作用；

③识记问卷的类型和基本结构；

④学会编制调查问卷。

【任务分解】

子任务1.1：选择调查研究的方法。

子任务1.2：设计问卷的问题与答案。

子任务1.3：确定问题的组织与编排。

子任务1.4：编制电子问卷。

子任务1.5：问卷评估与抽样。

1.1 选择调查研究的方法

任务提示 本项目将完成选择调查研究的方法。

背景资料

某超市有限公司与一所大学的校企合作经营校园超市

"工学结合、校企合作"是最近几年职业教育的热点，为了提高相关专业生源的实践能力，推进高校与企业间的紧密联系，促进高校教学与社会实际工作进一步紧密结合，某超市有限公司欲与一所注册学生 6000 人的大学签订一份校企合作协议。

校企双方合作在学校指定地点开设超市，由超市有限公司负责装修、货架、商品、促销等方面的投入，学校负责提供一个面积不小于 100 平方米的店面、水电。本着公益与实践的原则，超市不以盈利为目的，超市的销售毛利在支付学校勤工俭学人员的工资后，用于校企双方设立的助学金/奖学金。

超市有限公司前期所作校园超市可行性分析如下。

目前的校园超市大多为非专业经营，商品品质、品类结构、营销促销等方面都处于底端运作阶段，主要依靠为学生提供的便利性服务来获得高毛利的经营回报。由于不规范的经营，高毛利低品质的商品满足不了学生的需求，大多数的学生顾客处于被动消费的地位。非专业的经营无法衍生超市延伸服务项目。

店铺预计投入 27.5 万元，其中包括货架及固定资产投入 5 万元、商品投入 15 万元、信息设备 1.5 万元、装修投入 5 万元、营销投入 1 万元，以上投入完全由超市公司负责。

学校拥有学生逾 6000 人，以每人每天到超市消费 1 元计算，一天校园超市零售的市场容量在 6000 元以上。

以日均有效客流 800 人计，客单 10 元，每日营业额为 8000 元，扣除销售费用约 3% 的纯利后，每月销售额：$8000 \times 3\% \times 30 \times 9 = 64800$ 元。

因此，专业的零售进入学校存在着较大的生存空间。

这个分析唯一的问题是，超市有限公司不清楚该大学每周的销售额到底是多少，大学生消费习惯与普通市民的差异是什么？该公司委托学校市场营销专业的学生对该校学生进行市场调查，以获得所需要的信息。根据任务，有关学生组织了一项调查，要求就该校大学生的消费习惯、购买力等进行调查，校企将根据调查结果作最后的决定。

知识要点 ————————————————————————————————>>>

"没有调查就没有发言权"，了解社会、了解市场要学会调查。调查研究是市场运作中必不可少的一个环节，同时也是一个项目策划前期准备工作的重要组成部分，只有在深入彻底的调查研究的前提下，营销策划和市场操作才有规可循，也只有这样，才有可能获得成功。学会调查研究，可掌握第一手的数据信息，为统计分析提供数据，从而获得科学的指导、把握机遇，以便在激烈的市场竞争中稳操胜券。统计就是从数据中获取信息的一种方法，这就是统计的概念。

在调查活动中，可以供调查人员选择的方法有许多种，每种方法都有各自的适用范围、不同的优缺点，如果调查人员能根据调查任务、调查目的、调查对象的特点、调查活动的经费预算及调查活动所需要的时间等限制因素来选择恰当的调查研究方法，就会达到事半功倍的效果。

确定调查方法，就是确定采取哪种方式进行调查。调查研究的方法有很多种，主要有访谈调查法、问卷调查法和文献追踪法等。

（1）访谈调查法

访谈调查法又称访谈法、谈话法或访问法，是指通过与研究对象交谈收集所需资料的调查方法。访谈是一种研究性交谈，也就是两个人（或更多人）之间一种有目的的谈话，其中由访谈员一方通过询问来引导被访者回答，以此了解调查对象的行为或态度，最终达到调查的目的。

访谈一般以面对面的个别访谈为主，也可采用小型座谈会、调查会的形式进行团体访谈，还有通过电话进行的电话访谈。访谈既可以作为一种独立的研究方法，也可以作为其他研究方法中收集资料的辅助方法。

访谈调查法有灵活、准确、深入的优点，但访谈调查法也有成本较高、缺乏隐秘性、受访谈员影响大、记录困难和处理结果难等局限。

例 1-1：“那个问题您怎么看？”“它对您有帮助吗？”“帮助在什么地方？”“您建议下一步我们怎么做？”

（2）问卷调查法

问卷调查法又称书面调查法或填表法，是指用书面形式间接搜集研究材料的一种调查手段。通过向调查者发出简明扼要的征询单（表），请示填写对有关问题的意见和建议来间接获得材料和信息的一种方法。优点是清晰、直观、不易遗漏，是调查研究的关键手段。问卷一般有以下 3 种形式。

①报刊问卷。在报纸或刊物上公布调查表、号召读者作出书面问答，并指定地址寄回答案。

②邮寄问卷。把已印好的调查表寄给一定类型的对象，并请他们填写答案后，按照指示寄回调查表。

③发送问卷。由研究人员把调查表发给集中在一处的一群调查对象，要求他们当场填写后，直接收回。

（3）文献追踪法

文献是宝贵的信息资源，它记载着各个企业、部门的生产史和经营史。文献包括各类经济的报纸杂志和广告，特别是政府部门的统计数据及新闻报刊的信息。对各种有价值的文史档案进行追踪调查，从中分门别类地进行分析对比、去粗存精，以预测近期市场的发展趋势，进而制订出相应的竞争对策。文献追踪法对社会调查和市场营销具有普遍的实用价值。

本项目将着重介绍最常用的问卷调查法。

阅读与思考

调查研究根据不同的标准，可以划分为以下几种类型。

①根据调查研究的目的，可分为描述性研究、解释性研究、预测性研究。

②根据调查研究的时序，可分为横向研究、纵向研究。

③根据调查研究的性质，可分为定性研究、定量研究。

定性研究是指某一社会现象以现有的文献资料或经验材料为依据，运用演绎、归纳、比较、分类、矛盾分析等方法，对某种事物进行研究的一种类型。其特点是：可以从纷繁复杂的事物中探寻其本质特征和要素，从个别的、典型的材料中得出结论；所得出的结论多具有概括性或概貌性。

定量研究是运用概率、统计原理对社会现象的数量特征、数量关系和事物发展过程中的数量变化等方面进行的研究。其特点是：在实地调查搜集资料方面，强调运用抽样技术选择样本；在对样本进行调查研究中，运用变量、假设、检验等概念和方法，对一些社会现象进行量化研究；它是为认识社会现象的不同性质提供量的说明，由此来了解事物的性质，或者了解某一社会现象各要素之间量的关系。

调查法的内容有以下几点。

①是什么？弄清社会问题。

②为什么？寻找问题原因。

③怎么办？寻找解决方法。

调查法的作用有以下几点。

①为研究人员提供研究专题的第一手材料和数据，揭露现实社会存在的问题、暴露矛盾，通过不断解决各种矛盾促进社会的发展。

②为有关部门制定政策、规划、改革提供事实依据，为实现不同层次和不同要求的管理与预测服务。

③明了社会现状，发现新的研究专题、先进的经验或存在的问题，并提出解决问题的新见解、新理论，从而推进该领域工作的科学化。

调查法的实施有以下几点。

①调查什么？

②谁去调查?

③向谁调查?

④怎样调查?

案例分析

超市店址的选择

超市的选址是否正确是超级市场经营成败的一个关键,因为店铺开发最重要的问题是设备投资能否在预定的期限之内顺利回收,而店址选择得好坏直接影响到投资的收益,所以要开办一家超市,放在首位的工作便是挑选一个合适的店址。超市的地点选择有其内在的客观规律性,只凭借感觉和经验往往不能得出正确的结论,无论是改造旧店址成为新超市还是重选新址,都必须应用科学的方法,认真地进行分析与研究。超市的地址如何确定?繁华区是店铺的最佳位置,但对超市而言,并非理想之地。城郊及居民区商业不很发达,但超市却能生存和发展。

请思考: 本案例中应该选用哪些调查方法?这些方法有什么优缺点、分别调查哪些内容?

实训练习

学生走出课堂,走向市场,以小组为单位开展调查,获取第一手资料。

要求:对班级学生进行分组,每组选择一个调查主题,明确调查的主要目标、主要内容和主要调查对象,并且选择相应的调查方法。

1.2 设计问卷的问题与答案

问卷调查法是把被调查的问题有条不紊地罗列在调查表中,让被访者如实回答。问卷调查的施行步骤分为研究问题的设定、编制问卷、问卷的修改与试测、正式施测、数据统计分析、形成调查研究报告。接下来,将进入一个新的业务操作环节:设计调查问卷。

任务提示 本项目将完成调查问卷问题与答案的设计。

背景资料

调查问卷是由一个又一个问题组成的，这些问题凝结着问卷设计人员的智慧和汗水。有这样的一个例子：为了对大学生就业情况进行调查，有所学校在设计好问卷之后，派人员进行街头拦截访问。一名调查员将调查地点选在一个闹市区，正巧迎面来了四个人。调查人员马上上前问道："对不起，打扰一下，你能谈谈对目前大学生就业难的看法吗？"结果四个人的回答是这样的，甲说："困难是什么意思？"乙说："大学生指的是哪些人？"丙说："什么是看法？"丁说："什么是打扰？"。这个例子说明了在问卷设计和实施问卷调查的时候，必须充分运用一定技能的重要性及必要性。

知识要点 -->>>

（1）设计问卷的问题

① 研究问题的确定。即确定要研究问题的具体内容，这是要编制问卷结构与项目的重要依据。

例1-2：对中学生"追星"的调查研究。

现状描述：

究竟有多少学生加入了"追星"行列？

"追星"现象究竟到了何种程度？

它对学生的身心健康，特别是学业是否造成了不良影响？

原因分析：

"追星"受到哪些因素的影响呢？

究竟是明星的哪些特质吸引学生去追逐？

对策研究：

在原因分析的基础上，找到一些具体的措施与方法，能将学生的不当行为引导到正常轨道上来，建设良好的校园文化。

②设计直接性问题和间接性问题。直接性问题是指通过直接的提问就能够得到答案的问题，这些问题一般是一些已经存在的事实或被调查者的一些不很敏感的问题。

例1-3：直接性问题：你的出生地？

　　间接性问题指的是被调查者的一些敏感、尴尬、有危险或有损自我形象的问题。这些问题一般不宜直接提问，而必须采用间接或迂回的询问方式发问，才能得到答案。如不假思考而直接发问，可能引起被调查者的反感，导致调查过程出现不愉快或得不到真实的答案。

　　例 1-4： 间接性问题：你获得本工作之前求职被拒绝过几次？

　　③设计封闭式问题或开放式问题。封闭式问题是指事先将答案的各种可能答案一一列出，由被调查者根据自己的意愿选择回答。优点是标准化程度高，回答问题方便，数据便于处理和分析，可以避免无关答案，回答率高。缺点是给出的选项可能对被调查者产生诱导，或答案中没有被调查者真实想回答的内容而导致随便乱答。目前，问卷的问题普遍以封闭式问题为主。

　　开放式问题是指调查者对所提出的问题不列出具体答案，被调查者可以自由地运用自己的言语来回答和解释有关想法。优点是比较灵活，能调动被调查者的积极性，便于充分自由地表达意见和想法，可以收集到原来没有想到或者忽视的资料。缺点是问题的标准化程度较低，数据的采集和加工比较困难。

　　（2）设计问题的答案

　　①填空式。即在问题后面画一短横线，让回答者填写。

　　例 1-5：

　　　　a. 您的年龄是_____岁？

　　　　b. 您家有几口人？_____人

　　　　c. 您有几个孩子？_____个

　　　　d. 您每天上班需要_____（分钟）时间？

　　②是否式。答案只有"是"和"不是"（或者其他肯定和否定形式）两种，回答者根据自己的情况选择其一。一般在民意测验中使用最多。优点是回答简单明了，可以严格地把回答者分成两类不同的群体。缺点是得到的信息量太小，不能了解和分析回答者中客观存在的不同层次。

　　例 1-6：

　　　　a. 您是共青团员吗？　　　　　　　　　　　　是□　　不是□

　　　　b. 您住在本市吗？　　　　　　　　　　　　　是□　　不是□

　　　　c. 您家有空调吗？　　　　　　　　　　　　　有□　　没有□

d. 您赞成学分制吗？ 赞成□ 不赞成□

③多项单选式。给出的答案至少在两个以上，回答者根据自己的情况选择其一，这也是问卷中采用最多的一种问题形式。

例1-7：您的文化程度是

a. 小学及以下 b. 初中

c. 高中或中专 d. 大专以上

④多项限选式。在所列举的答案中，回答者根据自己的情况选择若干个答案。

例1-8：您喜欢看哪一类电视节目（请最多选择三项打√）。

a. 新闻节目 b. 电视剧

c. 体育节目 d. 广告节目

e. 教育节目 f. 歌舞节

g. 少儿节目 h. 其他（请注明）＿＿＿＿＿＿＿＿＿＿

⑤多项排序式。在所列举的多个答案中，选择两个以上的答案，按照自己的情况，把它们排上顺序。

例1-9：学习动机的调查

你每天在学校或家里读书是怎样一种兴趣？在下列答案中，按照你自己的情况，把它们排上顺序。对你来说最主要的就在（ ）中写入1，其次比较主要的就在（ ）中写入2，余者类推。

（ ）因为得了好成绩，心里高兴，而读书能得好成绩。

（ ）因为对书有兴趣。

（ ）没有什么想法，只是默默地读。

（ ）因为获得新知识、懂得新事物，觉得很快乐。

⑥矩阵式。这是一种将同一类型的若干个问题集中在一起，构成一个问题的表达方式。

这种矩阵形式的优点是节省问卷的篇幅，同时由于同类问题集中在一起，回答方式也相同，因此，也节省了回答者阅读和填写的时间。

例1-10：您对苏州电信提供的下列服务的看法如何？（请在所选方框内打√）

服务项目	很满意	满意	基本满意	不满意	很不满意
①装机移机服务	☐	☐	☐	☐	☐
②话费查询服务	☐	☐	☐	☐	☐
③电话障碍修复	☐	☐	☐	☐	☐
④公用电话服务	☐	☐	☐	☐	☐

⑦表格式。这是矩阵式的一种变体，其形式与矩阵式十分相似。

例 1-11：上述矩阵式问题对应的表格式问题就是：您对苏州电信的下列服务的看法如何？（请在所选方框内打√）

服务项目	很满意	满意	基本满意	不满意	很不满意
①装机移机服务					
②话费查询服务					
③电话障碍修复					
④公用电话服务					

表格形式的问题除了具有矩阵形式的特点外，还显得更为整齐、醒目。但应当注意的是，这两种形式虽然具有简单集中的优点，但是也同时使人产生呆板、单调的感觉，在一份问卷中这两种形式的问题不易用得太多。另外，这两种形式只能减少问题在问卷中的篇幅，并不能减少其数量，比如例 1-11 中实际上包含了 4 个问题。

⑧条件式（追问式）。

例 1-12：你有喜欢和崇拜的明星吗？

a. 有　　　　　b. 没有

如果有，请写下他们的名字 ＿＿＿＿＿＿＿＿＿ 。

有些问题仅适合一部分回答者回答，因此，要使用有条件的题目（即过滤性题目）。再者，有时对某些问题需要更深入的了解，也需要用有条件的题目。

（3）确定问题的用词

问卷的问题撰写有许多小技巧，注意这些可以提高问卷的质量与效度。

①要避免题目中包含两个以上的概念或事件。

例 1-13： 你是否喜欢语文和数学？

a. 是　　　　b. 否

改为两个题目："你喜欢语文吗？""你喜欢数学吗？"，问题中要避免"或""与""和""及"。

②题意要清楚，避免过于空泛。

例 1-14： 你以为大众传媒会对儿童产生影响吗？

改：你认为电视会对儿童的功课产生影响吗？

a. 是　　　　b. 否

③避免用不适当的假设。

例 1-15： 你是否满意去年的加薪？

a. 是　　　　b. 否

改用有条件的问题，先提出一个过滤问题，再进一步问这个问题。如"你去年是否加薪？"如果答"是"，就加问："你是否满意去年的加薪？"

④避免使用容易被误解的字词，如果使用，就必须清楚界定。

例 1-16： 你在哪里读书？

应改为"你在哪一所学校读书？"

⑤当反应项目属于类别项目时，必须列举完整。

例 1-17： 当你有问题时，你通常先找谁谈？

a. 父母　b. 老师　c. 同学　d. 朋友

改：当你有问题时，你通常先找谁谈？

a. 父母　b. 老师　c. 同学　d. 朋友

e. 其他＿＿＿＿＿＿（请填写）

⑥避免倾向性的问题。

例 1-18：省教育厅不同意小学招收赞助生，你的意见如何？

改：关于小学招收赞助生，你的意见如何？

例 1-19：大多数教师认为中学生不能抽烟，你是否同意这一观点？

改：关于中学生抽烟的问题，你的意见如何？

⑦委婉地提出敏感性问题。

例 1-20：你是否赌博？

改：现在一些同学中间流行用扑克、纸牌等定输赢，你是否也喜欢玩这些扑克、纸牌的游戏？

⑧问卷的长度。整份答卷要尽可能简短，其长度只要足以获得重要的资料即可。如果问卷太长、花费的时间太多，回答者有可能不愿意或不认真回答。一般团体以 30 分钟、个人以 15 分钟为宜。

⑨问卷的编排。问卷一般按照以下顺序进行编排：时间顺序、内容顺序、类别顺序。如先是"追星"的现状问题，再是"追星"的原因问题。一般把容易的、人们感兴趣的放在前面，不容易回答的或生疏的放在后面，由浅到深、由易到难；敏感性问题与开放性问题置于问卷的最后。

阅读与思考

利克特量表（Likert-type scale）。

1932 年，R. 利克特提出了一个简化的测量方法，称为相加法。它不需要收集对每个项目的预先判断，只是把每个项目的评定相加而得出一个总分数。利克特量表是由一系列陈述组成的，利用五点或七点量表让被试者作出反应，五点量表是指从强烈赞同—赞同—中性—不赞同—到强烈不赞同，一般以五点最常用。

例如：

和其他同学比较起来，你每天花在欣赏明星的歌、电视电影及有关报纸杂志、网页的时间如何？

a. 非常少　　b. 很少　　c. 差不多　　d. 很多　　e. 非常多

案例分析

中学生精神文化消费调查问卷

各位同学，你们好！我们是来自××学校的学生，我们正在对中学生的精神文化消费问题开展调查研究，希望你们能协助我们完成这份问卷，因为你们的协助对于我们这次研究是至关重要的。完成这份问卷大约需要花费你 10 分钟的时间，希望你能如实地完成全部问卷。

谢谢你的合作！

××学校××班级学生

时间（年、月、日）

1. 你经常逛书店吗？（　　）

A. 经常　　　　B. 有时　　　　C. 很少　　　　D. 从不

2. 你订阅报纸吗？（　　）

A. 有　　　　B. 无

3. 你喜欢看报纸的哪一类文章？（　　）（可多选）

A. 时事政治　　B. 体育　　　　C. 娱乐　　　　D. 文艺

E. 其他

4. 你喜欢看书吗？（　　）

A. 喜欢　　　　B. 不喜欢

5. 你喜欢看的书有（　　）。

A. 文艺百科　　B. 科幻　　　　C. 中外名著　　D. 漫画

E. 言情　　　　F. 武侠　　　　G. 其他

6. 你所看的书的来源（　　）。

A. 朋友借的　　B. 图书馆借的　C. 买的　　　　D. 学校发的

E. 租的　　　　F. 其他

7. 你是否常因为学习而不得不放弃读课外书的时间？（　　）

A. 是　　　　B. 否

8. 你以为书的价格如何？（　　）

A. 贵　　　　B. 较贵　　　　C. 一般　　　　D. 便宜

9. 你一周花费在书、报上的钱大约（　　）

A. 低于 10 元　B. 10～30 元　C. 30～50 元　D. 50 元以上

10. 你经常上网吗？（　　）

A. 经常　　　　　B. 有时　　　　　C. 很少　　　　　D. 从不

11. 你一周的上网时间(　　　)。

A. 低于 3 小时　　B. 5 小时内　　C. 10 小时内　　D. 20 小时

E. 更多

12. 你在哪儿上网?(　　　)

A. 网吧　　　　　B. 家中　　　　　C. 学校　　　　　D. 其他

13. 你上网做什么?(　　　)(可多选)

A. 聊天　　　　　B. 查资料　　　　C. 游戏　　　　　D. 购物

E. 其他

14. 你觉得上网的费用如何?(　　　)

A. 贵　　　　　　B. 较贵　　　　　C. 一般　　　　　D. 便宜

15. 你觉得上网会影响学习吗?(　　　)

A. 会　　　　　　B. 不会　　　　　C. 不一定

实训练习

选择一个调查主题，根据主题设计调查问卷的问题和答案。

1.3　确定问题的组织与编排

任务提示 本项目将完成调查问卷的设计与编排。

背景资料

市场营销专业的学生要对某地区大学生的网上购物情况作一个调查，调查的问题包括大学生的个人基本信息、网络购物情况等内容，可是在对大学生进行调查时却被问道："你们要做什么调查?""你是哪个单位的? 为什么要找我问这个问题?"

知识要点 --->>>

问卷的结构。

在一般情况下，问卷的基本结构由以下几部分组成：标题、封面信、指导语、问卷的题目、结语。

（1）标题

标题要直接、明白地表明自己的研究内容，应该与研究目的相符、简单明了。如："中学生'追星'现状调查"。

（2）封面信（cover letter）

封面信的 WWH 三原则：要说明调查者的身份（who），要说明调查的大致内容和进行这项调查的目的（why），要说明调查对象的选取方法和对调查结果保密的措施（how）。

（3）指导语

指导语是指导被调查者填写问卷的说明，作用与仪器的使用说明书相似。有些指导语集中在封面信之后，并标有"填表说明"的标题，其作用是对填表方法、要求、注意事项等作一个总体说明。

例如：

同学，你好：

为了解你们对"追星"现象这一普遍的社会问题的态度和看法，加深我们对你们的了解，创建一种良好的校园文化氛围，请你协助进行这次调查。本次调查不记名，所以你们不必顾忌，只需按照自己的真实情况，如实回答就可以了。谢谢！

填表说明：

a. 请在每一个问题后适合自己情况的答案号码上画圈或者在——处填上适当的内容。

b. 问卷每页右边的数码及短横线是上计算机用的，您不必填写。

c. 若无特殊说明，一个问题只能选择一个答案。

d. 问题没有对错之分，填写问卷时，请不要与他人商量。

（4）问题

问题一般包括以下两部分资料。

①个人的背景资料：既可放在问卷的前面，也可放在问卷的后面。

例如：

您的性别：男_____ 女_____

②具体调查的内容：

例如：

你对自己喜欢的明星的熟悉程度如何？

a. 只是认识，知道名字，看过他们的表演或节目

b. 知道他们的基本情况，例如身高、体重、爱好、家庭等

c. 努力地搜集有关他们的一切消息和新闻

（5）结语

结语用一段短语内容表示。通常是对被调查者的合作再次表示感谢，以及关于不要漏填与复核的请求。

例如：

题目已完，谢谢你真实有效的回答，万分感谢！

也可以提出关于本次调查形式与内容感受等方面的问题，以征询被调查者的意见。

例如：

题目已完，如果您对本次调查有什么意见或想法，请写在下面。谢谢！

阅读与思考

问卷调查的类型。

问卷（questionnaire）一词源于法文，意为"一种为了统计或调查用的问题表格"。研究变量有机体变量（性别、年龄、文化程度等）和反应变量（意见、期望、动机、兴趣、态度、信念、行为等）。

按照问卷填答者的不同，问卷调查可分为自填式问卷调查和代填式问卷调查。其中，自填式问卷调查，按照问卷传递方式不同，可分为报刊问卷调查、邮政问卷调查和送发问卷调查；代填式问卷调查，按照与被调查者交谈方式不同，可分为访问问卷调查和电话问卷调查。

上述几种问卷调查方法的利弊可简略概括如表 1－1 所示。

表1-1 各种问卷调查方式的利弊

项目	自填式问卷调查			代填式问卷调查	
	报刊问卷	邮政问卷	送发问卷	访问问卷	电话问卷
调查范围	很广	较广	窄	较窄	可广可窄
调查对象	难控制和选择，代表性差	有一定控制和选择，但回复问卷的代表性难以估计	可控制和选择，但过于集中	可控制和选择，代表性较强	可控制和选择，代表性较强
影响回答的因素	无法了解、控制和判断	难以了解、控制和判断	有一定了解、控制和判断	便于了解、控制和判断	不太好了解、控制和判断
回复率	很低	较低	高	高	较高
回答质量	较高	较高	较低	不稳定	很不稳定
投入人力	较少	较少	较少	多	较多
调查费用	较低	较高	较低	高	较高
调查时间	较长	较长	短	较短	较短

案例分析

某高校电子商务专业用人单位调查问卷

尊敬的领导：

您好！

感谢贵单位长期以来对我院毕业生就业工作的大力支持，感谢您拨冗接受调查。

我们向您保证调查所得数据资料只作为学院的调研及提高教学、管理水平之用，不涉及任何商业用途，对于您填写的全部资料，我们承诺严格保密！向您表示衷心的感谢！

×××× 学院

（盖章）

2010.7

一、基本信息

1. 贵单位名称：_____

贵单位性质：_____（国营、民企、外企）

2. 您所在部门：_____

二、用人情况与需求调研（请在相应选项的 □ 内打"√"或在_____上填写相

关内容）

（一）企业用人现状

1. 贵单位（部门）员工总数 _____ 人，其中硕士及以上 _____ 人，本科 ____
____ 人，专科 _____ 人，中专 _____ 人。

2. 贵单位（部门）员工技能等级结构：高级 _____ 人，中级 _____ 人，初级
_____ 人。

3. 贵单位（部门）薪资结构：1000 元以下 _____ 人，1000～1500 元 _____ 人，
1500～2000 元 _____ 人，2000 元以上 _____ 人。

4. 贵单位（部门）录用经管类高职（大专）毕业生的专业主要有 _____
□市场营销 □营销策划 □经济管理 □电子商务 □其他 _____

5. 贵单位（部门）录用经管类高职毕业生从事的岗位主要有 _____
□商务代表 □电话营销 □网站推广 □网站开发 □传统营销
□网站编辑 □企业信息管理 □其他 _____

6. 贵单位（部门）招聘高职毕业生的主要方式（限选 3 项）
□直接与高职院校联合培养，择优选用优秀毕业生 □熟人介绍
□通过政府主管部门举办的毕业生双选会 □在毕业生就业网上挑选
□通过政府人才中介机构举办的人才交流会 □大中专毕业生自荐
□直接到各大中专学校挑选 □其他 _____

7. 贵单位（部门）录用高职毕业生时会优先考虑（限选 2 项）
□基本素养 □专业知识 □操作技能
□工作实践经历 □外语水平 □计算机应用能力 □其他 _____

8. 贵单位（部门）对高职毕业生工作称职情况的综合评价
□好 □较好 □一般 □较差

（二）企业人才需求情况

1. 贵单位（部门）对高职毕业生的需求量约为 _____ 人/年

2. 贵单位（部门）在未来对经管类高职毕业生有大量需求的岗位主要有（在岗位下
打√）

年限	商务代表	电话营销	网站推广	网站开发	传统营销	网站编辑	企业信息管理	其他
1～3 年								如：
3～5 年								如：
5～10 年								如：

3. 贵单位（部门）在录用电子商务专业高职毕业生时比较看重的职业资格证书
有_____

☐ 助理电子商务师证书 ☐ 助理营销师证书 ☐ 阿里巴巴电子商务应用专员证书

☐ 其他证书_____

4. 您认为目前高职人才培养工作最需要改革的环节是（限选 3 项）

☐ 转变学生就业观念 ☐ 加强专业知识学习

☐ 加强动手实践能力培养 ☐ 强化学生职业道德意识

☐ 加强行为规范的训练 ☐ 加强语言表达和沟通能力的训练

☐ 加强团队意识的训练 ☐ 加强学生基本素养教育

☐ 加强计算机应用能力的培养 ☐ 加强外语应用能力的培养

☐ 其他_____

谢谢您的配合！

实训练习

确定调查主题，设计一份结构完整的调查问卷。

1.4 编制电子问卷

任务提示 本项目将完成利用 Excel 工作表制作电子问卷。

背景资料

问卷调查是市场调查中最有效也是被经常使用的一种方法，其中问卷调查表的设计是非常重要的一个环节，甚至决定着市场调查的成功与否，而电子调查是目前新流行的问卷调查形式。

例如，某银行对使用其发行的银行卡用户进行用卡调查，可是用户地点分散在全国各地，要全部召集是不可能的。调查负责人想出了可以制作一份如图 1-1 所示的电子问卷，由被调查者远程答题后，通过邮箱发送回来。关键是电子问卷该如何编制呢？

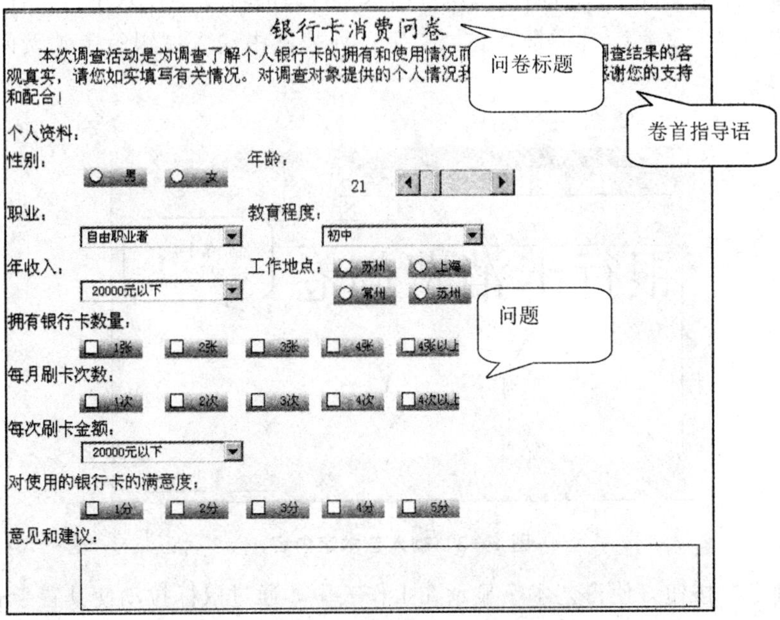

图 1-1 调查问卷样表

知识要点 >>>

（1）插入艺术字

为了使调查表版面美观漂亮，对其插入艺术字来创建问卷调查表卷首标题。

启动 Excel 程序，单击菜单栏中的"插入→图片"命令，在右侧会弹出一个级联菜单，选择"艺术字"选项，如图 1-2 所示。

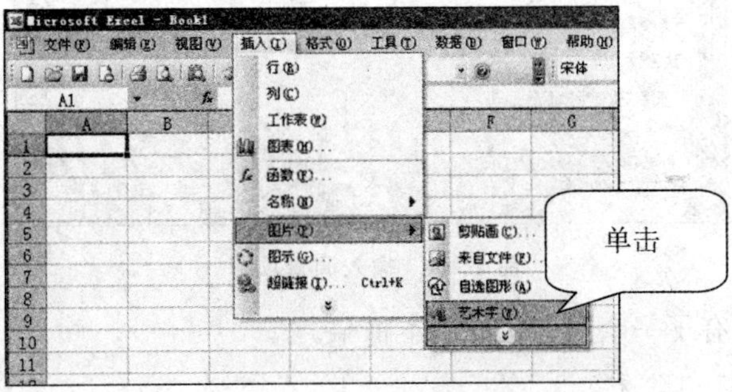

图 1-2 选择"艺术字"

19

系统弹出"艺术字库"对话框，用户可以根据自己的喜好选择其中一个样式，系统弹出"编辑'艺术字'文字"对话框，在"文字"列表框中输入"银行卡消费问卷"字样，如图1-3所示。

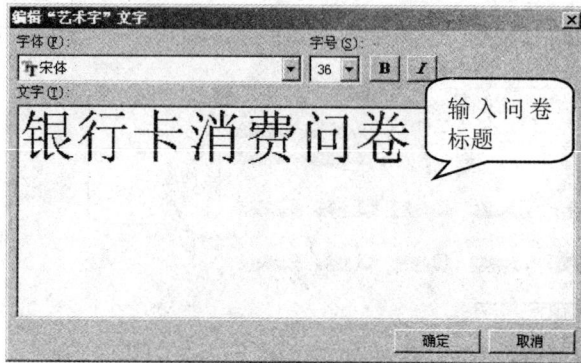

图1-3 输入艺术字内容

单击"确定"按钮，使得艺术字显示在工作表中，通过鼠标拉动使其置于表头正中。

（2）输入内容

根据调查内容需要，输入调查表各项调查项目，比如卷首指导语、被调查者的"性别""年龄"等，如图1-4所示。

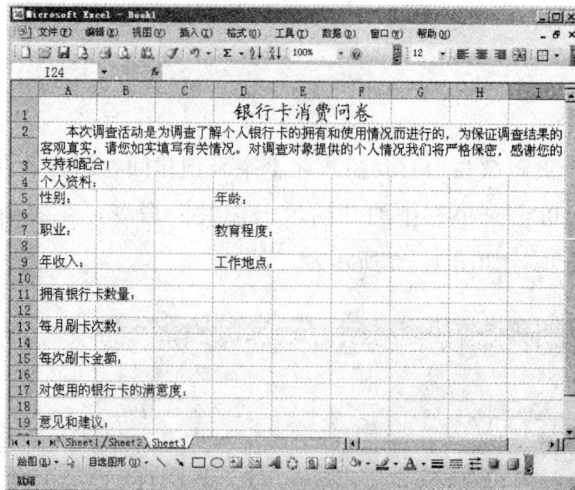

图1-4 输入调查项目

这样，就大体上有了一个问卷表的基本框架。

（3）添加"窗体"工具栏

针对各项目的填入方式，选择相应的按钮、列表框或者滚动条。

单击菜单栏中的"工具"按钮，在弹出的下拉菜单中选择"自定义"选项，弹出"自定义"对话框，在"工具栏"列表框中勾选"窗体"复选框，如图1-5所示，单击"关闭"按钮。可以看到，工作表中出现了"窗体"工具栏，通过单击工具条中的各按钮，就可以实现对各种按钮、列表框或者滚动条的添加，如图1-6所示。

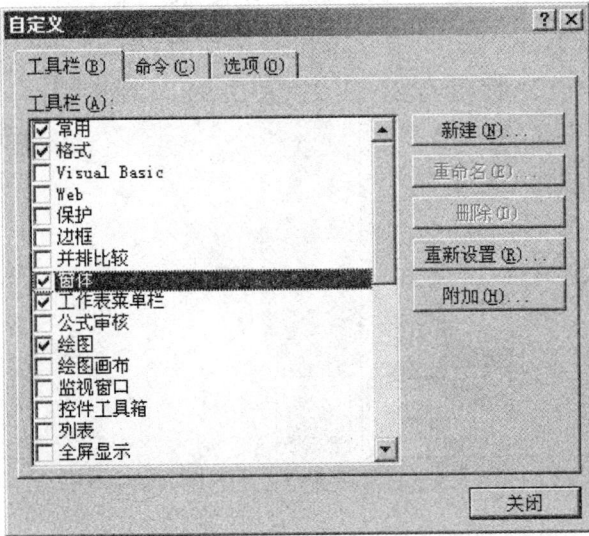

图1-5 选择"窗体"　　　　　　　图1-6 "窗体"工具栏

①添加单选按钮。因为"性别"只有男女两项，而且为两者选其一，因此，应该对该项添加单选按钮，单击"窗体"工具栏中的"选项按钮"（选中后，按钮会变成橙红色），在"性别"项右方单元各处单击，可以看到，单选项按钮已经添加在相应的位置，如图1-7所示。

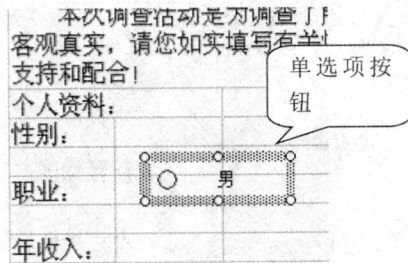

图1-7 添加单选项按钮

下面对按钮进行美化操作。仍然在添加的选项按钮上右击鼠标，弹出快捷菜单，选择其中的"设置控件格式"选项，系统弹出"设置控件格式"对话框，在"颜色与线条"选项卡中更改颜色设置，单击"填充"选项组中的"颜色"下拉列表，选择"填充效果"命令，在弹出的"填充效果"对话框"渐变"选项卡中进行如图1-8所示的设置。

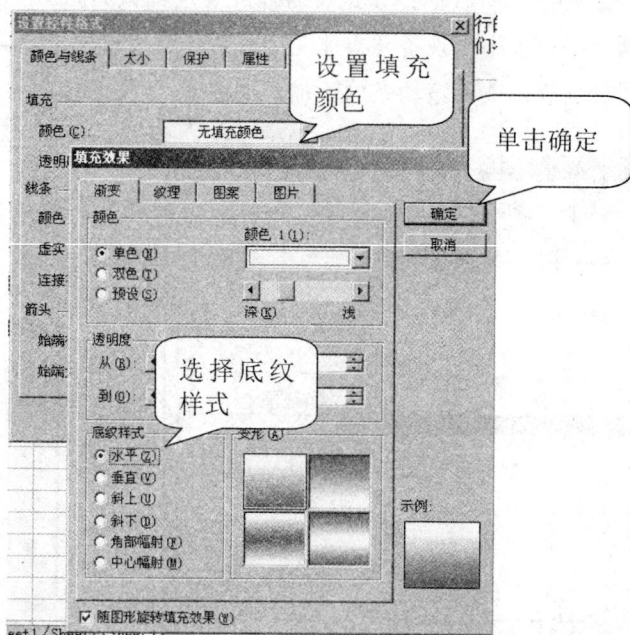

图1-8 设置填充效果

单击"确定"按钮，关闭对话框，再以同样的操作步骤添加并设置好另一个选项按钮，最终效果如图1-9所示。

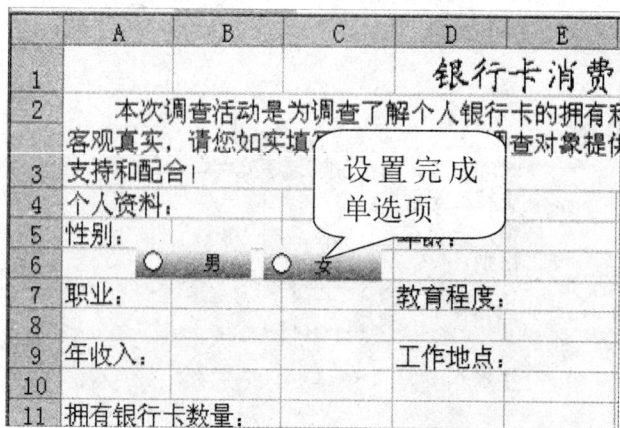

图1-9 最终效果

②设置"滚动条"。接下来设置"年龄"控件，这里选择"滚动条"。在"窗体"工具栏中单击"滚动条"按钮，添加过程和选项按钮一样。在添加的"滚动条"控件右击鼠标，弹出快捷菜单，选择其中的"设置控件格式"选项。系统弹出"设置控件格式"对话

框，切换到"控制"选项卡，在"当前值"文本框中输入"0"；"最大值""最小值"文本框分别设置为"0""100"；"步长""页步长"，按照默认值"1""10"设置；将"单元格链接"选择为单元格 E6，即"滚动条"控件左侧的单元格，如图 1-10 所示。

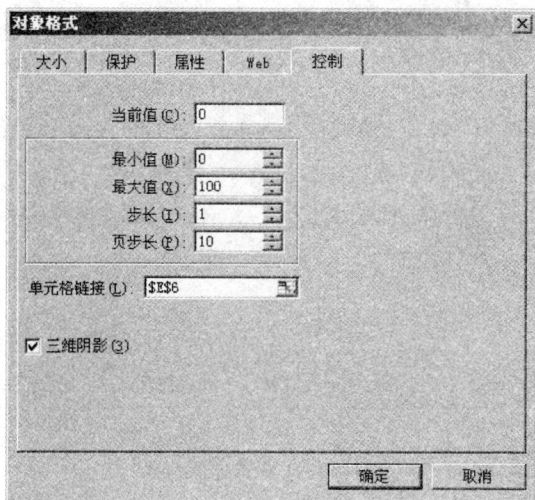

图 1-10 设置"滚动条"

这样，就得到了"年龄"项的控件最终效果，如图 1-11 所示。

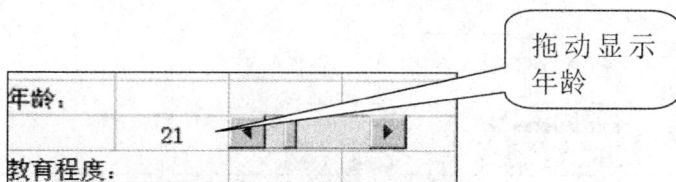

图 1-11 滚动条最终效果

③设置"组合框"控件。"职业"项本例选择的是"组合框"控件，单击工具栏中的"组合框"按钮即可，添加控件方法和前面的操作一样。在添加的"组合框"控件上右击鼠标，弹出快捷菜单，选择其中的"设置控件格式"选项。在弹出的"设置控件格式"对话框"控制"选项卡中，将"数据源区域"文本框通过区域选择按钮设置为"Sheet2!$A$1：$A$9"，将"下拉显示项数"设置为"4"，如图 1-12 所示，单击"确定"按钮。

可以看到，已经添加好了"组合框"控件和控件中的选择项，如图 1-13 所示。

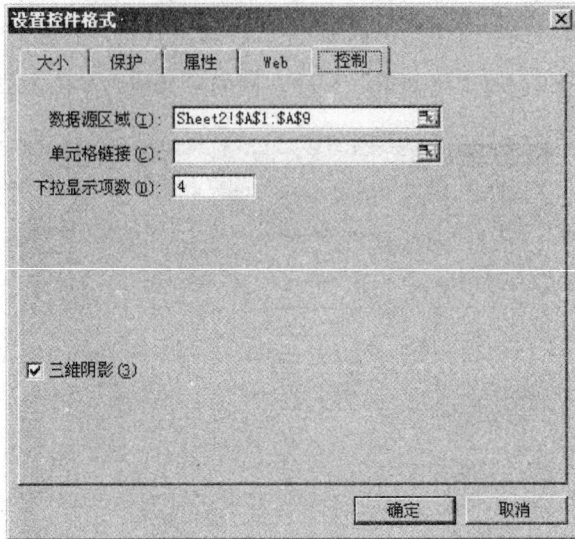

图 1 – 12　设置控件格式

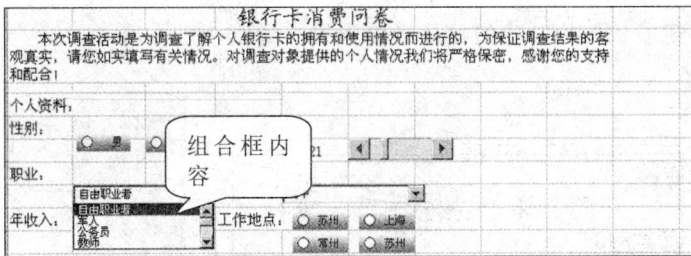

图 1 – 13　组合框效果

　　其余的调查项目各控件的添加方法和前面的几种完全相同，用户只需要根据调查项目选择相应的控件类型即可。比如，对于"银行卡数量"项目来虚设单元，被调查者可能有好几种选择，因此，选用"复选框"控件，图 1 – 14 是所有控件都添加完毕之后的问卷版面。

　　④去掉网格线。单击"工具→选项"命令，系统弹出"选项"对话框，在"视图"选项卡中取消"网格线"复选框，单击"确定"按钮，银行卡消费问卷就完成了。如图 1 – 15 所示。

插入序号列并编号

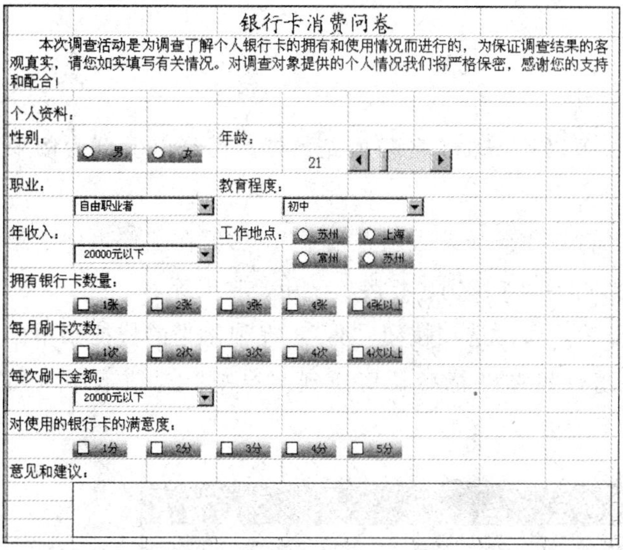

图 1－14　控件添加完毕

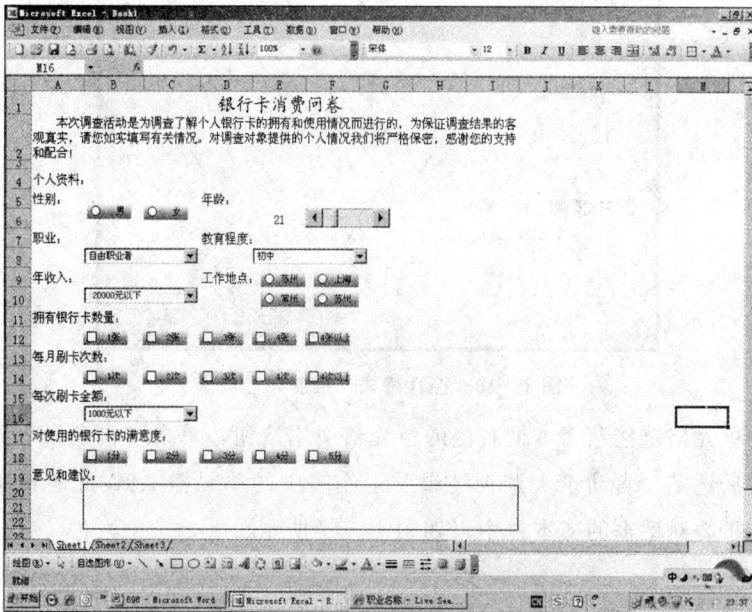

图 1－15　问卷完成效果

阅读与思考

自动录入调查结果。

为了快速录入调查数据，可以让 Excel 自动填充数据。还是以上例为例来说明具体步骤。

①新插入一个工作表，更名为"自动录入调查结果"，然后在工作表中的第一行单元格中依次输入调查题目的主要文字，如性别、年龄、学历、收入等。

②返回"调查问卷"工作表，右击选项按钮"男"，在弹出来的快捷菜单中单击"设置对象格式"命令，然后单击"控制"标签，切换到"控制"选项卡中，如图 1-16 所示。

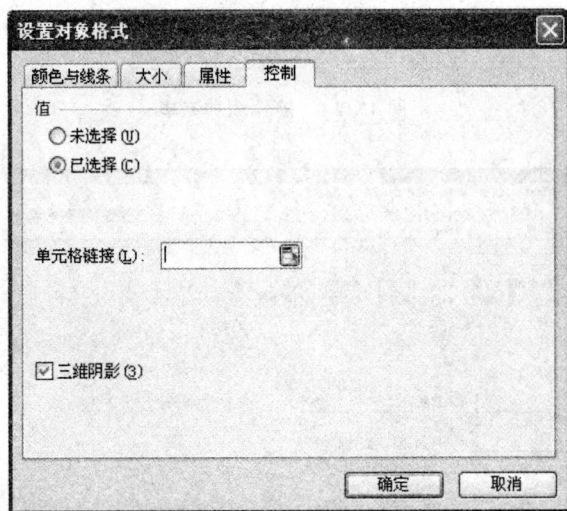

图 1-16 控件格式"控制"选项卡

③点击"单元格链接"文本框右侧的单元格引用按钮，单击"自动录入调查结果"工作表标签，然后选定"自动录入调查结果"工作表中的单元格 A2，此时该单元格的引用路径会显示在折叠对话框的文本框中，如图 1-17 所示。

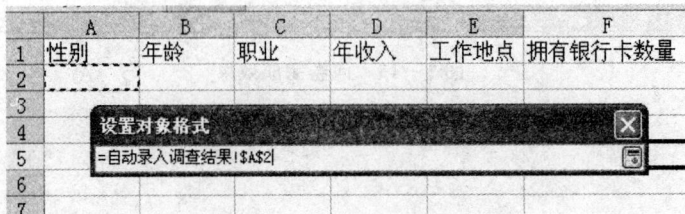

图 1-17 "单元格链接"引用路径

④选定引用的单元格后，再次单击折叠对话框中的单元格引用按钮，将会显示"设置对象格式"对话框，同时，选定的单元格引用将显示在"单元格链接"文本框中，如图1-18所示。最后单击"确定"按钮，完成对此对象格式的设置。

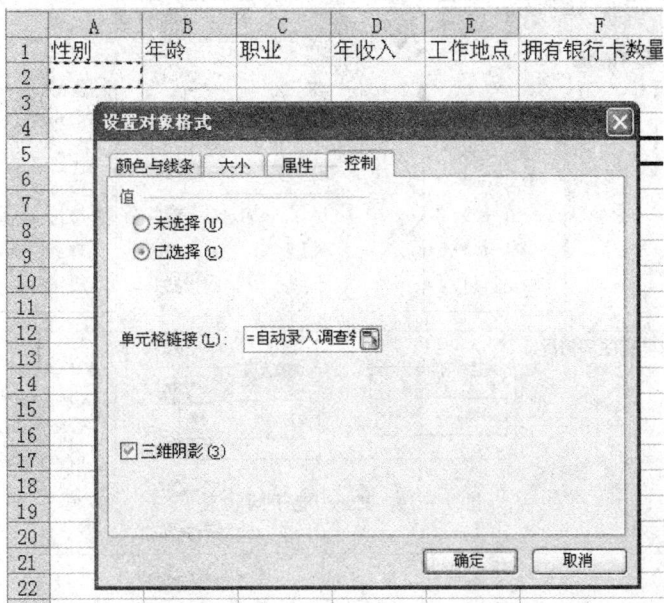

图1-18 "设置对象格式"对话框

⑤在"自动录入调查结果"工作表"A2"单元格中会显示数字1，表示该问题结果为选项1"男"。用同样的方法可以完成其他选项的自动录入。

案例分析

在Excel中，利用"窗体"工具栏上的"分组框""选项按钮""复选框""组合框""按钮"等控件，可制作成如图1-19所示的调查表，并将每一位参与调查居民的选择结果保存在表格下方对应的单元格中。然后通过"宏按钮"将选择结果依次复制到"数据表"工作表中保存起来。最后，利用函数和公式对数据进行统计处理，并将统计结果保存在"数据统计"工作表中，随时查看调查的统计结果。

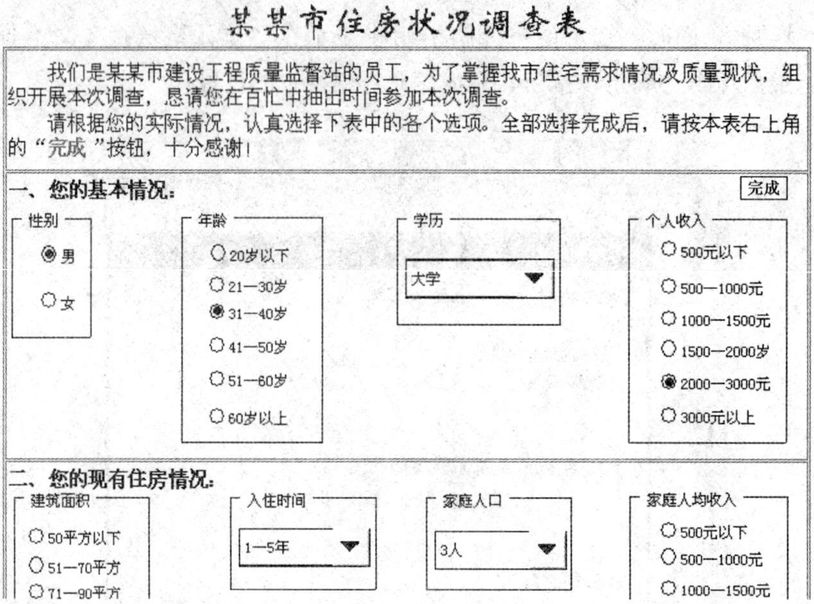
某某市住房状况调查表

我们是某某市建设工程质量监督站的员工，为了掌握我市住宅需求情况及质量现状，组织开展本次调查，恳请您在百忙中抽出时间参加本次调查。

请根据您的实际情况，认真选择下表中的各个选项。全部选择完成后，请按本表右上角的“完成”按钮，十分感谢！

一、您的基本情况：　完成

性别：男　女

年龄：20岁以下　21—30岁　31—40岁　41—50岁　51—60岁　60岁以上

学历：大学

个人收入：500元以下　500—1000元　1000—1500元　1500—2000岁　2000—3000元　3000元以上

二、您的现有住房情况：

建筑面积：50平方以下　51—70平方　71—90平方

入住时间：1—5年

家庭人口：3人

家庭人均收入：500元以下　500—1000元　1000—1500元

图 1－19　Excel 电子问卷表

实训练习

利用 Excel 编制如图 1－19 所示的调查问卷。

1.5　问卷评估与抽样

任务提示 本项目将完成对制作的问卷进行信度和效度评估。

背景资料

问卷调查法是目前市场调查中采用的一种常用方法，它是通过所设计的调查问卷，直接对单位或个人进行调查的一种方法。由于它具有简明、通俗、客观、真实、反馈快、保密性好等特点，已被越来越多的企业（公司）、市场研究与咨询机构等采用。如何通过问卷调查活动获取准确、全面而又有价值和符合要求的资料，关键在于能否设计出一份高质量的调查问卷表。然而，问卷设计需要很高的技巧，它既一门科学，也是一种艺术。缺乏理论和经验往往不能设计出完美的调查问卷，从而使调查无法搜集到准确而全面的资料，不能正确地分析和说明市场的变化情况。

对于调查问卷的评估主要从两个方面着手：问卷的信度和效度。

知识要点 >>>

（1）问卷的信度

信度即可靠性，是指采用同一方法对同一对象进行调查时，问卷调查结果的稳定性和一致性，即测量工具（问卷或量表）能否稳定地测量所测的事物或变量。具体评价方法有以下几种。

①重复检验法。同样的问卷，对同一组访问对象在尽可能相同的情况下，在不同时间进行两次测量。两次测量相距一般在 2～4 周之内。用两次测量结果间的相关分析或差异的显著性检验方法，评价量表信度的高低。

②交错法。用两种不同形式的等价问卷，对同一组受访者在不同的时间（通常间隔 2～4 周）进行测量。两次测量结果间的相关性被用来评价问卷的信度。

③折半法。它是将上述两份问卷合成一份问卷（通常要求这两份问卷的问题数目相等），每一份作为一部分，然后考察这两个部分的测量结果之间的相关性。

（2）问卷的效度

效度是指问卷正确测量研究者所要测量的变量的程度。检验效度的主要指标和方法有表面效度、准则效度、建构效度。

①表面效度（face validity）。也称为内容效度或逻辑效度，指的是测量的内容与测量目标之间是否适合，也可以说是指测量所选择的项目是否"看起来"符合测量的目的和要求。主要依据调查设计人员的主观判断。

②准则效度（criterion validity）。它是指量表所得到的数据和其他被选择的变量（准则变量）的值相比是否有意义。根据时间跨度不同，准则效度可分为同时效度和预测效度。

③建构效度（construct validity）。调查者最关心的问题是：量表实际测量的是哪些特征？在评价建构效度时，调研人员要试图解释"量表为什么有效"这一理论问题，以及考虑从这一理论问题中能得出什么推论。建构效度包括同质效度、异质效度和语意逻辑效度。

同质效度是指量表测量同一特征的其他测量方法相互关联的程度。异质效度是指量表和测不同特征的测量方法不同但理论上有关特征的测量方法之间相互关联的程度。

建构效度指测量工具所能测量到的理论概念的程度，也就是说，若将测量工具所得的结果与相同理论下的其他概念相比较，当二者有某种预期的相关性时，就表示这种测量工具具有某种程度的建构效度。

一般来说，问卷调查容易产生误差的原因，来自研究者的因素包括测量内容不当、情景以及研究者本身的疏忽，来自受访者的因素则可能是由于其年龄、性格、教育程度、社会阶层等，而影响其答题的正确性。研究者透过信度与效度的检验，可以了解问卷本身是否优良，以作为改变、修正的根据，避免作出错误的判断。

（3）问卷试测与修改

问卷试测的目的在于发现问卷中潜在的问题：受访者对于问题的了解是否有困难；问题是否有模棱两可之处；有助于了解问卷是否有达到研究目标。试测对象不需要多，但尽量考虑样本的多样性。根据试测情况，对问卷作适当的修改，试测的过程不可以省略。

例如：为了调查某校大学生的消费习惯、购买力等情况，可以在问卷设计好以后，在目标学校的各个年级各找数名学生，其中男女各半，人数在 50～100 之间，先对他们进行测量，也可以采用个别访问的方式进行测试。可要求学生对问卷提出意见。预试之后，及时对问卷的题目逐条进行检查，好的保留、不好的淘汰，需要修改的地方及时修改。

（4）抽样与随机抽样

为了确保生产过程正常进行，运营经理需要了解所生产产品的质量情况。如果质检人员为了检测产品是否存在质量问题而必须破坏产品，那么除了抽样别无他选，因为对所有产品进行检测将会破坏生产的所有产品。做问卷调查也是一样，当不能对总体的所有单位都进行调查时，一般会抽取总体的部分单位作为样本进行调查（有关总体和样本的概念在后面的章节专门介绍），用这部分单位的信息来推断总体的相关情况。

抽样就是从所研究的对象中随机地取出其中的一部分来观察，由此获得有关总体的信息。在抽样时，每个单位有同等被抽中的机会，这是抽样必须遵守的随机原则，只有遵守随机原则，才能使抽取的部分单位具有充分的代表性。

随机抽样和判断抽样都是从总体中抽取样本的方法。随机抽样是按照随机原则，即按照概率的规律抽取样本，在总体中，所有单位被抽中的机会是均等的。被抽中的样本单位数不带任何个人或集体的主观意见。在本书中，只限于有关随机抽样的阐述。

随机抽样一般有简单随机抽样、分层随机抽样和整群随机抽样 3 种不同的抽样方案，简单随机抽样是抽样中最基本的方式。简单随机抽样是对总体的所有容量不作任何的分类和排队，完全按照随机原则逐个抽取样本容量。为了保证随机样本的随机性和代表性，在抽取样本时，可采用抽签法和随机数字法。

抽签法就是将总体容量全部加以编号，并编成相应的号签，然后将号签充分混合后，逐个抽取，直到抽到预定需要的样本容量为止。然而，如果总体容量较大，这时编制号签的工作量很大，并且很难充分混合。因此，当总体容量很多时，采用这种方法是不合适的。

随机数字法是最简便易行又符合随机原则的方法。这种抽样方式在某种程度上都依赖于随机数表（或用计算机产生的随机数），目的是为了消除抽取样本时的人为偏差。

（5）正式施测

正式施测要考虑抽样的代表性和问卷的回收率，否则问卷调查将失去统计意义。

如有条件，最好使用"随机抽样"或"随机整群抽样"。对回收的问卷，在剔除废卷的同时，要统计有效问卷的回收率。一般回收率在30%左右，资料只能作为参考；50%以上，可以采纳建议；70%～75%以上时，方可作为研究结论的依据。

阅读与思考

（1）用 Excel 作随机抽样

如果要统计一所学校的教职工性别比例，由于人数众多，要得到最终结果会是一件十分麻烦的事。一般都是将学校所有教职工看成一个总体，从中随机抽取一部分教职工作为样本，使用随机数函数 RAND() 和索引函数 INDEX() 来完成（另用抽样分析工具进行抽样在后面介绍）。

打开学校教职工性别构成工作簿，里面是某校 148 名教职工的姓名和性别记录，如图 1-20 所示，要通过随机抽样统计教职工的性别比例。本例就是从一个拥有 148 名教职工的学校随机抽取 11 名教职工进行抽样调查，以推断整所学校的性别构成。具体步骤有以下几点。

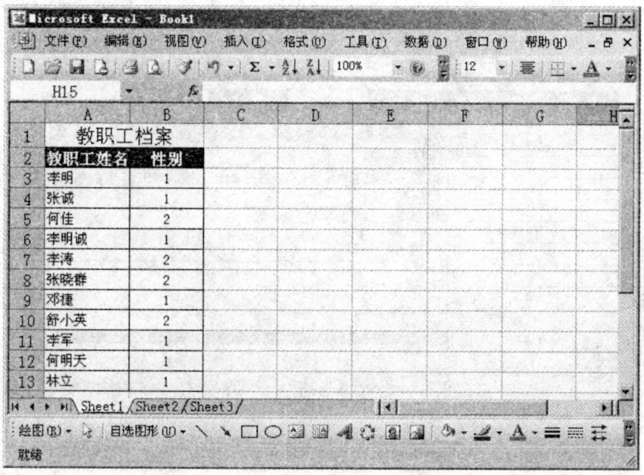

图 1-20　学校教职工性别构成

①为了方便起见，先对教职工顺序编号，在 A 列前插入列，在 A2 单元格中输入"序号"，在 A3、A4 单元格中输入数字 1 和 2，同时选中这两个单元格，按下鼠标，并向下拖动，到最后一个教职工的单元格时，松开鼠标，给所有教职工编上号码，如图 1-21 所示。

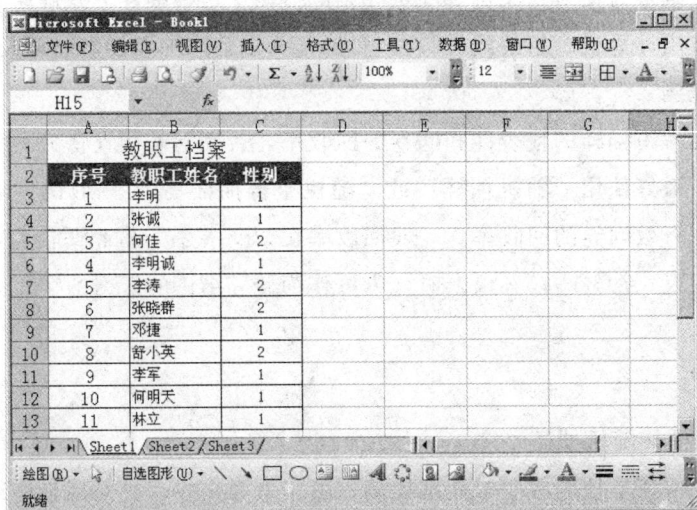

图 1-21　插入一列并添加序号

②进行随机抽样。本例要抽取 11 名教职工进行统计。在 E2 单元格输入"抽样"，选中"E3：E13"单元格区域，单击菜单栏"插入 > 函数"命令，在系统弹出的"插入函数"对话框的"选择函数"列表框中选择"RAND"函数，如图 1-22 所示，单击"确定"按钮。

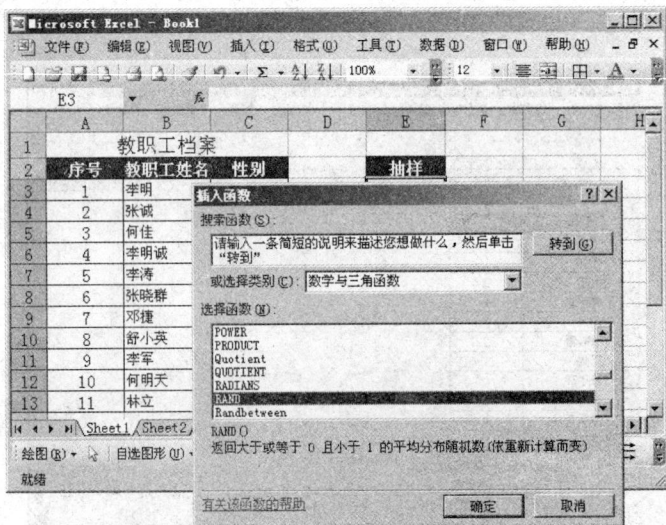

图 1-22　插入函数，选择"RAND"函数

系统弹出"函数参数"对话框，不需设置参数，同时按下"Ctrl＋Shift＋Enter"组合键，完成抽样，可以看到，系统在"E3：E13"单元格区域产生了一组介于 0 与 1 之间的随机数，如图 1－23 和图 1－24 所示。

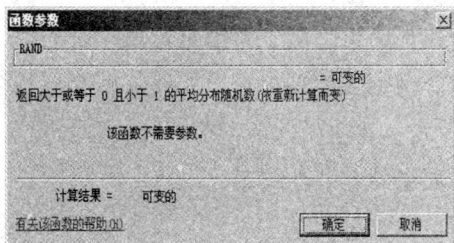

图 1－23 "函数参数"对话框

图 1－24 产生随机数

③为了与148名教职工的序号相匹配，把每个随机数都放大148倍。在 D2 单元格输入"抽样序号"，在 D3 单元格输入"＝E3 * 148"，鼠标指向 D3 单元格右下角，向下拖到D13 单元格，可以得到 11 个被放大 148 倍的数据，选择"D3：D13"单元格，进行单元格设置，设置数值格式，小数位数为 0，得到抽样的样本，如图 1－25 所示。

图 1－25 抽样样本记录的编号

通过统计序号为"95、23、108、100、104、94、66、115、106、116、23"教职工的性别比例，可以推断出该校教职工的性别比例。

用户可以重复按"F9"键进行重新抽样，从而得到新的样本数据。另外，由于随机数可能有重复，因此，一般在确定随机数个数时，可适当放大随机数的个数。

在一次市场调查之前，做好随机抽样工作是十分重要的。统计工作中，一般把街头随机访问作为是一种简单随机抽样。

（2）数据的有效性检验

一般的问卷调查没有必要实现完全的自动化检验，其发放问卷和回收检验操作都是通过人工来完成的。这就存在回收之后的数据检验问题，即数据的有效性检验，通过这个步骤剔除了调查表中无效的数据输入和记录，使整个调查过程尽量避免错误。

问卷调查表数据的有效性检验指的是在回收调查结束之后，将结果用数字进行指代和区分，输入统计汇总工作表时（电子表问卷也可对数据设置范围，以避免异常数据的产生），先将输入的数据设置好范围，以免在输入中发生错误。这种范围的设置是通过 Excel 提供的"有效性"命令来实现的，下面介绍调查数据的有效性检验。

①建立一个存放统计数据的工作表，分别列出调查表的各字段名，如图 1-26 所示。

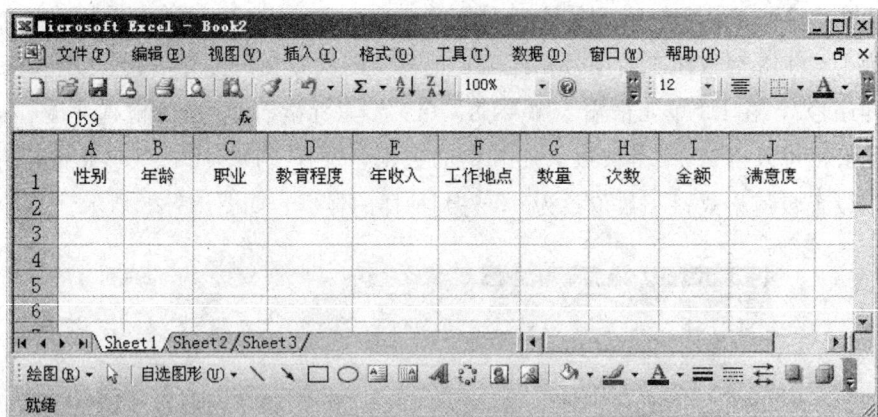

图 1-26　创建统计数据汇总表

②对"性别"字段进行数据的有效性设置。要输入的是"男""女"，分别用 1 和 2 指代。选中 A 列单元格区域，单击菜单栏的"数据＞有效性"命令，系统弹出"数据有效性"对话框。在"设置"选项卡的允许下拉表中选择"整数"选项；在"数据"下拉表中选择"介于"方式；在"最小值"和"最大值"中输入数字"1"和"2"，如图 1-27 所示。

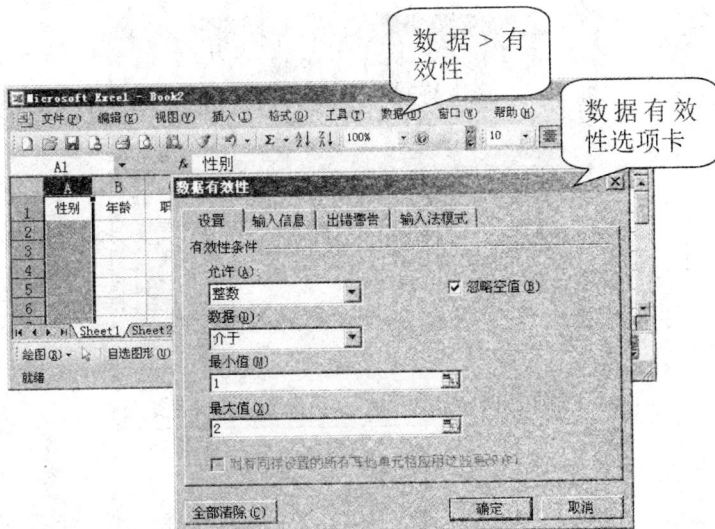

图 1-27 设置数据输入范围

③切换到"输入信息"选项卡，设置输入时的提示信息。在"标题"文本框中输入
"注意:"字样，在"输入信息"列表框中输入"请输入数字 1 或 2"字样，如图 1-28
所示。

切换到"出错警告"选项卡，在"样式"下拉表中选择"停止"命令，在"标题"文
本框中输入"错误"字样，在"错误信息"文本框中输入"输入信息不符合要求!"字样，
如图 1-29 所示。

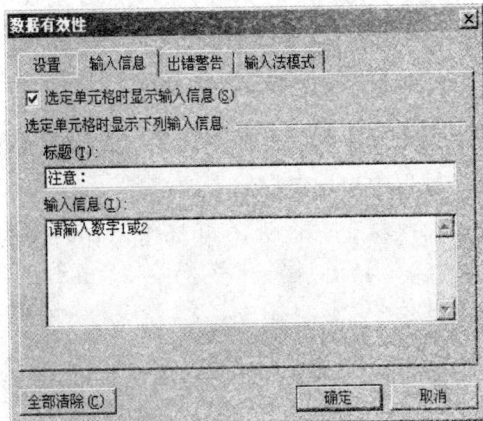

图 1-28 设置输入信息提示

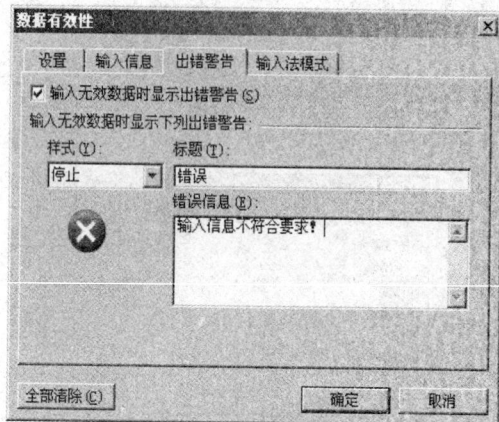

图 1－29　设置信息出错警告

所有设置完成后，单击"确定"按钮。这样设置后，在"性别"字段对应的单元格输入数据时，则会提示只能够输入数字 1 和 2，当用户不小心输入其他数据时，提示输入有误，如图 1－30 所示。

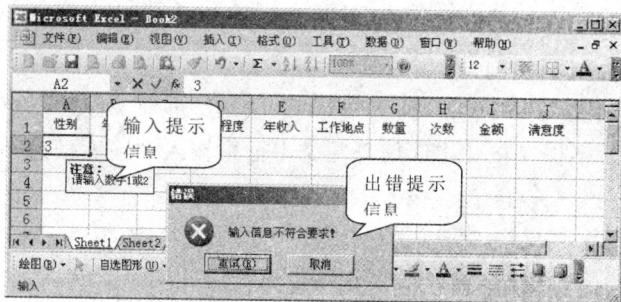

图 1－30　提示信息

其他字段的设置方法与上述方法相同。按照这样的方法设置后，可以排除大部分输入错误，但仍然不能杜绝输入过程中出现错误输入的情况，这时，可以通过"格式"菜单栏的"条件格式"对无效数据加以标记，此处不再赘述，有兴趣的读者可以自行参看有关 Office 的书籍。

案例分析

某公司在年初准备对公司员工进行一次满意度调查，该公司员工共有 1000 人，现准备从员工工号中随机抽取 250 名员工进行抽样调查。为了使得被抽到的员工具有代表性和提高问卷的有效性，该公司进行调查的负责人准备对 1000 个工号进行随机抽样。

①先对员工按照顺序编号，本例中可以按照工号编号。

②本例要抽取 250 名员工进行统计。在 E1 单元格输入"抽样",选中"E2：E251"单元格区域,单击菜单栏"插入 > 函数"命令,在系统弹出的"插入函数"对话框的"选择函数"列表框中选择"RAND"函数,单击"确定"按钮。

③在弹出"函数参数"对话框中,不需设置参数,按下"Ctrl＋Shift＋Enter"组合键,完成抽样。

④把"E2：E251"中每个随机数放大 1000 倍。在 D1 单元格输入"抽样序号",在 D2 单元格输入公式"＝E2＊1000",按"回车"按钮。鼠标指向 D2 单元格右下角,向下拖到 D251 单元格,可以得到 250 个被放大 1000 倍的数据,选择"D2：D251"单元格,进行单元格设置,设置数值格式,小数位数为 0,得到抽样的样本,部分抽样结果如图 1－31 所示。

D 抽样序号	E 抽样	F
7	0.006681384	
439	0.439332987	
750	0.750317242	
709	0.709237471	
883	0.88348988	
722	0.721686245	
996	0.996366032	
560	0.560146795	
702	0.702256043	
416	0.416451963	
208	0.207917885	
866	0.866136516	
851	0.851367767	
153	0.152578516	
157	0.156807928	
379	0.379338854	
151	0.150887247	
317	0.317431615	
554	0.553523337	
93	0.09331775	
227	0.227369337	
606	0.605811639	
53	0.053222476	
762	0.762100654	
47	0.047096762	
594	0.594401313	
923	0.923479838	

图 1－31　员工部分抽样结果

实训练习

利用 Excel 的 RAND 函数,从以下 11 名学生中随机抽取 3 名学生。

序号	1	2	3	4	5	6	7	8	9	10	11
学生姓名	李明	张诚	何佳	李明诚	李涛	张晓群	邓捷	舒小英	李军	何明天	林立

小　结

因为许多总体都非常大，对总体中的每一个单位都进行调查，以确定参数的值，不仅成本很高，而且不切实际。一种实际的做法是从总体中抽取一个样本，用样本统计量去推断参数的有关信息。

本章主要介绍了问卷调查表的类型、编制方法；利用计算机进行随机抽样技术；问卷数据收集时的有效性检验方法；以及电子调查表的制作方法。

任务2 编辑数据

【任务目标】

通过完成本项目，应该能够：

①了解统计数据的不同测度；

②能用不同的编码方式对数据进行整理；

③会用 Excel 录入数据和对数据进行整理。

【任务分解】

子任务2.1：用测度描述统计变量。

子任务2.2：给数据编码。

子任务2.3：录入数据和编辑数据。

2.1 用测度描述统计变量

任务提示 本项目将完成用不同测度描述统计变量。

背景资料

某超市委托校方市场营销专业的学生组织一项调查，要求对该校大学生的消费习惯、购买力等进行调查。负责调查的学生制作了一份调查问卷，如图2-1所示。

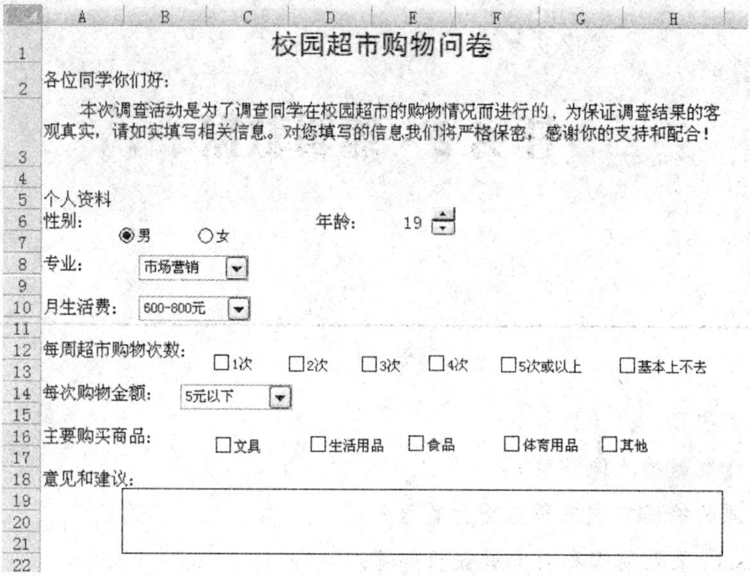

校园超市购物问卷

各位同学你们好：

本次调查活动是为了调查同学在校园超市的购物情况而进行的，为保证调查结果的客观真实，请如实填写相关信息。对您填写的信息我们将严格保密，感谢你的支持和配合！

个人资料

性别： ◉男 ○女 年龄： 19

专业： 市场营销

月生活费： 600-800元

每周超市购物次数： □1次 □2次 □3次 □4次 □5次或以上 □基本上不去

每次购物金额： 5元以下

主要购买商品： □文具 □生活用品 □食品 □体育用品 □其他

意见和建议：

图 2-1 校园超市购物问卷

全校不同专业不同班级的学生都参与了本次调查，负责调查的学生将对返回的调查结果进行整理和分析，把整理出来的调查结果反馈给校企方。

知识要点

把被研究对象的全体称为总体，而把组成总体的每一个对象称为个体，总体包含的个体总数称为总体容量，对总体的描述性测度称为总体参数，如总体均值、总体方差等。

为了解总体情况，可以从总体中抽取若干个个体进行观察，这样抽出个体的全部称为总体的一个样本。样本中包含个体的总数称作样本容量。进行 n 次抽样，就得到容量为 n 的一个样本。将这 n 次抽样的结果依次记为 X_1，X_2，…，X_n，就是一个样本，它是一个随机向量。对样本的描述测度量是样本统计量，如样本均值、样本方差等。

变量是总体或样本的某一特征。如，某门课程的考试分数是学生感兴趣该门课程考试的一个特征。并不是所有的学生都会得一样的分数，它会根据学生的不同而有所变化，故命名为变量。股票的价格是另外一个变量，常用大写英文字母表示，如用 X、Y 和 Z 表示变量。

变量值是指变量的可能观测值，数据是变量的观测值。如，假设观测 10 个学生的体重，它们分别是：

67　54　61　48　59　55　48　62　76　83

要从这些数据中提取所要寻找的信息。一个学生的体重是一个数据。统计的目的是从数据中提取信息。

统计分析往往是从了解数据的基本特征开始的。描述数据分布特征的统计量可分为两类：一类表示数量的中心位置（或称集中趋势），另一类表示数量的变异程度（或称离散程度）。两者相互补充，共同反映数据的全貌。

（1）样本数据的集中趋势

在统计研究中，需要搜集大量数据并对其进行加工整理，对这些数据进行整理之后发现：大多数情况下数据都会呈现出一种钟形分布，即各个变量值与中间位置的距离越近，出现的次数越多；与中间位置距离越远，出现的次数越少，从而形成了一种以中间值为中心的集中趋势。这个集中趋势是现象共性的特征，是现象规律性的数量表现。描述数据集中趋势的主要指标有均值、中位数、众数等。

①均值（mean）。平均指标又称统计平均数，指同类社会现象总体内各单位某一数量标志在一定时间、地点条件下数量差异抽象化的代表性水平指标，其数值表现为平均值，简称均值。它反映了总体分布集中趋势的一般特征。平均值主要是简单算术平均值，是将各单位标志值的总和除以相应的总体单位的项数而得的，若有样本观测值 x_1，x_2，$\cdots$，x_n，其中 n 是样本容量，均值为：$\bar{x} = \dfrac{x_1 + x_2 + \cdots + x_n}{n} = \dfrac{\sum\limits_{i=1}^{n} x_i}{n}$，式中，$x_i$ 表示总体第 i 个单位的标志值。结果，样本均值表示为 $\bar{x}$，总体观察值的数量记为 N，总体均值表示为 μ，则 $\mu = \dfrac{x_1 + x_2 + \cdots + x_N}{N} = \dfrac{\sum\limits_{i=1}^{N} x_i}{N}$。

②中位数（median）。它是指全体数值按照大小排列后位于中间的数值。一列观测值 x_1，x_2，$\cdots$，x_n，排好序后得到：$x_{(1)}$、$x_{(2)}$、$\cdots$、$x_{(n)}$，称作次序统计量。其中位数是

$$M = \begin{cases} x_{(n+1)/2}, & \text{当 } n \text{ 为奇数时；} \\ \dfrac{x_{(n/2)} + x_{(n+1)/2}}{2}, & \text{当 } n \text{ 为偶数时。} \end{cases}$$

例如，1998 年夏天，麦奎尔和索沙激烈地角逐美国主要棒球单季全垒打的纪录，成为大众关注的焦点。以下是麦奎尔从 1987 年（他的职业棒球生涯的第一年）到 1999 年之间的全垒打数。

1987	1988	1989	1990	1991	1992	1993	1994	1995	1996	1997	1998	1999
49	32	33	39	22	42	9	9	39	52	58	70	65

把麦奎尔的成绩从小到大排序：

麦奎尔： 9 9 22 32 33 39 **39** 42 49 52 58 65 70

马里斯在美国联盟十年当中的全垒打数，从小到大排序为：

马里斯： 8 13 14 16 **23** **26** 28 33 39 61

显然，当观测值的总个数是奇数时，总存在最中间的那个数，39 就是中位数；而当观测值的总个数是偶数时，没有正中间的那个观测值，于是，就选取正中间的那对观测值 23 和 26 的平均值表示其中位数：$\dfrac{23+26}{2}=24.5$。

③众数（mode）。它是一组数列中出现次数最多的数值。一组数据可能有众数，也可能没有众数；可能有一个众数，也可能有多个众数。如在麦奎尔的数据中，众数有 9 和 39；而在马里斯的数据中就没有众数。

④均值、中位数、众数的选择。在进行数据分析时，究竟应该选择哪种集中趋势测度呢？在一组数值中，众数是出现频率最高的数值，而中位数是位于中间的值，均值是平均后的数值，以上 3 种指标都不能单独地完全描绘所有数据。由于均值是根据总体所有标志值来计算的，所以又称为数值平均数，而众数和中位数是根据标志值所处的位置来决定的，所以又称为位置平均数。它们所反映的一般水平，有不同的意义，有不同的计算方法，也有不同的应用场合，如表 2－1 所示。

表 2－1   描述集中趋势的 3 种指标

	均值	中位数 Md	众数 Mo
概念	算术平均数是所有观察值 x_i 的总和除以总次数所得之商	观察值须按照大小排列位于最中间的观察值	是数据中出现次数最多的那个数值
方法	$$\dfrac{\sum_{i=1}^{n} x_i}{n}$$	方法：依大小排列；据总次数（n）的奇偶定中间位。若为奇数，则第 $(n+1)/2$ 个观察位就是中位数；若为偶数，取 $n/2$ 和 $(n+1)/2$ 个观察值间的均值	方法：依大小排列，观察法直接找出现次数最多的数和次数分布中次数最多的那一组的组值

续表2-1

	均值	中位数Md	众数Mo
优点	反应灵敏；严密确定；适合进一步的代数运算；受抽样变动的影响较小；可消除因偶然性造成的差异，从而揭示出必然因素的作用	不受极端数值的影响，严密确定、简明易懂、计算简便	众数简明易懂，不受极端数值的影响
缺点	易受极端数值的影响，当数据有极端值时，均值的代表性较差	没有利用全部数据信息；不适合进一步的代运算	没有利用全部数据信息，受抽样变动影响较大；不适合进一步运算；可能不唯一

在实际应用中，当分析数据数值比较接近时，应选择均值作为集中趋势的代表值，因为均值包含了全部数据的信息，易被大多数人所理解；当数据中存在极端值时，应选择众数或中位数为集中趋势测度，这时它们的代表性要比均值好。此外，当分析数据为定性数据时，应采用众数为集中趋势测度。当然，在实际应用中，也会有一些人为了某种目的而有意选择不适合的集中趋势测度。

（2）样本数据的离散特征

在研究现象总体标志的一般水平时，不仅要研究总体标志的集中趋势，还要研究总体标志的离中趋势，如研究价格背离价值的平均程度。研究离中趋势可以通过计算标志变异指标来进行。标志变异指标是同统计平均数相联系的一种综合指标，用于度量随机变量在取值区间内的分布情况，主要有方差、标准差、四分位数等。

①方差与标准差。标准差是度量观测值与其平均值的平均距离。假设一个样本有 n 个变量 x_1，x_2，$\cdots$，x_n，其样本均值是 $\bar{x}$，首先计算各个变量与其均值之间的距离（平均差），即 $x_i - \bar{x}$，$i = 1$，2，$\cdots$，n。为排除距离的正负干扰，取其平方，即 $(x_i - \bar{x})^2$，$i = 1$，2，$\cdots$，n，然后把所有距离的平方加起来，除以 $n - 1$（为了保证其无偏性），$\dfrac{\sum\limits_{i=1}^{n}(x_i - \bar{x})^2}{n-1}$，就得到与均值的平均距离，叫作样本方差，记作

$$s^2 = \frac{\sum\limits_{i=1}^{n}(x_i - \bar{x})^2}{n-1}$$

通常需要取与均值有相同量纲（单位）的量，故取其平方根，记作 $s = \sqrt{\dfrac{\sum\limits_{i=1}^{n}(x_i - \bar{x})^2}{n-1}}$，称为样本标准差。当观测值离均值散布得越远，$s$ 就越大；当观测值都

相同时，$s=0$。

总体标准差用 σ 表示，则总体方差为 $\sigma^2 = \dfrac{\displaystyle\sum_{i=1}^{N}(x_i - \bar{x})^2}{n-1}$。

②四分位数与四分位距。四分位数是将中值的前后两部分数值再等分为二，从数值小的一端算起，前半部的分区点称为第 1 四分位数（Q_1），后半部的分区点称为第 3 四分位数（Q_3），而中位数即为第 2 四分位数（M）。四分位数通常用在销售额和测量值数据集中对总体进行分组时。

显然，对于上面显示的麦奎尔的数据，第一分位数 $Q_1 = \dfrac{22+32}{2} = 27$；第三分位数 $Q_3 = \dfrac{52+58}{2} = 55$。

马里斯：第一分位数 $Q_1 = 14$；第三分位数 $Q_3 = 33$。

这样，对一组数据的分布就有了大体的了解。然而，这只是数据中部分布的情况，对于分布的尾部却不能提供任何信息，所以，对总体信息的把握是不全面的。这时，可以考虑各组数值的最大值和最小值。最大值和最小值的差称为极差，表示一列数值的跨度。特别地，可以取总体中第 3 四分位数与第 1 四分位数之差，这个差称为四分位极距。显然，四分位距包括位于总体分布中心的 50%，能集中反映总体的差异特性。

最小值、最大值、第 1 四分位数、第 3 四分位数和中位数从各个角度反映了一列数据的分布状况，不妨把这 5 个数字综合起来看，这种综合法称为五数综合。

③标准差、四分位数、四分位距的比较，如表 2-2 所示。

表 2-2　描述离中趋势的主要指标

	标准差	四分位数	四分位距
方法	观察值 x_i 与算术平均数之差的平方的平均数的平方根	是将中值的前后两部分再等分为二，从数值小的一端算起	总体中第 3 四分位数与第 1 四分位数之差
特点	标准差越大，离中趋势越明显；标准差越小，离中趋势越微弱		
缺点	受均值的影响		忽略了大量信息，不太敏感

（3）样本数据特征的综合表达：箱形图

箱形图也叫盒形图，是显示五数综合的图。盒形图中间的箱体是从第 1 四分位数延伸到第 3 四分位数；中位数在箱体里用直线标示出来；相同两头有直线往外延伸到最小值和最大值。如图 2 - 2 所示。

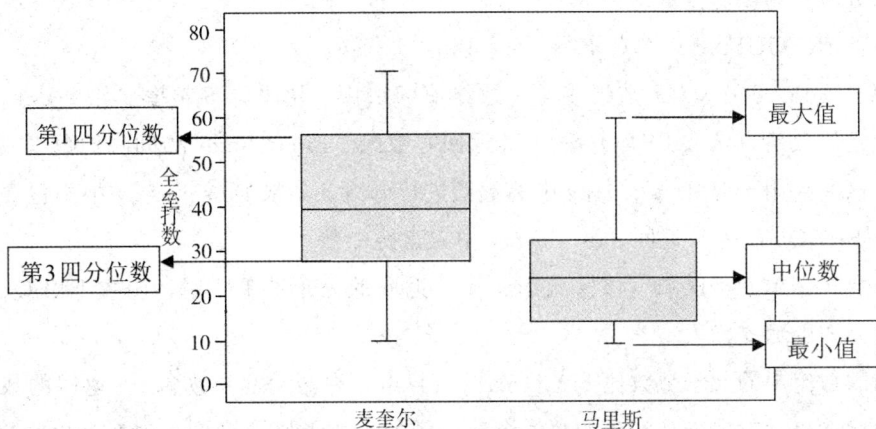

图 2 - 2　比较麦奎尔和马里斯单季全垒打数的箱形图

箱体中间的那条直线位置就是中位数的位置，是分布中心所在；两个四分位数的距离，显示出中间一半数据的分散状况；箱体的两端的最大值和最小值则显示出整组数据的分散情况。从分布的位置可以看出，麦奎尔的各项指标均比马里斯高。

（4）数据分布形状测度

集中趋势和离散程度是数据分布的两个重要特征，但要全面了解数据分布的特点，有时还需要知道数据分布的形状是否对称、偏斜的程度和分布的扁平程度如何。偏斜度和峰度就是对数据分布形状特征的进一步描述。

①偏斜度（skew）。它反映分析数据以均值为中心的分布的不对称程度。正偏斜度表示不对称的分布更趋于正值，负偏斜度表示不对称的分布更趋于负值。

当偏斜度为 0 时，数据分布对称；当偏斜度为正值时，表示正偏离差值较大，为正偏或右偏；当偏斜度为负值时，表示负偏离差值较大，为负偏或左偏。偏斜度的绝对值越大，表示偏斜的程度越大。

②峰度（kurt）。它反映与正态分布相比某一分布的尖锐度或平坦度。正峰度表示相对尖锐的分布，负峰度表示相对平坦的分布。

阅读与思考

用 Excel 进行数据初步分析。

（1）频数分析

为了更好地描述数据的分布状态，Excel 提供了一个频数分布函数（FREQUENCY），利用它可以对数据进行分组、建立频数分布，从而更好地描述数据分布状态。该函数以一列垂直数组返回某个区域中数据的频数分布。例如，使用函数 FREQUENCY 可以计算在给定的分数范围内测验分数的个数。

语法：FREQUENCY（Data_array，Bins_array）

其中：Data_array 为一数组或对一数组值的引用，用来计算频率。如果 data_array 中不包含任何数值，函数 FREQUENCY 返回零数组。Bins_array 为间隔的数组或对间隔的引用，该间隔用于对 data_array 中的数值进行分组。如果 Bins_array 中不包含任何数值，函数 FREQUENCY 返回 data_array 中元素的个数。

在选定相邻单元格区域（该区域用于显示返回的分布结果）后，函数 FREQUENCY 应以数组公式的形式输入。

返回的数组中的元素个数比 bins_array（数组）中的元素个数多 1。返回的数组中所多出来的元素表示超出最高间隔的数值个数。例如，如果要计算输入到 3 个单元格中的 3 个数值区间（间隔），一定要在 4 个单元格中输入 FREQUENCY 函数计算的结果。多出来的单元格将返回 data_array 中大于第三个间隔值的数值个数。

例 2-1：某班 10 个学生的高等数学课程考试成绩从低到高排序后，如图 2-3 所示，分别统计 60 分以下、60~69 分、70~79 分、80~89 分、90 分以上的学生人数。

	A	B
1	序号	成绩
2	3	46
3	5	52
4	10	63
5	2	66
6	7	67
7	4	68
8	6	71
9	1	76
10	9	76
11	8	86

图 2-3　按照成绩排序

①分别在单元格 C1、D1 中输入"分组""频数"字样。

②在单元格区域"C2：C5"中分别输入 60、70、80、90、100，分别表示分数在

60 分以下、60～69 分、70～79 分、80～89 分、90 分以上。

③选定单元格区域"D2：D6"，单击编辑栏左边的"插入函数"按钮 ƒ，弹出"插入函数"对话框，在"函数分类"列表中选择"统计"，在"函数名"列表中选择"FREQUENCY"，单击"确定"按钮，弹出"函数参数"对话框，如图 2－4 所示。

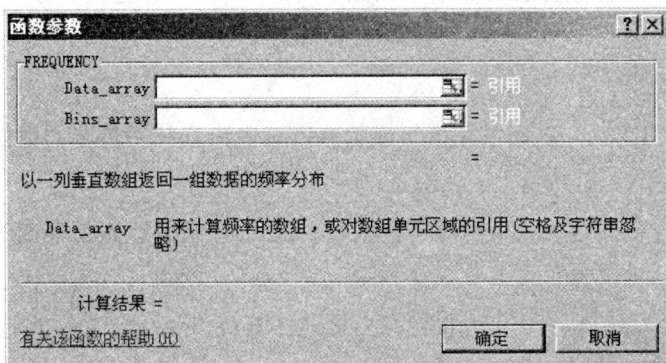

图 2－4　"函数参数"对话框

④在数据区域"Data＿array"中输入"B2：B11"，在数据接受区域"Bins＿array"中输入"C2：C5"。由于频数分布是数组操作，所以不能直接单击"确定"按钮，而应按"Ctrl＋Shift"组合键，同时按回车键，得到频数分布结果，如图 2－5 所示。

	A	B	C	D	E
	序号	成绩	分组	频数	
1					
2	3	46	60	2	
3	5	52	70	4	
4	10	63	80	3	
5	2	66	90	1	
6	7	67	100	0	
7	4	68			
8	6	71			
9	1	76			
10	9	76			
11	8	86			

D6　　ƒ× {=FREQUENCY(B2:B11,C2:C5)}

图 2－5　频数分布结果

可以看到，各分数段的人数分别为 2，4，3，1，0。

（2）数字描述

①均值函数。

语法：AVERAGE（number1，number2，…）

其中，number1，number2，…为需要计算平均值的 1 到 30 个参数，参数可以是数字，或者是涉及数字的名称、数组和引用，如果数组或单元格引用的参数中包含文字、逻辑值或空单元格，这些值将被忽略，但包含零值的单元格将计算在内。

②中位数函数。

语法：MEDIAN（number1，number2，…）

如果参数集合中包含偶数个数字，函数 MEDIAN（）将返回位于中间的两个数的平均值。

③众数函数。

众数函数 MODE（）返回某一数组或数据区域中出现频率最多的数值。

语法：MODE（number1，number2，…）

如果数据集合中不含有重复的数据，则 MODE（）函数返回错误值 N/A。

④最大（小）值函数。

语法：MAX（number1，number2，…）；MIN（number1，number2，…）

如果参数不包含数字，函数 MAX（MIN）返回 0。

⑤标准差函数。

样本标准差函数用来估算样本的标准偏差，反映相对于平均值（mean）的离散程度。

语法：STDEV（number1，number2，…）

总体标准差函数返回以参数形式给出的整个样本总体的标准偏差，反映相对于平均值（mean）的离散程度，语法：STDEVP（number1，number2，…）。

⑥四分位数。

语法：QUARTILE（array，Quart）

array：需要求四分位数值的数组或数字型单元格区域。

Quart：决定返回哪一个四分位值。

Quart 值与 QUARTILE 返回值的对应关系见表 2－3 所示。

表 2－3　　　　　　　　　　Quart 值与 QUARTILE 返回值的对应关系

quart 值	函数 QUARTILE 返回值
0	最小数值
1	第一个四分位数（第 25 个百分排位）
2	中分位数（第 50 个百分排位）
3	第三个四分位数（第 75 个百分排位）
4	最大数值

⑦偏斜度。

语法：SKEW（number1，number2，…）

number1，number2，…为需要计算偏斜度的1到30个参数。也可以不用逗号分隔参数的形式，而用单一数组，即对数组单元格的引用。

⑧峰度。

语法：KURT（number1，number2，…）

number1，number2，…为需要计算峰度的1～30个参数。也可以不用逗号分隔参数的形式，而用单一数组，即对数组单元格的引用。

例2-2：据报道，一般人每天花45分钟来听音乐，下面的数据是一个30人的样本，记录了每人每天用于听音乐的分钟数。

88.3	4.3	4.6	7.0	9.2	0.0	99.2	34.9	81.7	0.0
84.5	0.0	17.5	45.0	53.3	29.1	28.8	0.0	98.9	64.5
4.4	67.9	94.2	7.6	56.6	52.9	145.6	70.4	65.1	63.6

①计算30个样本数据的平均数，如图2-6所示。

②计算样本数据的中位数，如图2-7所示。

③计算样本数据的众数，如图2-8所示。

④计算样本数据的总体标准差，如图2-9所示。

B32 =AVERAGE(B2:B31)

	A	B	C	D	E	F
1	编号	分钟数				
2	1	88.3				
3	2	84.5				
4	3	4.4				
5	4	4.3				
6	5	0.0				
7	6	67.9				
8	7	4.6				
9	8	17.5				
10	9	94.2				
11	10	7.0				
12	11	45.0				
13	12	7.6				
14	13	9.2				
15	14	53.3				
16	15	56.6				
17	16	0.0				
18	17	29.1				
19	18	52.9				
20	19	99.2				
21	20	28.8				
22	21	145.6				
23	22	34.9				
24	23	0.0				
25	24	70.4				
26	25	81.7				
27	26	98.9				
28	27	65.1				
29	28	0.0				
30	29	64.5				
31	30	63.6				
32	平均值	46.0				

图2-6　每天听音乐的分钟数的平均值

⑤计算样本数据的四分位数和四分位距，如图 2－10 所示。

⑥计算样本数据的偏斜度和峰度，如图 2－11 和图 2－12 所示。

B32 =MEDIAN(B2:B31)

	A	B
1	编号	分钟数
2	1	88.3
3	2	84.5
4	3	4.4
5	4	4.3
6	5	0.0
7	6	67.9
8	7	4.6
9	8	17.5
10	9	94.2
11	10	7.0
12	11	45.0
13	12	7.6
14	13	9.2
15	14	53.3
16	15	56.6
17	16	0.0
18	17	29.1
19	18	52.9
20	19	99.2
21	20	28.8
22	21	145.6
23	22	34.9
24	23	0.0
25	24	70.4
26	25	81.7
27	26	98.9
28	27	65.1
29	28	0.0
30	29	64.5
31	30	63.6
32	中位数	49.0

图 2－7　每天听音乐的分钟数的中位数

B32 =MODE(B2:B31)

	A	B
1	编号	分钟数
2	1	88.3
3	2	84.5
4	3	4.4
5	4	4.3
6	5	0.0
7	6	67.9
8	7	4.6
9	8	17.5
10	9	94.2
11	10	7.0
12	11	45.0
13	12	7.6
14	13	9.2
15	14	53.3
16	15	56.6
17	16	0.0
18	17	29.1
19	18	52.9
20	19	99.2
21	20	28.8
22	21	145.6
23	22	34.9
24	23	0.0
25	24	70.4
26	25	81.7
27	26	98.9
28	27	65.1
29	28	0.0
30	29	64.5
31	30	63.6
32	众数	0.0

图 2－8　每天听音乐分的钟数的众数

B32 =STDEVP(B2:B31

	A	B
1	编号	分钟数
2	1	88.3
3	2	84.5
4	3	4.4
5	4	4.3
6	5	0.0
7	6	67.9
8	7	4.6
9	8	17.5
10	9	94.2
11	10	7.0
12	11	45.0
13	12	7.6
14	13	9.2
15	14	53.3
16	15	56.6
17	16	0.0
18	17	29.1
19	18	52.9
20	19	99.2
21	20	28.8
22	21	145.6
23	22	34.9
24	23	0.0
25	24	70.4
26	25	81.7
27	26	98.9
28	27	65.1
29	28	0.0
30	29	64.5
31	30	63.6
32	标准差	38.4

图 2－9　每天听音乐的分钟数的标准差

B32 =QUARTILE(B2:B31,1)

	A	B
1	编号	分钟数
2	1	88.3
3	2	84.5
4	3	4.4
5	4	4.3
6	5	0.0
7	6	67.9
8	7	4.6
9	8	17.5
10	9	94.2
11	10	7.0
12	11	45.0
13	12	7.6
14	13	9.2
15	14	53.3
16	15	56.6
17	16	0.0
18	17	29.1
19	18	52.9
20	19	99.2
21	20	28.8
22	21	145.6
23	22	34.9
24	23	0.0
25	24	70.4
26	25	81.7
27	26	98.9
28	27	65.1
29	28	0.0
30	29	64.5
31	30	63.6
32	第1四份为数	7.2
33	第2四份位数	48.95
34	第3四份位数	69.775
35	四份位距	62.6

图 2－10　计算四分位数和四分位距

图 2-11 每天听音乐的分钟数的偏斜度   图 2-12 每天听音乐的分钟数的峰度

（3）图表描述

①直方图。Excel 提供了一个直方图分析工具，是 Excel 提供分析工具库的一种，可用于确定数据的频数分布、累计频数分布等。利用分析工具库中的分析工具可以进行更加复杂的统计计算及数据分析。

分析工具库在默认情况下是不随 Excel 的安装而一同安装的，所以，需要单独安装，方法是在"工具"菜单中，单击"加载宏"选项，弹出"加载宏"对话框，如图 2-13 所示。

在"加载宏"对话框中，选中"分析工具库"和"分析工具库－VBA 函数"复选框，单击"确定"按钮，系统会引导用户进行安装。安装完毕后，在"工具"菜单中会出现"数据分析"选项。

图 2-13 "加载宏"对话框

在"工具"菜单中单击"数据分析"选项，会弹出"数据分析"对话框，如图 2-15 所示。

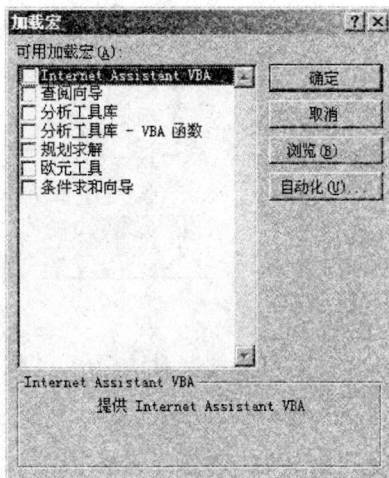

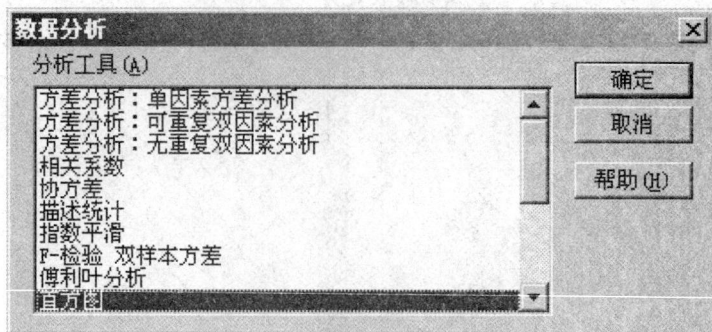

图 2-14　"数据分析"对话框

在"数据分析"对话框的"分析工具"列表框中，选择"直方图"，单击"确定"按钮，弹出"直方图"对话框，如图 2-15 所示。

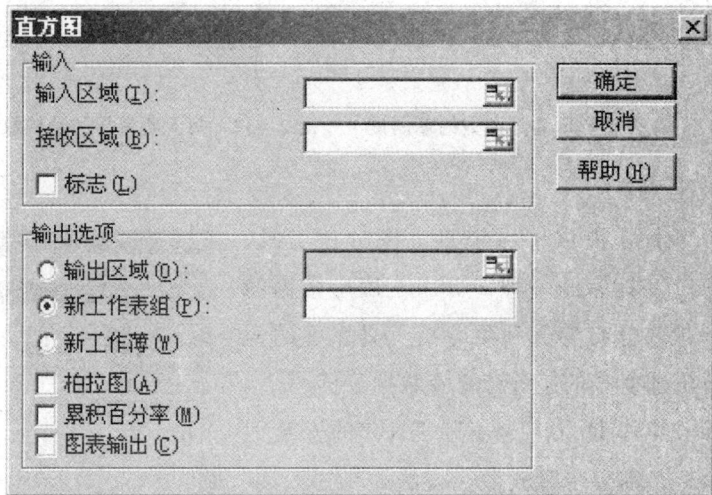

图 2-15　"直方图"对话框

在"直方图"对话框中，"输入区域"处应输入待分析数据区域的单元格引用；"接收区域"输入接收区域的单元格引用。"接收区域"框可以保留为空，"直方图"工具随后会自动使用输入区域中的最小值和最大值作为起点和终点来创建平均分布的区间间隔；若输入区域中的第一行或第一列包含标志项，则可选中"标志"复选框；若输入区域没有标志项，则不选"标志"复选框，Excel 将在输出表中自动生成数据标志；如选择"输出区域"项，应指定输出表左上角单元格的引用。如果输出表将覆盖已有的数据，Excel 会自动确定输出区域的大小并显示信息；如选择"新工作表组"项，则可在当前工作簿中插入新的工作表，并从新工作表的 A1 单元格开始粘贴计算结果。若需要给新工作表命名，则在右侧的编辑框中输入工作表中粘贴计算结果；选择"柏拉图"项，可以在输出表中同时按照降序排列频数数据，若不选，则只按照升序排列数据；选择"累积百分率"项，可以在输出表中添加一列累积百分率值，并同时在直方图表中添加累积百分比折线；选中"图表输出"项，则可以在输出表中同时生成一个嵌入式直方图。

例 2-3：某班 10 个学生的高等数学课程考试成绩如图 2-16 所示，用直方图分析工具对学生成绩进行分析。

①打开工作表，将成绩按照升序排序。

②在单元格 D1 输入文字"分组"，在单元格区域"D2：D6"中分别输入 59，69，79，89，99，表示分组区间的间隔点。

③选择"工具"菜单下的"数据分析"选项，在"数据分析"对话框中选择"直方图"，单击"确定"按钮。

④在"直方图"对话框的"输入区域"后输入单元格区域 $B$1：$B$11，在"接收区域"后输入 $D$1：$D$6，选中"标志"复选框，在"输出区域"后输入 $E$1，选中"图表输出"复选框，如图 2-17 所示。

	A	B
1	序号	成绩
2	1	76
3	2	66
4	3	46
5	4	68
6	5	52
7	6	71
8	7	67
9	8	86
10	9	76
11	10	63

图 2-16 学生成绩

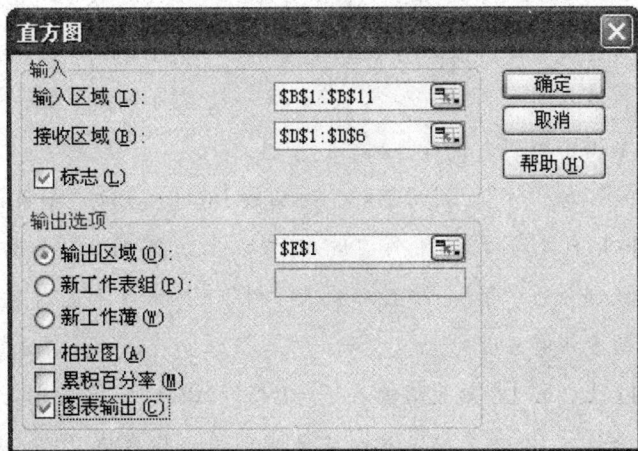

图 2-17 直方图选项设置

⑤单击"确定"按钮，Excel 会同时生成一个频率分布表和一个图表，如图 2-18 所示。

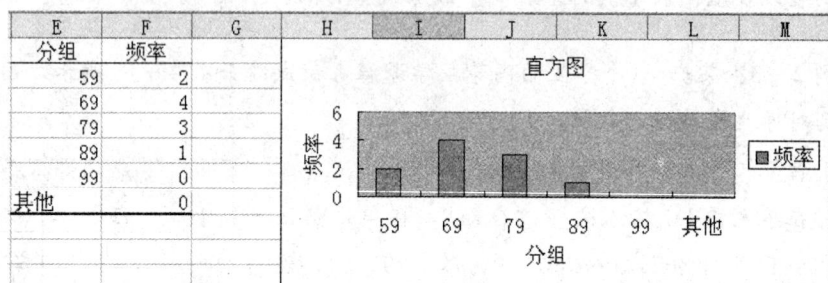

图 2-18　频率分布表和频率分布直方图

②茎叶图。

例 2-4：以下是美国的 50 个州 65 岁以上居民所占情况，用茎叶图工具进行分析。

5.5	8.8	9.9	10.1	10.1	11.1	11.3	11.3	11.4	11.5
12.3	12.3	12.4	12.5	12.5	12.5	12.5	12.5	13.0	13.1
13.4	13.5	13.6	13.7	13.8	14.0	14.1	14.3	14.3	14.4
11.5	11.5	11.5	11.5	12.0	12.2	12.2	15.1	15.2	15.6
13.2	13.2	13.2	13.3	13.3	13.3	13.4	15.9	17.3	18.3

①排序。首先打开工作表，将表中的"比率"进行整理，将 50 个"州 65 岁以上居民比率"数据放入同一列中（如 A 列），统一设置为一位小数，然后调用 Excel 的排序功能，将数据由小到大进行排列。

②提取"茎"和"叶"。利用 Excel 的函数 Int（）（注，如果是整数，可以用函数 Right（）和 Left（）），将每个"州 65 岁以上居民比率"分离成"茎"和"叶"两个部分，整数部分为"茎"，小数部分为"叶"，具体方法见图 2-19（注：不同的数据分离茎叶的方法有差异）。

在图 2-17 上，在 B2 单元格输入"＝INT（A2）"，功能是从 A2 单元格中提取数据的整数部分放入 B2 单元格，把公式复制到单元格区域"B3：B51"；在 C2 单元格输入"＝（A2－B2）＊10"，功能是提取数据的小数部分放入 C2 单元格，把公式复制到单元格区域"C3：C51"中。

③制作茎叶图的"茎"和"叶"。首先，根据"茎"的取值范围，生成一列连续数据作为茎叶图的"茎"；然后，利用 Excel 的"选择性粘贴"功能，将原始数据中

与"茎"对应的"叶"依次转置粘贴成茎叶图中的"叶"。当数据很多时，可以利用 Excel 的自动筛选功能，按照"茎"从原始数据中筛选出的各自的"叶"，以提高转置粘贴过程中的效率。茎叶图见图 2－19。

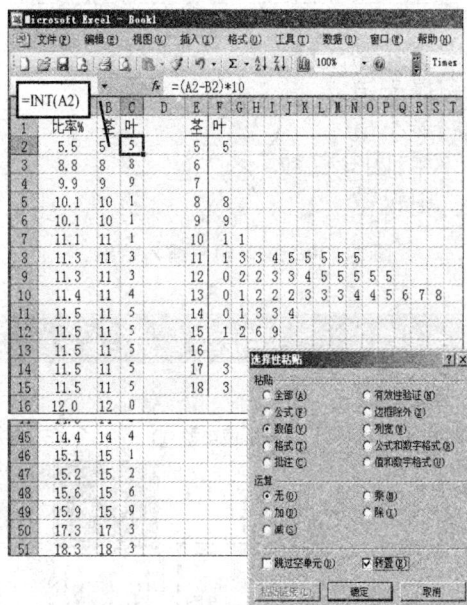

图 2－19　Excel 中制作茎叶图的示意图

注：若数据是整数，则可以用 LEFT（）和 RIGHT（）来提取"茎"和"叶"。如 LEFT（A2，LEN（A2）－1）的功能是：从单元格 A2 由左向右提取出"LEN（A2）－1"个数字（即数据的位数减去 1 个数字），提取除个位数以外的其他数字作为"茎"；RIGHT（A2，1）的功能是从单元格 A2 的数据中由右向左提取 1 个数字，提取出 A2 中数据的个位数作为"叶"。

③箱形图。

例 2－5：把麦奎尔的成绩从小到大排序：

麦奎尔：9　9　22　32　33　39　**39**　42　49　52　58　65　70

马里斯在美国联盟十年当中的全垒打数，从小到大排序为：

马里斯：8　13　14　16　**23**　**26**　28　33　39　61

画出麦奎尔和马里斯单季全垒打数的箱形图。

①打开工作表，分别把麦奎尔和马里斯单季全垒打数的数据按照第 3 四分位数、最大值、最小值、第 1 四分位数和中位数的顺序输入单元格中，如图 2－20 所示。

②选择"插入"菜单下的"图表"选项，在"图表向导—4 步骤之 1—图表类型"

55

对话框的"图表类型"选项中选择"股价图","子图表类型"选择"开盘—盘高—盘底—收盘图",单击"下一步"按钮,如图 2-21 所示。

	A	B	C
1		麦奎尔	马里斯
2	第3四分位数	55	33
3	最大值	70	61
4	最小值	9	8
5	第1四分位数	27	14
6	中位数	39	24.5

图 2-20　按照顺序输入结果

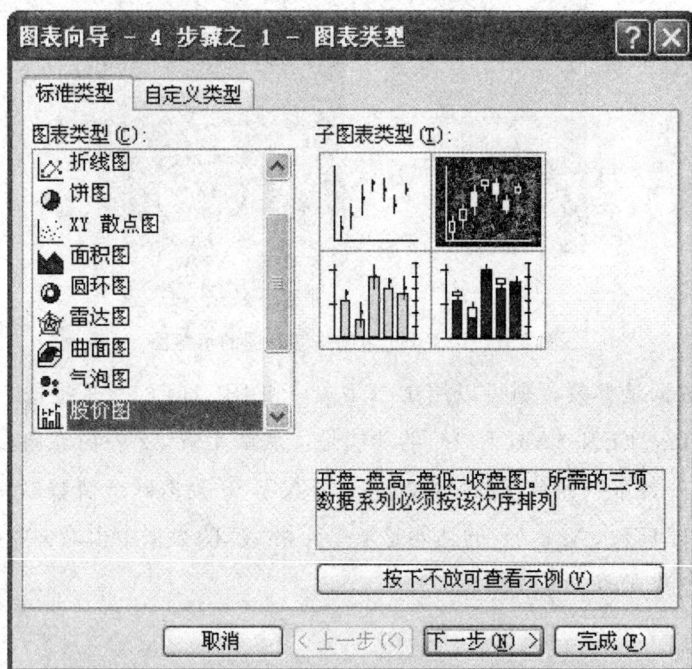

图 2-21　选择"图表类型"对话框

③打开"图表向导-4 步骤之 2-图表源数据"对话框,在"数据区域"框中输入"=Sheet2!＄A＄1：＄C＄5",系列产生在"行",如图 2-22 所示。

④单击"完成"按钮,选中建立的图表,单击工作表"图表"菜单中的"添加数据"选项,打开"添加数据"对话框,如图 2-23 所示。

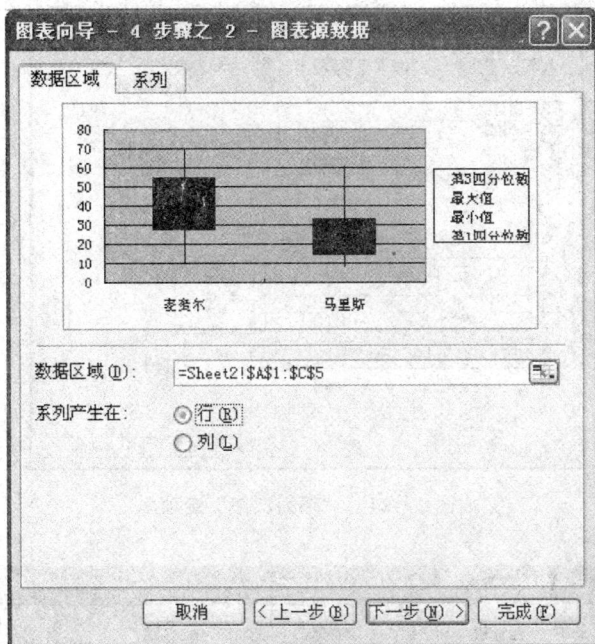

图 2-22　"图表向导—4 步骤之 2—图表源数据"对话框

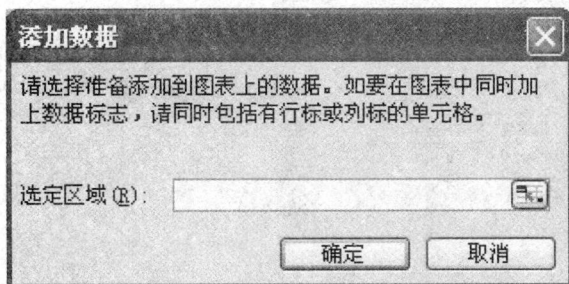

图 2-23　"添加数据"对话框

⑤在"选定区域"框中输入＄A＄6：＄C＄6，单击"确定"按钮。

⑥选中图表，在"图表"工具栏中选择系列"中位数"，单击"图表"工具栏中的"数据系列格式"按钮，打开"数据系列格式"对话框。

⑦选择"系列次序"选项中的"中位数"，单击"上移"按钮，如图 2-24 所示。

⑧选择"图案"选项，在右边的"数据标记"中选择"自定义"，设置样式、颜色、大小等，如图 2-25 所示，即可得与图 2-24 中类似的箱形图。

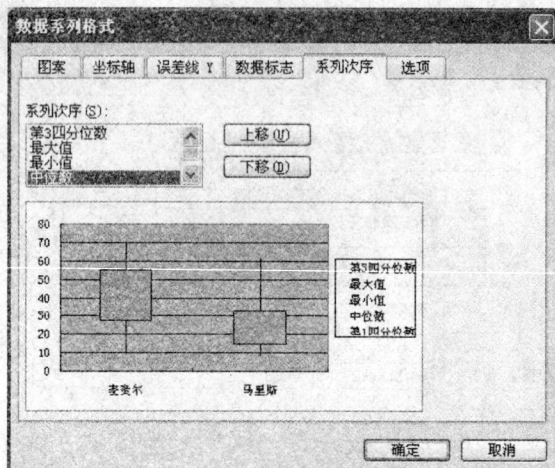

图 2-24 "系列次序"选项

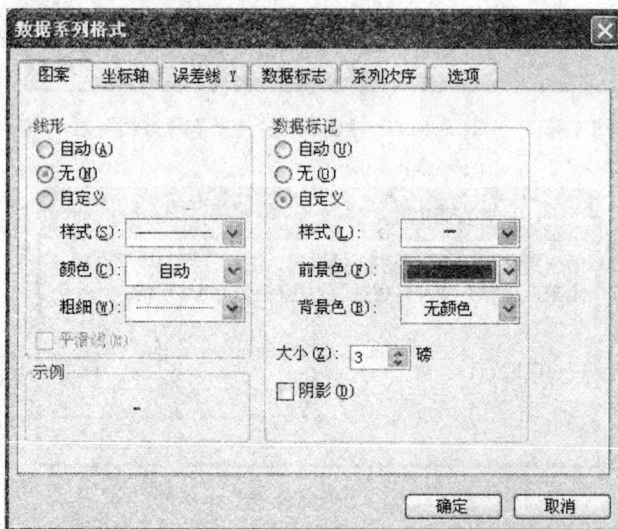

图 2-25 设置"数据标记"对话框

案例分析

某校园超市一天在不同时间段的平均销售额情况如下。

时间	7	8	9	10	11	12	13	14	15	16	17	18	19	20	21
销售额/元	350	120	250	260	180	290	200	205	195	175	150	200	260	240	40

不同时间段平均销售额的频数分布表（见表 2-4）：

表 2－4　　　不同时间段平均销售额的频数分布表

按照销售额分组/元	时间数（频数）	频率/％
49 及以下	1	6.67
50～100	0	0.00
101～150	2	13.33
151～200	5	33.33
201～250	3	20.00
251～300	3	20.00
301 及以上	1	6.67
合 计	15	100.00

不同时间段销售额的直方图（见图 2－26）。

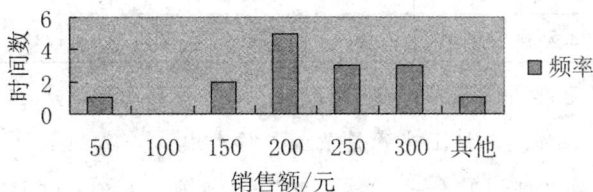

图 2－26　不同时间段销售额直方图

实训练习

1. 某班级 50 名同学数学课程考试成绩资料有如下（单位：分）。

68	89	88	84	86	87	75	73	72	68
75	82	99	58	81	54	79	76	95	76
71	60	91	65	76	72	76	85	89	92
64	57	83	81	78	77	72	61	87	73
45	61	85	77	62	90	68	81	78	70

试对该班学生的考试成绩作出分析。具体分析步骤有以下几点。

①建立数据描述工作表，把上述资料录入工作表中。

②把学生成绩按照 60 分以下、60～70 分、70～80 分、80～90 分、90 分以上进行分组，并计算每组的学生人数。

③求学生成绩的均值、中位数、众数，对数据的集中分布情况作出分析。

④求学生成绩的标准差、四分位数、四分位距，分析数据的离散分布情况。

⑤画出学生成绩的直方图、茎叶图和箱形图。

2. 某市 2005 年 100 名 7 岁男童的身高数据如下（单位：厘米）。

114.4	119.2	124.7	125.0	115.0	112.8	120.2	110.2	120.9	120.1
125.5	120.3	122.3	118.2	116.7	121.7	116.8	121.6	115.2	122.0
121.7	118.8	121.8	124.5	121.7	122.7	116.3	124.0	119.0	124.5
121.8	124.9	130.0	123.5	128.1	119.7	126.1	131.3	123.8	114.7
122.2	122.8	128.6	122.0	132.5	122.0	123.5	116.3	126.1	119.2
126.4	118.4	121.0	119.1	116.9	131.1	120.4	115.2	118.0	122.4
114.3	116.9	126.4	114.2	127.2	118.3	127.8	123.0	117.4	123.0
119.9	122.1	120.4	124.8	122.1	114.4	120.5	115.0	122.8	116.8
125.8	120.1	124.8	122.7	119.4	128.2	124.1	127.2	120.0	122.7
118.3	127.1	122.5	116.3	125.1	124.4	112.3	121.3	127.0	113.5

试对该 100 名男童身高情况作出分析。

①建立数据描述工作表，把上述资料录入工作表中。

②把身高按照 1 米以下、1.1～1.2 米、1.2～1.3 米、1.3 米以上进行分组，并计算每组的频数。

③求男童身高的均值、中位数、众数，对数据的集中分布情况作出分析。

④求男童身高的标准差、四分位数、四分位距，分析数据的离散分布情况。

⑤画出男童身高的直方图、茎叶图和箱形图。

2.2 给数据编码

任务提示 本项目将完成数据编码工作。

背景资料

负责调研的学生很快就完成了全校各系学生对校园超市购物的调查，他们要对这些调查数据进行整理。为了便于以后对调查数据的核查，负责数据整理的学生要对调查数据进行编码。

编码就是对一个调查项目的不同备选答案进行统计分组和统一设计代码的过程。编码一般应用于大规模的问卷调查中。因为在大规模的问卷调查中，调查资料的统计汇总工作过于繁重，借助于编码技术和计算机，则可大大简化这一工作。根据编码进行的先后顺序，编码可分为以下几种。

（1）预编码

预编码是在问卷设计的同时就设计好的编码。大多数问卷中的大多数问题是封闭式的，而全部封闭式问题都是预先编码。

封闭式问题常见的编码方法：以答案序号作为编码号。

例：您的职业是什么？

①工人   1

②农民   2

③教师   3

④干部   4

⑤其他   5

封闭式问题中编码的难题是对多选题如何编码。它的方法是将每一回答指定为次级变量，用"1"表示被调查者选择了该答案，用"0"表示未选择。

（2）后编码

后编码是在调查工作完成以后再设计的编码。开放式问题与封闭式问题不同，开放式问题只能在资料收集好之后，再根据被调查者的答复内容来决定类别的指定编码，即只适宜利用后编码。

对于开放式问题的事后编码，它所依据的不应该仅是答案的内容，更重要的是这些内容所能反映出来的被调查者的思想认识。这项工作可以按照以下步骤进行。

①列出答案。每一开放式问题的所有答案都一一列出。

②将所有有意义的答案列成次数分布表。

③确定可以接受的统计分组数。此时主要是从调研目的出发，考虑统计分组的标准是否能紧密结合调研目的。

④根据拟定的统计分组数，对②整理出来的答案次数分布表中的答案进行挑选归并。

在符合调研目的的前提下,保留次数多的答案,然后把次数较少的答案尽可能归并成含义相近的几组。对那些含义相距甚远,或者虽然含义相近但合起来次数仍不够多的,最后一并以"其他"来概括,作为一组。

⑤为所确定的统计分组选择正式的描述词汇。

⑥根据统计分组结果制定编码规则。

⑦对全部回收问卷中的开放式问题答案进行编码。

阅读与思考

(1)数据组成

一般来说,统计数据包括 5 个组成部分。

①数据名称。它表明客观事物某一方面的特征。如企业的"年产值""劳动生产率""销售利润率""某职工的性别"等。数据名称必须具备一个条件,即能表现为一定的结果,如年产值为 500 万元、销售利润为 15% 等。如果不能表现为一定的结果,就不能称之为数据名称。

②数据值。它是数据名称的结果表现。如 500,15% 等。需要指出的是:数据值并不一定都是数字,也可以是文字,如职工性别为"男"或"女"。

③计量单位。可分为两类:名数和无名数。名数是指计量单位的具体名称;无名数指有抽象的名称或无名称,通常采用的有系数、倍数、百分数、千分数等。

④时间范围。任何数据都表明客观事物在特定时间条件下的特征,离开了时间限制,统计数据就无任何说服力。比如某高中学生的升学率为 90%,另一高中学生的升学率为 50%,若要比较两所学校的教学质量,就必须明确升学率是哪一年的,如果没有时间上的统一,就会出现不可比的情况。

⑤空间范围。为保证统计数据意义的完整,空间限制必不可少。如"2003 年国民收入 50 亿元",这是一个县的国民收入,还是一个省的呢?必须加以说明。

(2)数据类型

数据是整个统计分析的关键和依据。不同类型的数据采用不同的处理方式和显示方式,因此,先来认识一下各种类型的数据。数据按照采用的测量尺度不同,可分为定性数据和定量数据。

①定性数据。它又分为定类数据和定序数据。用来测量被测对象类别归属的测度称为定类尺度,按照定类尺度进行测量所得的变量称为定类变量,定类变量的观测值即为**定类数据**,定类变量表现为类别。如对考试作弊学生的处理意见问题所得到的结果:开除学

籍、留校察看、记大过、记过、警告等即是一组定类数据。注意，这些取值不是数字，而是描述类别的文字。经常给每一个类别指定一个数字来表示定类数据。如可以用下列规则来记录学生受处分的状况。

开除学籍	留校察看	记大过	记过	警告
1	2	3	4	5

给每个类别指定一个数字的其他编码也是可以的。下面是另一种编码，和上面的编码方式具有同样的效果。

开除学籍	留校察看	记大过	记过	警告
10	2	8	4	1

用来测量被测对象具体属性的高低、大小、先后、优劣次序的测度称为定序尺度，按照定序尺度进行测量所得的变量称为定序变量，定序变量的观测值即为定序数据，定序变量表现为有序的类别。如对考试在学生心目中的地位按照极其重要、比较重要、一般、不太重要、不重要进行测量，测量结果为极其重要、比较重要、一般、不太重要、不重要等即为一组定序数据。当给这些数据编码时，应该保持取值的顺序。如可以将学生对考试重要性的认识记为：

极其重要	比较重要	一般	不太重要	不重要
1	2	3	4	5

因为选择的编码的唯一限制是保持顺序，所以，也可以选择以下编码：

极其重要	比较重要	一般	不太重要	不重要
1	12	32	34	85

②定量数据。定量数据又分为定距数据和定比数据。用来准确测量被测对象之间确切差距的测度称为定距尺度，按照定距尺度进行测量所得的变量称为定距变量，定距变量的观测值即为定距数据，定距变量表现为数值，可进行加减运算。比如人的身高、体重等。

定比尺度与定距尺度在原则上属于同一层次，定比测量尺度具有定距测量尺度的所有功能，一般可不作区别。它们唯一的区别在于定比尺度具有绝对零点，即有真值0的比值。按照定比尺度进行测量所得的变量称为定比变量，定比变量的观测值即为定比数据。定比变量也表现为数值，可进行加、减、乘、除运算。比如用厘米表示身高等。

数据按照变量在数轴上的取值情况，可分为连续型数据和离散型数据。取值连续充满某一区间的变量称为连续型变量，其观测值为连续型数据，又称为计量数据；只能取有限个或可列个数值的变量称为离散型（随机）变量，其观测值为离散型数据，也可称为计数数据。如在标度打分型题中，对各题按照程度进行 1～5 分的评分，这样所取得的值即为离散型数据。

案例分析

某调研小组在对品牌空调作市场调研时，对开放式问题"您为什么选择这个品牌的空调？"答案的合并分类和编码过程如下。

首先，研究者翻阅所有被调查者的答复，并将所有答案列出。

问题：您为什么选择这个品牌的空调？

列出答案如下（设只有 14 个样本）：

① 节能环保　　　　② 外形美观　　　　③ 价格公道

④ 噪声低　　　　　⑤ 空调效果好　　　⑥ 经久耐用

⑦ 高科技　　　　　⑧ 体积小　　　　　⑨ 是名牌

⑩ 邻居都买这个牌子　⑪ 经常在广告中见到　⑫ 我没想过

⑬ 我不知道　　　　⑭ 没有什么特别的原因

然后，将上述答案归并成 6 类，并指定号码（数字编码）。

- 节能环保　　①，⑤，⑦　　　　- 外形美观　　②，⑧
- 价格公道　　③，⑥　　　　　　- 噪声低　　　④
- 名牌　　　　⑨，⑩，⑪　　　　- 不知道　　　⑫，⑬，⑭

实训练习

研究者将调查对象小学生分为"单亲家庭的儿童"和"双亲家庭的儿童"两类，将"儿童学业情况"分为"很差""较差""一般""较好""优秀"，可以整理出单亲、双亲家庭的儿童学业成绩情况的统计表，如表 2-5 所示。

表 2-5　　　　　　　　单亲、双亲家庭儿童学业成绩情况统计表

成绩	单亲家庭的儿童		双亲家庭的儿童	
	人数	比率	人数	比率
优秀				
较好				
一般				
较差				
很差				

请你对该调查进行数据编码。

2.3　录入数据和编辑数据

任务提示 本项目将完成利用 Excel 工作表来进行调差数据的录入与编辑。

背景资料

数据录入指将问卷或编码表中的每一题目或变量对应的代码读到磁盘等储存介质上，或通过键盘直接录入计算机中。

某高校对 2010 级新生作入学情况调查，要求调查工作人员把调查结果录入到 Excel 工作表中，如 2-6 表所示。

表 2-6　　　　　　　　2010 级新生抽样调查原始数据录入表（一）

题号 选项 编号	题　号										
	1	2	3	4	5	6	7	8	9	…	76
001											
002											
003											
004											

续表2-6

题号〈选项〈编号	题 号										
	1	2	3	4	5	6	7	8	9	…	76
……											
452											
453											
454											
455											

知识要点

在 Excel 中，数据是以数据清单的形式存储的。数据清单由工作表中一系列连续单元格的数据集合组成，实际上也是一张工作表，但有不同于一般工作表的特点。数据清单中的数据既可以通过直接输入产生，也可以通过调用数据文件取得，还可以由公式或一般数据快速填充方式产生新的数据。在数据清单中，可以实现数据的复制、移动、插入、删除、排序、筛选等灵活操作。

创建数据清单时，以每一列为一个字段、以每一行为一个记录，一般以数据清单的第一行创建字段（变量）名。在一张工作表中，只能建立一个数据清单。数据清单中的某些命令，如筛选、排序等，每次只能在一个数据清单中使用。数据清单中应避免出现空白行或列。数据清单的形式如图 2－27 所示。

	A	B	C	D	E	F
1	班级	姓名	性别	语文	数学	英语
2	025101	薛晶晶	女	76	85	67
3	025101	殷金凤	女	68	75	89
4	025101	张建华	男	69	87	78
5	025101	王国平	男	86	65	58
6	025102	许网林	男	90	67	66
7	025102	王岩	男	77	84	62
8	025102	刘芳	女	76	73	62
9	025103	李倩	女	86	84	75
10	025103	王燕	女	55	81	67
11	025103	吴英	女	81	75	62

图 2－27　数据清单

阅读与思考

数据输入。

（1）录入数据的基本方法

数据的录入有 3 种基本方法。

①单击目标单元格直接输入数据。

②双击目标单元格输入数据。这种方法多用于修改单元格中的数据。

③单击目标单元格，在编辑栏中输入数据。在 Excel 的编辑栏中，可以复制、粘贴进行编辑或修改数据。当一个单元格需要录入很多文字或需要输入公式时，常采用这种方式。

（2）数据自动填充

输入数据或公式时，如果输入的数据或公式具有一定的规律性，可以不必一项一项手工输入，而是利用 Excel 的自动填充功能完成批量输入。这既减少了数据输入的工作量，又减少了错误输入的概率。数据的自动填充可以采用"填充柄""Ctrl＋Enter"组合键或"填充"命令来完成。

例 2 - 6：利用"Ctrl＋Enter"组合键在单元格区域 A1：A8，B1：F1，C3：D8，F4：F8 中输入数据 100。

①选定单元格区域 A1：A8，B1：F1，C3：D8，F4：F8。首先选定单元格 A1，再按住"Ctrl"键继续选取其他单元格区域。

②键入数据 100。

③按"Ctrl＋Enter"组合键，结果如图 2 - 28 所示。

	A	B	C	D	E	F
1	100	100	100	100	100	100
2	100					
3	100		100	100		
4	100		100	100		100
5	100		100	100		100
6	100		100	100		100
7	100		100	100		100
8	100		100	100		100

图 2 - 28 "Ctrl＋Enter"组合键自动填充

以上操作也可以通过选取"填充—序列"命令，在"序列"对话框中选择"自动填充"来完成。通过"序列"对话框，还可以完成等差数列、等比数列的填充。

例 2－7：利用"序列"对话框在 A1：F1 区域填充数据，初始值为 1，比值为 2。

①在单元格 A1 中输入 1，选取单元格区域 A1：F1。

②在"编辑"菜单中选取"填充—序列"命令，弹出"序列"对话框，如图 2－29 所示。

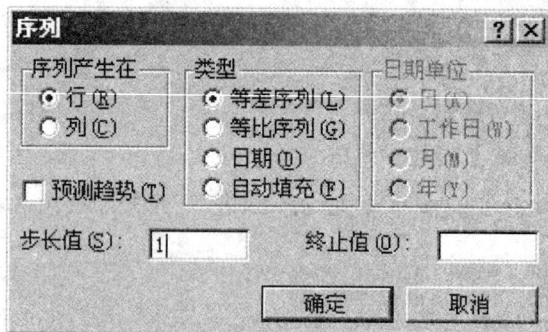

图 2－29 "序列"对话框

③在"序列"对话框中的"类型"选项中选择"等比序列"，"步长值"设为 2，单击"确定"按钮，结果如图 2－30 所示。

	A	B	C	D	E	F
1	1	2	4	8	16	32
2						
3						
4						

图 2－30 利用"序列"对话框产生等比数列

（3）利用"记录单"编辑数据

比较简单的数据清单，数据的编辑可以直接在数据清单中操作。如果数据清单中的数据非常复杂，就可以利用"记录单"数据的操作。数据"记录单"具有浏览记录、添加记录、修改记录和删除记录等作用。使用"记录单"命令，可以在数据清单中一次输入、显示、查找或删除一行完整记录。

案例分析

例 2－8：利用"记录单"录入如图 2－27 所示的数据清单。

选中数据清单中的任意单元格，在"数据"菜单中选择"记录单"命令，则弹出"数据清单"对话框，如图 2－31 所示。

对话框的右上角的分数表示当前记录在数据清单中的位置和数据清单总共记录数。如1/10表示该数据清单中共有 10 条记录，当前记录为第 1 个记录。在"数据清单"对话框中，可以完成以下几种操作。

（1）浏览记录

通过单击"上一条""下一条"按钮，或拖动对话框中间的垂直滚动条，可以快速浏览记录内容。

（2）浏览符合条件的记录

单击对话框中的"条件"按钮，记录框数据区域将变成空白。如果这时在字段框内输入相应

图 2－31　"数据清单"对话框

条件，就可以查找符合条件的记录。条件既可以是一个，也可以是多个。如查找班级为 025101，性别为女的记录，首先按"条件"按钮，在"班级"框内输入 025101，在"性别"框内输入"女"，按"回车"键后，会显示符合条件的记录。

（3）添加记录

单击"新建"按钮，对话框中的文本框里面变成空白，逐一输入相应内容后，按"回车"键，完成一条记录的添加。在添加记录的过程中，若单击"还原"按钮，则可以将当前录入的内容全部清除。

（4）修改记录

在浏览记录内容时，可以对字段内的记录进行修改，修改完毕后，单击"新建""关闭"按钮或"回车"键，系统将接受修改，单击"其他"按钮，将放弃所作修改。

（5）删除记录

在浏览记录时，单击"删除"按钮，系统会提示是否删除，单击"确定"按钮，将删除正在显示的当前记录。

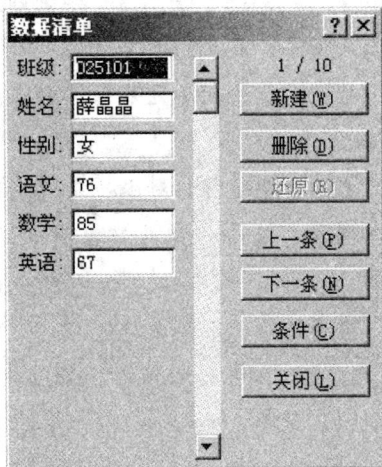

实训练习

某银行管理人员为了了解客户对该银行业务的综合评价，对该银行客户作了一份随机问卷，具体内容及结果如下所示。

中国商业银行顾客满意度调查问卷

尊敬的女士、先生：

您好！这份问卷是基于"中国商业银行顾客满意度"的研究需要所作的正规、严肃的调查。

我们希望了解您对本研究所涉及问题的真实态度、感受、想法和见解，只需回答以下一些问题。这一研究非常有意义，恳请您的参与和帮助！所有资料皆不具名，请安心填写。

感谢您的理解和支持！

1. 您使用银行的频率：[必答题] [单选题]

（1）少于1次/月　　（2）1～2次/月　　　（3）3～4次/月

（4）5～6次/月　　（5）大于6次/月

2. 我们希望了解您在办理业务后的实际感受情况，请根据实际情况评分。（1分代表您的满意度非常低，依此类推，10分代表您的满意度非常高）[必答题] [单选题]

项目	1	2	3	4	5	6	7	8	9	10
营业厅干净舒适										
银行位置便利										
服务手段（柜台、ATM、网上银行、信用卡、手机银行等）很多										
网上银行好用										
ATM可正常使用										
信用卡好用										

现随机抽取50个客户进行调查，调查结果如下表所示：

主要使用的银行	使用银行的频率	办理业务前的期望值	办理业务后的评分	办理业务后的具体评价					
				营业厅干净舒适	银行位置便利	服务手段多	网上银行好用	ATM可正常使用	信用卡好用
中国银行	少于1次/月	5	7	7	6	7	8	9	8
工商银行	每月3～4次	7	6	8	9	9	9	7	8
招商银行	每月1～2次	6	8	8	7	7	8	7	8
中国银行	每月3～4次	5	6	7	7	7	9	8	7
工商银行	少于1次/月	8	8	7	7	8	8	8	8
兴业银行	少于1次/月	5	6	7	7	7	7	7	8
工商银行	每月1～2次	4	6	6	6	7	7	9	9

续表

主要使用的银行	使用银行的频率	办理业务前的期望值	办理业务后的评分	办理业务后的具体评价					
				营业厅干净舒适	银行位置便利	服务手段多	网上银行好用	ATM可正常使用	信用卡好用
中国银行	每月5~6次	7	7	7	6	7	8	7	8
农业银行	每月1~2次	6	6	6	7	6	7	8	7
建设银行	每月3~4次	5	8	7	6	6	6	8	7
工商银行	少于1次/月	5	6	6	8	9	8	9	8
中国银行	每月1~2次	7	9	8	8	7	8	8	8
工商银行	每月1~2次	5	6	8	7	8	9	8	9
招商银行	每月1~2次	7	7	7	6	8	7	8	8
工商银行	每月3~4次	5	8	9	9	9	8	8	8
建设银行	少于1次/月	8	6	6	7	7	7	7	7
工商银行	每月5~6次	6	8	9	8	7	9	8	8
招商银行	少于1次/月	5	6	6	5	7	9	8	7
中国银行	每月1~2次	6	6	8	8	7	7	8	9
工商银行	每月1~2次	5	7	7	7	7	8	9	9
农业银行	少于1次/月	7	6	7	6	7	6	8	6
工商银行	每月1~2次	6	6	8	8	9	9	9	8
工商银行	少于1次/月	5	6	6	6	7	7	7	7
工商银行	每月1~2次	6	6	8	8	8	8	9	8
招商银行	每月1~2次	6	8	8	7	8	8	7	8
中国银行	少于1次/月	5	7	7	6	6	9	8	8
工商银行	每月5~6次	4	6	7	7	9	8	9	9
工商银行	每月1~2次	7	6	8	9	9	9	9	8
工商银行	大于6次	5	8	9	6	9	7	7	7
兴业银行	每月3~4次	7	9	8	6	7	9	8	8
农业银行	每月1~2次	5	7	6	6	7	6	8	7
工商银行	少于1次/月	6	6	6	7	7	8	9	9
建设银行	每月1~2次	9	8	8	6	6	6	8	6
农业银行	每月5~6次	8	9	7	7	6	6	6	9
工商银行	每月3~4次	7	6	8	8	8	8	6	6
中国银行	少于1次/月	7	8	7	7	7	8	9	8

续表

主要使用的银行	使用银行的频率	办理业务前的期望值	办理业务后的评分	办理业务后的具体评价					
				营业厅干净舒适	银行位置便利	服务手段多	网上银行好用	ATM可正常使用	信用卡好用
农业银行	每月1~2次	7	7	6	6	7	7	8	7
工商银行	每月1~2次	5	6	7	6	9	8	9	9
建设银行	每月1~2次	5	6	6	6	6	6	6	7
招商银行	每月1~2次	7	6	7	6	7	8	7	9
工商银行	少于1次/月	5	8	6	7	8	8	8	8
招商银行	每月5~6次	7	6	6	6	8	8	9	8
建设银行	每月1~2次	6	7	7	7	7	7	8	7
农业银行	每月5~6次	6	6	7	7	7	7	7	7
招商银行	每月3~4次	5	8	8	7	7	7	8	8
工商银行	每月1~2次	6	6	8	9	9	7	9	8
农业银行	少于1次/月	5	6	6	6	6	7	6	7
浦发银行	每月3~4次	8	8	7	6	6	6	6	7
工商银行	每月1~2次	6	6	6	6	8	9	7	9
工商银行	每月1~2次	8	6	8	7	9	9	9	8

如果你是银行的工作人员，试利用 Excel 对上表中的调查数据进行整理。具体操作步骤如下：

①建立 Excel 数据整理工作表，把上表的调查数据录入到工作表中；

②以"主要使用的银行"为第一关键字，"使用银行的频率"为第二关键字，对工作表中的数据进行排序；

③统计不同银行在客户中的占有率，画出饼形图。

小　结

本章介绍了如何对问卷数据进行编辑。

任务 3　整理数据

【任务目标】

通过完成本项目，应该能够：

①会运用多种排序方法解决实际问题；

②会用筛选的方法查询数据；

③会使用分类汇总；

④会使用数据透视表。

【任务分解】

子任务 3.1：排序统计数据。

子任务 3.2：筛选统计数据。

子任务 3.3：分类汇总统计数据。

子任务 3.4：分析数据透视表。

3.1　排序统计数据

任务提示 本项目将完成排序统计数据。

背景资料

系里为了防止学生频繁跳槽、给用人单位留下不好的印象，就想在实习学生中选拔出一些优秀实习生进行奖励。作为辅导员，要按所有实习生的实际实习情况进行排序，筛选出符合要求的学生，辅导员该如何挑选？

数据排序。数据的排序是以数据清单中的一个或几个字段为关键字，对整个数据清单的所有个体进行重新排列。排序可以按照升序，也可以按照降序。对于数字型字段，排序是按照数值的大小；对于字符型字段，排序是按照 ASCII 码的大小；中文字段按照拼音或笔画排序。通过排序，可以清楚地反映数据之间的大小关系。

（1）按照单字段排序

数据的排序，可以用工具栏上的"升序排序"按钮 ↓ 和"降序排序"按钮 ↓ 来进行。要进行数据清单中某一字段数据的排序，首先单击该字段下任一单元格，再单击升序按钮或降序按钮，即可完成本字段的升序排列或降序排列。这种排序方式具有快捷方便的优点。

（2）按照多字段排序

使用升降序按钮排序，虽然操作简便，但只能按照单个字段的内容进行排序，不能满足复杂的排序要求。如果需要按照多个字段进行排序，就需要采用"数据"菜单中的"排序"命令进行。具体操作步骤有以下几点。

①选定数据清单中的任一单元格为当前单元格。

②单击"数据"菜单中的"排序"命令，弹出"排序"对话框，如图 3-1 所示。

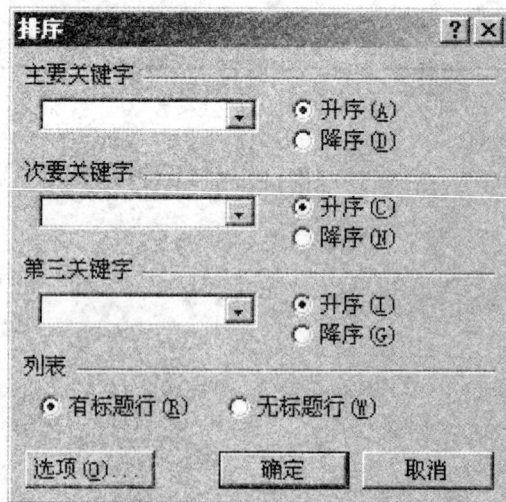

图 3-1 "排序"对话框

③在"排序"对话框中，每次最多可以按照 3 个变量进行多字段排序。整个数据清单要先按照主要关键字，关键字相同者排在一起；若指定了次要关键字，则主要关键字相同者再按照次要关键字排序；若指定了第三关键字，以此类推。

阅读与思考

排序是数据处理中的经常性工作，Excel 排序有序数计算（类似成绩统计中的名次）和数据重排两类。下面介绍 Excel 的几种数据排序方法。

（1）数值排序

①RANK 函数。它是 Excel 计算序数的主要工具，其语法为：RANK（number，ref，order）。其中，number 为参与计算的数字或含有数字的单元格，ref 是对参与计算的数字单元格区域的绝对引用，order 是用来说明排序方式的数字（若 order 为零或省略，则以降序方式给出结果，反之按照升序方式）。

需要注意的是：相同数值用 RANK 函数计算得到的序数（名次）相同，但会导致后续数字的序数空缺。

②COUNTIF 函数。它可以统计某一区域中符合条件的单元格数目，它的语法为 COUNTIF（range，criteria）。其中，range 为参与统计的单元格区域，criteria 是以数字、表达式或文本形式定义的条件。其中数字可以直接写入，表达式和文本必须加引号。

COUNTIF 函数计算出引用区域内符合条件的单元格数量，该结果加"1"即可得到该数值的名次。很显然，利用上述方法得到的是降序排列的名次，对重复数据计算得到的结果与 RANK 函数相同。

③IF 函数。Excel 自身带有排序功能，可使数据以降序或升序方式重新排列。如果将它与 IF 函数相结合，可以计算出没有空缺的排名。

（2）文本排序

选举等场合需要按照姓氏笔画为文本排序，Excel 提供了比较好的解决办法。如果要将数据表按照车间名称的笔画排序，可以使用以下方法：选中排序关键字所在列（或行）的首个单元格（如 A1），单击 Excel "数据"菜单下的"排序"命令，再单击其中的"选项"按钮。选中"排序选项"对话框"方法"下的"笔画排序"，再根据数据排列方向选择"按行排序"或"按列排序"，单击"确定"按钮后，回到"排序"对话框。若数据带有标题行（如"单位"之类），则应选中"有标题行"（反之不选），然后打开"主要关键字"下拉列表，选择其中的"单位"选项，选中排序方式（"升序"或"降序"）后，按"确定"按钮，表中的所有数据就会据此重新排列。

此法稍加变通即可用于"第一名""第二名"等文本排序。

（3）自定义排序

如果要求 Excel 按照某种特定顺序重排工作表数据，前面介绍的几种方法就无能为力了。这类问题可以用定义排序规则的方法解决：首先单击 Excel "工具" 菜单下的 "选项" 命令，打开 "选项" 对话框中的 "自定义序列" 选项卡。选中左边 "自定义序列" 下的 "新序列"，光标就会在右边的 "输入序列" 框内闪动，就可以输入某种特定顺序的自定义序列，输入的每个序列之间要用英文逗号分隔，或者每输入一个序列就敲回车。如果序列已经存在于工作表中，可以选中序列所在的单元格区域单击 "导入"，这些序列就会被自动加入 "输入序列" 框。无论采用以上哪种方法，单击 "添加" 按钮，即可将序列放入 "自定义序列" 中备用。

使用排序规则排序的具体方法与笔画排序很相似，只是要打开 "排序选项" 对话框中的 "自定义排序次序" 下拉列表，选中前面定义的排序规则，其他选项保持不动。回到 "排序" 对话框后，根据需要选择 "升序" 或 "降序"，单击 "确定" 按钮后，即可完成数据的自定义排序。

需要说明的是：显示在 "自定义序列" 选项卡中的序列（如一、二、三等），均可按照以上方法参与排序。

案例分析

Excel 工具栏的排序按钮和 "数据" 菜单中的 "排序" 命令，可以帮助人们方便地进行简单排序。

例 3-1： 某企业今年 1 月份职工工资情况如图 3-2 所示。

	A	B	C	D	E	F	G	H	I	J
1	姓名	性别	职称	部门	参加工作日期	基本工资	职务工资	加班工资	扣款	实发工资
2	陈加坤	男	技术员	一车间	1968-3-23	1050	350	175	23	1552
3	程月华	男	高级工程师	二车间	1965-1-2	1200	395	175	21.8	1748.2
4	丁峰	男	工程师	三车间	1968-5-19	1100	385	175	34.6	1625.4
5	胡玉萍	女	助理工程师	一车间	1973-6-28	1050	320	175	13	1532
6	李扬	男	工人	二车间	1965-1-2	1050	320	165	15.5	1519.5
7	李耀星	男	技术员	二车间	1978-4-29	950	285	175	25.7	1384.3
8	陆学军	男	助理工程师	一车间	1975-3-5	1000	350	165	12.5	1502.5
9	陆英	女	工程师	一车间	1969-6-7	1100	375	165	16.9	1623.1
10	史君	女	工人	三车间	1965-10-10	1100	385	175	45.3	1614.7
11	吴宇娟	女	助理工程师	二车间	1970-11-23	1050	320	170	18.9	1521.1
12	夏红丽	女	工人	三车间	1966-6-28	1100	355	145	43.1	1556.9
13	张健民	男	工人	一车间	1981-3-28	1050	350	175	32.6	1542.4

图 3-2 某企业职工工资

①以"基本工资"为关键字，按照升序排列以上数据。

选中"基本工资"字段下任一单元格，再单击工具栏上的"升序排序"按钮 ᢓↆ，排序结果如图 3-3 所示。

	A	B	C	D	E	F	G	H	I	J
1	姓名	性别	职称	部门	参加工作日期	基本工资	职务工资	加班工资	扣款	实发工资
2	李曜星	男	技术员	二车间	1978-4-29	950	285	175	25.7	1384.3
3	陆学军	男	助理工程师	三车间	1975-3-5	1000	350	165	12.5	1502.5
4	陈加坤	男	技术员	三车间	1968-3-23	1050	350	175	23	1552
5	胡玉萍	女	助理工程师	一车间	1973-6-28	1050	320	175	13	1532
6	李扬	男	工人	二车间	1965-1-2	1050	320	165	15.5	1519.5
7	吴宇娟	女	助理工程师	二车间	1970-11-23	1050	320	170	18.9	1521.1
8	张健民	男	工人	一车间	1981-3-28	1050	350	175	32.6	1542.4
9	丁峰	男	工程师	三车间	1968-5-19	1100	385	175	34.6	1625.4
10	陆英	女	工程师	一车间	1969-6-7	1100	375	165	16.9	1623.1
11	史君	女	工人	三车间	1965-10-10	1100	385	175	45.3	1614.7
12	夏红丽	女	工人	三车间	1966-6-28	1100	355	145	43.1	1556.9
13	程月华	男	高级工程师	二车间	1965-1-2	1200	395	175	21.8	1748.2

图 3-3　数据按照"基本工资"排序

②以"基本工资"为主要关键字，"职务工资"为次要关键字，"实发工资"为第三关键字，对图 3-2 中的数据全部进行降序排序。

单击"数据"菜单中的"排序"命令，弹出"排序"对话框。单击"主要关键字"下拉列表框右面的下拉按钮 ▾，在下拉列表中选择"基本工资"，然后在右边的单选按钮中选择"降序"，依次设置"次要关键字"和"第三关键字"，如图 3-4 所示。

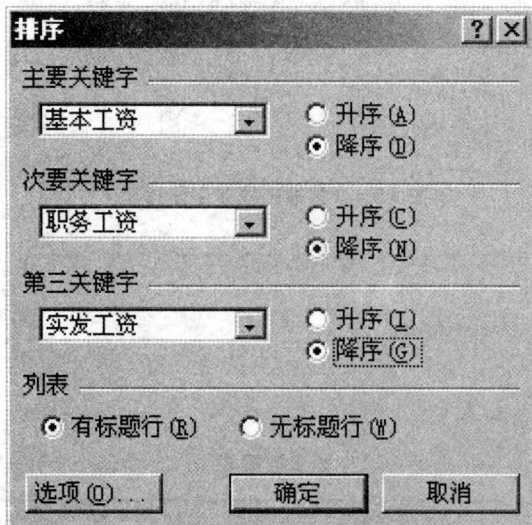

图 3-4　设置关键字及排序方式

如果需要进一步设置，可单击"序列"对话框中的"选项"按钮，在弹出的"排序选项"对话框中进行详细设置，如图 3-5 所示。

图 3-5　"排序选项"对话框

在"序列"对话框中，单击"确定"按钮，完成数据排序，排序结果如图 3-6所示。

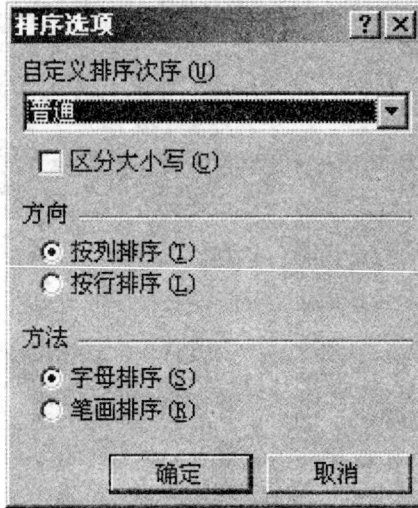

	A	B	C	D	E	F	G	H	I	J
1	姓名	性别	职称	部门	参加工作日期	基本工资	职务工资	加班工资	扣款	实发工资
2	程月华	男	高级工程师	二车间	1965-1-2	1200	395	175	21.8	1748.2
3	丁峰	男	工程师	三车间	1968-5-19	1100	385	175	34.6	1625.4
4	史君	女	工人	三车间	1965-10-10	1100	385	175	45.3	1614.7
5	陆英	女	工程师	一车间	1969-6-7	1100	375	165	16.9	1623.1
6	夏红丽	女	工人	三车间	1966-6-28	1100	355	145	43.1	1556.9
7	陈加坤	男	技术员	一车间	1968-3-23	1050	350	175	23	1552
8	张健民	男	工人	二车间	1981-3-28	1050	350	175	32.6	1542.4
9	胡玉萍	女	助理工程师	一车间	1973-6-28	1050	320	175	13	1532
10	吴宇娟	女	助理工程师	二车间	1970-11-23	1050	320	170	18.9	1521.1
11	李扬	男	工人	二车间	1965-1-2	1050	320	165	15.5	1519.5
12	陆学军	男	助理工程师	三车间	1975-3-5	1000	350	165	12.5	1502.5
13	李耀星	男	技术员	二车间	1978-4-29	950	285	175	25.7	1384.3

图 3-6　数据按照多字段排序

实训练习

工作表"职工档案"如表 3-1 所示。

表 3-1　职工档案表

姓名	性别	参加工作日期	职称	工资	部门	奖金
杨仲伯	男	6-7-80	工程师	1585.5	一车间	450.0
彭巧秋	女	11-2-83	高工	2100.0	技术科	490.0
陈东明	女	1-2-65	工程师	1607.1	二车间	467.0

续表3-1

张辉黎	男	5—20—75	技术员	1389.0	一车间	469.0
李波	男	5—20—75	工程师	1459.0	三车间	487.0
裴迁霓	女	9—15—82	高工	2200.0	技术科	423.0
奂阑潇	女	9—15—82	工程师	1480.0	二车间	425.0
张欣文	男	5—8—90	工人	1359.0	一车间	445.0
贾青云	男	6—16—75	工程师	1489.0	二车间	425.0
张进	男	2—1—68	工人	1346.8	二车间	487.0
钱钦泉	女	3—4—86	高工	1900.0	技术科	432.0
徐放	男	2—14—87	工人	1389.9	一车间	443.0
聂培敏	女	6—11—84	高工	2050.0	技术科	464.0
郑霞蔚	女	11—12—84	工人	1434.8	三车间	401.0
金桃砜	男	11—15—89	高工	1800.0	技术科	450.0
程新	女	10—24—87	工人	1408.9	三车间	458.0
米来福	男	9—23—91	技术员	1397.9	一车间	475.0
杨丽敏	女	10—5—86	工人	1402.9	一车间	485.0
庄清扬	男	6—9—88	技术员	1397.9	二车间	431.0
欧其鸣	女	6—5—85	高工	2000.0	技术科	485.0

将以上记录先按照女先男后的次序排列，"性别"相同的再按照"参加工作日期"由前向后排列，如"参加工作日期"再相同，按照"工资"由大到小排列。

3.2 筛选统计数据

任务提示 本项目将完成筛选统计数据。

背景资料

某高校经贸管理系里为了在实习学生中选拔出一些各方面表现都优秀的实习生进行奖励，要求满足条件的学生既没有不及格的科目，又要求实习单位的综合评价意见在90分以上，如何才能方便准确地挑选出来呢？

知识要点 »>>

筛选是指通过操作把符合要求的数据显示或打印出来，而不符合要求的记录隐藏起来。数据的筛选包括自动筛选和高级筛选两项功能。

（1）自动筛选

自动筛选是一种快速的筛选方法，它可以方便地将满足条件的数据显示在工作表上，将不满足条件的数据隐藏起来。

"自动筛选"一般用于简单的条件筛选，筛选时，将不满足条件的数据暂时隐藏起来，只显示符合条件的数据。使用"自动筛选"还可同时对多个字段进行筛选操作，此时各字段间限制的条件只能是"与"的关系。

（2）高级筛选

自动筛选只能适用于比较简单的条件，如果需要指定的筛选条件比较多，就需要使用Excel的高级筛选功能。

"高级筛选"一般用于条件较复杂的筛选操作，其筛选的结果可以显示在原数据表格中，不符合条件的记录被隐藏起来；也可以在新的位置显示筛选结果，不符合条件的记录同时保留在数据表中而不会被隐藏起来，这样就更加便于进行数据的对比。

阅读与思考

"自动筛选"一般用于条件简单的筛选操作，符合条件的记录显示在原来的数据表格中，操作起来比较简单，初学者对"自动筛选"也比较熟悉。若要筛选的多个条件间是"或"的关系，或需要将筛选的结果在新的位置显示出来，就只有用"高级筛选"来实现了。

一般情况下，"自动筛选"能完成的操作用"高级筛选"完全可以实现，但有的操作则不宜用"高级筛选"，这样反而会使问题更加复杂化，如筛选最大或最小的前几项记录。

案例分析

Excel中提供了两种数据的筛选操作，即"自动筛选"和"高级筛选"。

使用自动筛选的操作步骤有以下几点。

①选定数据清单中任意一个有数据的单元格。

②选择"数据"菜单的"筛选"子菜单中的"自动筛选"命令，会看到在数据清单中

的每一列字段名旁都会出现一个下拉箭头按钮，如图 3 - 7 所示。

	A	B	C	D	E	F	G	H	I	J
1	姓名	性别	职称	部门	参加工作日期	基本工资	职务工资	加班工资	扣款	实发工资
2	程月华	男	高级工程师	二车间	1965-1-2	1200	395	175	21.8	1748.2
3	丁峰	男	工程师	三车间	1968-5-19	1100	385	175	34.6	1625.4
4	史君	女	工人	三车间	1965-10-10	1100	385	175	45.3	1614.7
5	陆英	女	工程师	一车间	1969-6-7	1100	375	165	16.9	1623.1
6	夏红丽	女	工人	三车间	1966-6-28	1100	355	145	43.1	1556.9
7	陈加坤	男	技术员	一车间	1968-3-23	1050	350	175	23	1552
8	张健民	男	工人	一车间	1981-3-28	1050	350	175	32.6	1542.4
9	胡玉萍	女	助理工程师	一车间	1973-6-28	1050	320	175	13	1532
10	吴宇娟	女	助理工程师	一车间	1970-11-23	1050	320	170	18.9	1521.1
11	李扬	男	工人	二车间	1965-1-2	1050	320	165	15.5	1519.5
12	陆学军	男	助理工程师	三车间	1975-3-5	1000	350	165	12.5	1502.5
13	李耀星	男	技术员	二车间	1978-4-29	950	285	175	25.7	1384.3

图 3 - 7　打开"自动筛选"功能

③单击字段名的下拉按钮进行筛选。

④设定好筛选条件后，单击"确定"按钮。筛选后的字段名的下拉按钮为蓝色，同时筛选出来的记录的行号也为蓝色。

　例 3 - 2： 以例 3 - 1 中的资料为例，显示"基本工资"大于 1000 小于 1100 的数据。

①选定数据清单中任意一个单元格。

②选择"数据"菜单的"筛选"子菜单中的"自动筛选"命令。

③单击"基本工资"字段名右边的下拉按钮，在列表框中选定"自定义……"选项。

④在"自定义自动筛选方式"对话框中，第一个筛选条件设定为大于1000，第二个筛选条件设定为小于1100，两者的关系是"与"（"与"即"并且"的意思，即需要同时满足这两个条件），如图 3 - 8 所示。

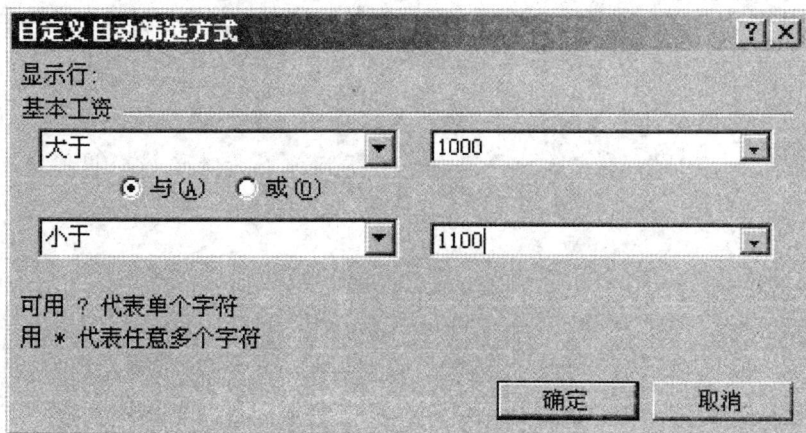

图 3 - 8　设定筛选条件

⑤单击"确定"按钮，工作表中将显示筛选后的数据，如图3-9所示。

	A	B	C	D	E	F	G	H	I	J
1	姓名	性别	职称	部门	参加工作日期	基本工资	职务工资	加班工资	扣款	实发工资
7	陈加坤	男	技术员	一车间	1968-3-23	1050	350	175	23	1552
8	张健民	男	工人	一车间	1981-3-28	1050	350	175	32.6	1542.4
9	胡玉萍	女	助理工程师	一车间	1973-6-28	1050	320	175	13	1532
10	吴宇娟	女	助理工程师	二车间	1970-11-23	1050	320	170	18.9	1521.1
11	李扬	男	工人	二车间	1965-1-2	1050	320	165	15.5	1519.5

图3-9　自定义筛选结果

完成自动筛选后，再次单击"数据"菜单中"筛选"子菜单的"自动筛选"命令，将退出自动筛选状态，字段名旁的下拉按钮同时消失。

用Excel作高级筛选的关键是条件区域的设定。通常是将条件区域放在整个数据清单的下边（以防止被筛选隐含，并且不改变数据清单的位置），至少要用一个空行隔开。条件区域的第1行为字段名，第2行及以下各行为条件值。同一行条件之间为"与"的关系，不同行条件之间为"或"的关系，可采用的条件符号有＞、＜、＞＝、＜＝、＜＞。

例3-3：把职称是"助理工程师"或者"工人"、基本工资在1000～1100元之间、职务工资大于300元的记录筛选出来。

操作步骤有以下几点。

①在屏幕任意位置建立条件区域。条件在同一行表示"与"，在不同行表示"或"。如图3-10所示。

姓名	性别	职称	部门	参加工作日期	基本工资	基本工资	职务工资	加班工资	扣款	实发工资
		助理工程师			>1000	<1100	>300			
		工人			>1000	<1100	>300			

图3-10　设定条件区域

②选定数据清单中任意一个数据单元格，打开"数据"菜单，选择"筛选"子菜单中的"高级筛选"命令。

③在"高级筛选"对话框中，在"列表区域"文本框内输入数据清单引用地址"＄A＄1：＄J＄13"，在"条件区域"文本框内输入条件区域引用地址"＄A＄15：＄K＄17"，如图3-11所示。

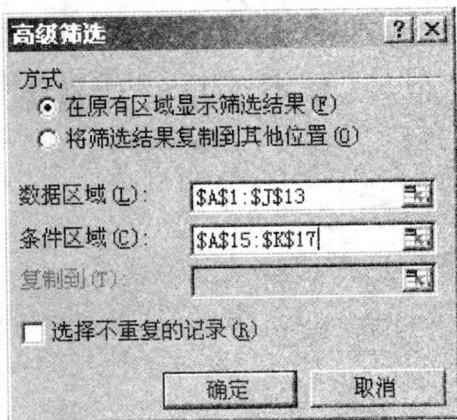

图 3-11 输入列表区域和条件区域

④单击"确定"按钮，显示筛选结果，如图 3-12 所示。

	A	B	C	D	E	F	G	H	I	J	K
1	姓名	性别	职称	部门	参加工作日期	基本工资	职务工资	加班工资	扣款	实发工资	
8	张健民	男	工人	一车间	1981-3-23	1050	350	175	32.6	1542.4	
9	胡玉萍	女	助理工程师	一车间	1973-6-28	1050	320	175	13	1532	
10	吴宇娟	女	助理工程师	二车间	1970-11-23	1050	320	170	18.9	1521.1	
11	李扬	男	工人	二车间	1965-1-2	1050	320	165	15.5	1519.5	
14											
15	姓名	性别	职称	部门	参加工作日期	基本工资	基本工资	职务工资	加班工资	扣款	实发工资
16			助理工程师			>1000	<1100	>300			
17			工人			>1000	<1100	>300			

图 3-12 高级筛选结果

如果想将筛选的结果复制到其他位置，可以在"高级筛选"对话框中的"方式"区中选择"将筛选结果复制到其他位置"，在"复制到"文本框中输入放置结果的区域地址，单击"确定"按钮即可。

若要退出高级筛选，可在"数据"菜单中再次选择"筛选—全部显示"命令，即可恢复原来的数据清单。

实训练习

新建一工作表，取名"资深职工"，将工作表"职工档案"中"参加工作日期"在1980 年 1 月 1 日之前的"男"职工和"参加工作日期"在 1982 年 1 月 1 日之前的"女"职工，连同字段名行复制到新工作表中，文字"姓名"放在 A1 单元格内，按照男职工在前、女职工在后的顺序排列。

3.3 分类汇总统计数据

任务提示 本项目将完成分类汇总统计数据。

背景资料

毕业班的学生在毕业前要进行资格审核。为了更加清晰地了解学生的信息，辅导员想对学生审核资格表进行分类统计，以便随时查看各类数据的汇总情况和明细，那么应该如何操作？

知识要点 ·························>>>

分类汇总是统计中常用的数据整理方法，举例来说，如统计学生成绩，可以按照及格、不及格来归类，也可以按照优、良、中、差的等级来归类等。为了使数据清单的内容更加清晰明确，可以利用 Excel 的分类汇总功能将数据归类，进行求和、求均值等计算，将计算结果显示出来，以便对数据进行进一步的分析。

阅读与思考

分类汇总是一种很有用的功能，主要操作是将同类数据汇总在一起，对这些同类数据进行求和、求均值、计数、求最大值、求最小值等运算；分类汇总前，首先要对数据清单按照汇总的字段进行排序。

添加分类汇总后，将看到小按钮"1"、"2"和"3"显示在页面左上角名称框下，单击"2"只查看每个账户中有汇总的一行，单击"3"查看所有行。

优点：极适于打印有汇总和每节后都有汇总的报告。

缺点：必须先对数据进行排序。对于大量数据，这样做可能会很慢。必须使用"定位"命令（"编辑"菜单），然后单击"定位条件"，才能只选择可见的单元格，将汇总移动到其他位置。必须使用"分类汇总"命令（"数据"菜单），然后单击"全部删除"，才能恢复原始数据。

案例分析

若要插入分类汇总，首先应该按照需要统计的字段排序，才能将要进行分类汇总的行组合到一起。然后，为包含数字的列计算分类汇总。

例 3 - 4：某班 10 个学生的高等数学课程考试成绩如图 3 - 13 所示，要求统计出不同分数学生的人数。

①对"成绩"字段按照升序进行排序，如图 3 - 14 所示。

②单击数据清单中任一有数据的单元格，选择"数据"菜单中的"分类汇总"命令，弹出"分类汇总"对话框。

	A	B
1	序号	成绩
2	1	76
3	2	66
4	3	46
5	4	68
6	5	52
7	6	71
8	7	67
9	8	86
10	9	76
11	10	63

图 3 - 13 学生成绩

	A	B
1	序号	成绩
2	3	46
3	5	52
4	10	63
5	2	66
6	7	67
7	4	68
8	6	71
9	1	76
10	9	76
11	8	86

图 3 - 14 按照成绩排序

③在"分类汇总"对话框中，"分类字段"选择"成绩"，"汇总方式"选择"计数"，"选定汇总项"框中选定汇总项目"序号"，单击"确定"按钮，可以看到，系统已经对分数进行了计数汇总，如图 3 - 15 所示。

1 2 3		A	B	C
	1	序号	成绩	
+	3	1	46 计数	
+	5	1	52 计数	
+	7	1	63 计数	
+	9	1	66 计数	
+	11	1	67 计数	
+	13	1	68 计数	
+	15	1	71 计数	
+	18	2	76 计数	
+	20	1	86 计数	
-	21	10	总计数	

图 3 - 15 对"成绩"分类

可以看到，成绩为 76 分的有两人，其余分数各有一人。

实训练习

在工作表"职工档案"中，先按照"部门"："技术科""一车间""二车间""三车间"的次序排列，再分类汇总，分类字段为"部门"，汇总方式为"求和"，汇总项为"工资"和"奖金"。

3.4 分析数据透视表

任务提示 本项目将完成利用数据透视统计数据。

背景资料

辅导员在对审核资格表进行分类统计时，不想打乱正常的流水式数据表格的数据顺序，而是想随时查看各类数据的统计结果，那么应该如何操作？

知识要点

数据透视表是用来从 Excel 数据列表、关系数据库文件或 OLAP 多维数据集中的特殊字段中总结信息的分析工具。它是一种交互式报表，可以快速分类汇总、比较大量的数据，并且可以随时选择其中页、行和列中的不同元素，以快速查看源数据的不同统计结果，同时可以方便地显示或打印出感兴趣区域的明细数据。

数据透视表有机地综合了数据排序、筛选和分类汇总等常用数据分析方法的优点，可以方便地调整分类汇总的方式，灵活地以多种不同方式展示数据的特征。一张"数据透视表"仅靠鼠标移动字段位置，即可变换出各种类型的报表。同时，数据透视表也是解决 Excel 公式计算速度瓶颈的手段之一。因此，该工具是最常用、功能最全的 Excel 数据分析工具之一。

阅读与思考

Excel 提供了数据透视表和数据透视图功能。数据透视表将排序、筛选和分类汇总功能结合起来，对数据清单或外来的数据重新组织和计算，并以多种不同的形式显示出来。利用数据透视图，可以更直观地显示数据。

若要创建数据透视表，就要运行数据菜单下的"数据透视表和数据透视图向导"。在向导中，从工作表列表或外部数据库选择源数据。向导稍后便会提供报表的工作表区域和可用字段的列表。当将字段从列表窗口拖到分级显示区域时，Microsoft Excel 将自动汇总并计算报表。

注：可以基于其他数据透视表创建新的数据透视表或数据透视图，但是不能直接基于其他数据透视图创建报表。不过，每当创建数据透视图时，Excel 都会基于相同的数据创建一个相关联的数据透视表（相关联的数据透视表：为数据透视图提供源数据的数据透视表。在新建数据透视图时，将自动创建数据透视表。如果更改其中一个报表的布局，另外一个报表也会随之更改。）因此，对数据透视图所做的更改将影响相关联的数据透视表，反之亦然。

案例分析

（1）数据透视表

例 3-5：为如图 3-16 所示工作表中的数据清单创建数据透视表。

姓名	性别	职称	部门	参加工作日期	基本工资	职务工资	加班工资	扣款
陆英	女	工程师	一车间	1969-6-7	1100	375	165	16.9
程月华	男	高级工程师	二车间	1965-1-2	1200	395	175	21.8
陆学军	男	助理工程师	三车间	1975-3-5	1000	350	165	12.5
胡玉萍	女	助理工程师	一车间	1973-6-28	1050	320	175	13
李扬	男	工人	二车间	1965-1-2	1050	320	165	15.5
史君	女	工人	三车间	1965-10-10	1100	385	175	45.3
张健民	男	工人	一车间	1981-3-28	1050	350	175	32.6
吴宇娟	女	助理工程师	二车间	1970-11-23	1050	320	170	18.9
丁峰	男	工程师	三车间	1968-5-19	1100	385	175	34.6
陈加坤	男	技术员	一车间	1968-3-23	1050	350	175	23
李耀星	男	技术员	二车间	1978-4-29	950	285	175	25.7
夏红丽	女	工人	三车间	1966-6-28	1100	355	145	43.1

图 3-16 职工工资情况

①单击数据清单中任一单元格，在"数据"菜单中选择"数据透视表和图表报告"命令，弹出"数据透视表和数据透视图向导—3 步骤之 1"对话框，选择数据源类型为"Microsoft Excel 数据清单或数据库"，选择需要创建的报表类型为"数据透

视表"。

②单击"下一步"按钮，弹出"数据透视表和数据透视图向导—3步骤之2"对话框，在"选定区域"框中输入＄A＄1：＄J＄13，单击"下一步"按钮，弹出"数据透视表和数据透视图向导—3步骤之3"对话框。

③在"数据透视表和数据透视图向导—3步骤之3"对话框中，选择"新建工作表"或"现有工作表"。

④单击"布局"按钮，出现"数据透视表和数据透视图向导—布局"对话框，如图3－17所示。

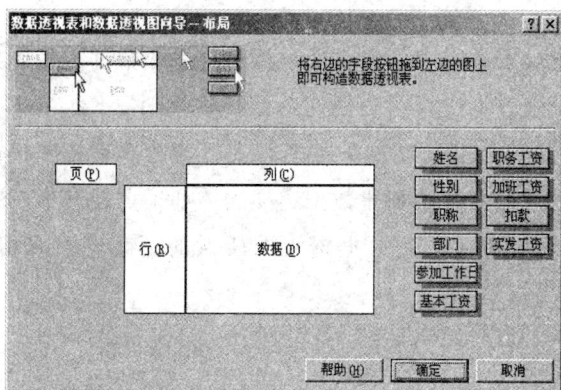

图3－17 "数据透视表和数据透视图向导—布局"对话框

⑤按住鼠标左键，将对话框右边的"部门"拖到"页"框中，将"职称"拖到"列"框中，将"性别"拖到"行"框中，将"基本工资""职务工资""加班工资"依次拖到"数据"框中，如图3－18所示。

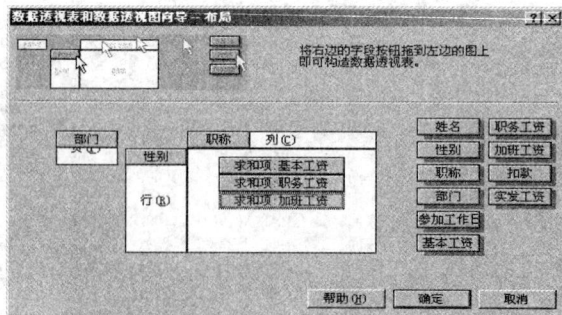

图3－18 设计布局

⑥单击"确定"按钮，结果如图 3 - 19 所示。

	A	B	C	D	E	F	G	H
1	部门	（全部）						
2								
3			职称					
4	性别	数据	高级工程师	工程师	工人	技术员	助理工程师	总计
5	男	求和项:基本工资	1200	1100	2100	2000	1000	7400
6		求和项:职务工资	395	385	670	635	350	2435
7		求和项:加班工资	175	175	340	350	165	1205
8	女	求和项:基本工资		1100	2200		2100	5400
9		求和项:职务工资		375	740		640	1755
10		求和项:加班工资		165	320		345	830
11	求和项:基本工资汇总		1200	2200	4300	2000	3100	12800
12	求和项:职务工资汇总		395	760	1410	635	990	4190
13	求和项:加班工资汇总		175	340	660	350	510	2035

图 3 - 19　生成的数据透视表

　　如果在步骤⑤中改变"职称""性别"按钮在"行"和"列"中的位置和顺序，会得到不同的透视表。用户可以根据不同分析目的和要求，设计不同布局的数据透视表。

　　为使数据透视表更加美观，可以使用数据透视表工具栏中的"设置报告格式"按钮，选择不同的格式。

　　数据透视表中的数据是数据清单中的数据汇总得来的，如果发现表中有错误，不能直接进行修改，而必须先在数据清单中修改数据，再用数据透视表工具栏中的"更新数据"按钮 进行更新。

（2）数据透视图

　　为了更直观地反映数据透视表的分析结果，可以采用数据透视图绘制统计图形。有两种方法可以创建数据透视图。

　　第一种方法：如果之前已经创建了数据透视表，可以首先选中数据透视表（如图 3 - 19 所示的数据透视表）中的任一单元格，直接单击数据透视表工具栏中的"图表向导"按钮 ，Excel 会直接给出一个数据透视图，如图 3 - 20 所示。

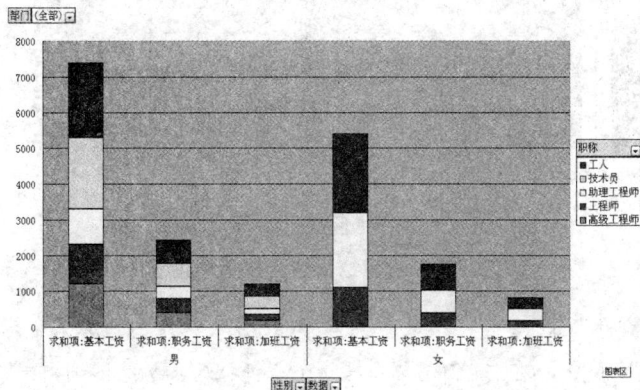

图 3 - 20　数据透视图（堆积柱形图）

如果想改变数据透视图的图表类型，可以再次单击数据透视表工具栏中的"图表向导"按钮，在出现的"图表向导—4步骤之1—图表类型"对话框中，选择需要的图表类型，如选择"簇状柱形图"，单击"完成"按钮，就会改变图表类型，如图3-21和图3-22所示。

图3-21　"图标向导—4步骤之1—图表类型"对话框

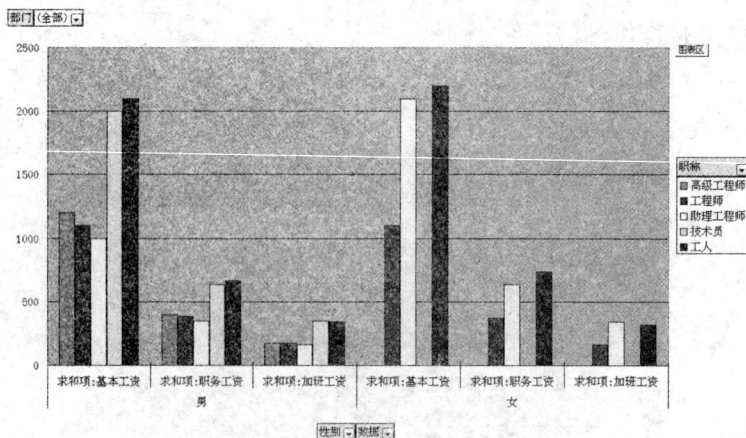

图3-22　数据透视图（簇状柱形图）

第二种方法：如果之前还没有创建数据透视图，可以选择"数据"菜单中的"数据透视表和数据透视图"命令，在弹出的"数据透视表和数据透视图向导—3步骤之1"对话框中选择"数据透视图（及数据透视表）"选项来完成操作。

例 3 - 6：以例 3 - 5 的数据资料为例，创建数据透视图。

①可以选择"数据"菜单中的"数据透视表和数据透视图"命令，在弹出的"数据透视表和数据透视图向导—3 步骤之 1"对话框中选择"数据透视图（及数据透视表）"，单击"完成"按钮，则形成数据透视图雏形，如图 3 - 23 所示。

图 3 - 23　数据透视图

②将"部门"拖到"请将页字段拖到此处"框中，将"职称"拖到"在此处放置系列字段"框中，将"性别"拖到"在此处放置分类字段"框中，将"基本工资""职务工资""加班工资"拖到"请将数据项拖至此处"框中，会产生与图 3 - 20 一样的数据透视图。

若要对创建的数据透视图作进一步的修改，可以借助图表工具栏进行修改，如图 3 - 24 所示。

图 3 - 24　图表工具栏

实训练习

表 3-2 　　　　　　　　　　　　　个人存款清单

存入日	期限	年利率	金额	到期日	本息	银行
2007—04	1	3.78	2200.00	2008—4—1	2,283.16	农业银行
2007—09	1	3.78	1800.00	2008—9—1	1,868.04	建设银行
2007—10	1	3.78	5000.00	2008—10—1	5,189.00	工商银行
2007—05	1	3.78	2800.00	2008—5—1	2,905.84	中国银行

续表3-2

2007—02	3	5.48	2500.00	2010—2—1	2,911.00	中国银行
2008—05	3	5.48	1600.00	2011—5—1	1,863.04	农业银行
2007—07	3	5.48	3600.00	2010—7—1	4,191.84	中国银行
2007—08	3	5.48	2800.00	2010—8—1	3,260.32	中国银行
2007—12	3	5.48	3800.00	2010—12—1	4,424.72	建设银行
2008—01	3	5.48	2200.00	2011—1—1	2,561.68	农业银行
2008—03	3	5.48	4200.00	2011—3—1	4,890.48	农业银行
2000—06	3	5.48	1800.00	2003—6—1	2,095.92	建设银行
2000—08	3	5.48	4000.00	2003—8—1	4,657.60	工商银行
2007—01	5	5.84	1000.00	2012—1—1	1,292.00	工商银行
2007—03	5	5.84	3000.00	2012—3—1	3,876.00	建设银行
2007—06	5	5.84	4200.00	2012—6—1	5,426.40	农业银行
2007—11	5	5.84	2400.00	2012—11—1	3,100.80	工商银行
2008—02	5	5.84	1600.00	2013—2—1	2,067.20	农业银行
2008—04	5	5.84	3600.00	2013—4—1	4,651.20	中国银行
2008—07	5	5.84	5000.00	2013—7—1	6,460.00	工商银行
2006—2—2	1	3.78	26000.00	2007—2—2	26,982.80	建设银行
2006—5—6	1	3.78	30000.00	2007—5—6	31,134.00	工商银行
2006—9—10	1	3.78	30000.00	2007—9—10	31,134.00	建设银行
2006—12—3	1	3.78	25000.00	2007—12—3	25,945.00	中国银行
2005—6—6	3	5.48	30000.00	2008—6—6	34,932.00	工商银行
2005—10—2	3	5.48	25000.00	2008—10—2	29,110.00	建设银行
2005—11—20	3	5.48	2600.00	2008—11—20	3,027.44	工商银行
2005—12—30	3	5.48	30000.00	2008—12—30	34,932.00	中国银行
2004—6—6	3	5.48	25000.00	2007—6—6	29,110.00	中国银行
2004—8—12	3	5.48	30000.00	2007—8—12	34,932.00	工商银行
2004—12—12	3	5.48	28000.00	2007—12—12	32,603.20	中国银行
2005—10—1	3	5.48	35000.00	2008—10—1	40,754.00	工商银行
2005—11—30	3	5.48	28000.00	2008—11—30	32,603.20	建设银行
2006—1—1	5	5.84	25000.00	2011—1—1	32,300.00	中国银行
2006—7—1	5	5.84	30000.00	2011—7—1	38,760.00	农业银行
2006—10—1	5	5.84	32000.00	2011—10—1	41,344.00	建设银行
2006—12—1	5	5.84	4000.00	2011—12—1	5,168.00	农业银行

（1）对工作表进行筛选

筛选条件：筛选出"建设银行"或"中国银行"，存款"期限"为 1 的记录。

要求：使用高级筛选。

条件区域：起始单元格定位在 I10。

复制到：起始单元格定位在 I20。

（2）建立数据透视表

根据"存款单"工作表中的数据，建立数据透视表。

行字段为"银行"，列字段为"期限"，页字段为"存入日"，计算项为"金额"之和、"本息"之和。

结果放在新建工作表中，工作表名为"银行存款情况表"。

小　结

本章介绍了利用计算机对问卷数据的整理、数据排序与筛选、数据分类汇总与数据透视分析。

任务4 绘制统计表与统计图

【任务目标】

通过完成本项目，应该能够知道：

①什么是规范的统计表；

②如何用 Excel 汇总统计表；

③什么是规范的统计图；

④如何用 Excel 汇总统计图。

【任务分解】

子任务 4.1：绘制统计表。

子任务 4.2：绘制统计图。

4.1 绘制统计表

任务提示 本项目将完成规范的统计表的绘制。

背景资料

系部市场营销专业为了制定下一步的专业发展计划，对苏州地区的营销人员的需求现状进行了调查。专业课老师请小李帮忙对苏州地区的市场营销专业人才需求数据进行整理，并用表格的方式进行形象的说明。

知识要点 -->>>

统计表是把由统计调查所得来的、经过整理的数据，按照一定顺序排列而形成的表格。统计表可分为广义统计表和狭义统计表两种。广义的统计表，包括统计工作各阶段中所用的一切表格；狭义的统计表专指分析表和容纳各种统计资料的表格，即通常所说的统计表。狭义的统计表是统计分析的重要工具，这是因为，它能清楚地、有条理地显示统计资料，并能直观地反映统计分析特征。

（1）统计表的结构

统计表的结构，从形式上来看，其构成要素包括总标题、横行标题、纵列标题、数字资料 4 个部分。总标题置于表的正上方，是统计表的名称，它简明扼要地说明了全表的基本内容。横行标题和纵列标题一般被置放于统计表的第一列和第一行，它表示所研究问题的类别名称和指标名称。如果是时间序列数据，横行标题和纵列标题也可以是时间，当数据较多时，一般会将时间放在横行标题的位置。表的其余部分是具体的统计数据。表外附加内容一般放在统计表的下方，主要包括资料来源、指标的注释和必要的说明等。统计表的一般结构如表 4－1 所示。

表 4－1　　　　　　　2007－2010 年管理工程系新生班级基本情况

项目	2007	2008	2009	2010
专业数	5	4	4	7
班级数	7	8	9	14

（2）统计表的分类

①简单表。指未经任何分组的统计表，也叫作一览表。简单表一般按照时间顺序排列，或者按照个体的名称排列。它是对原始资料进行初步整理所采用的形式，如表 4－1 所示。

②简单分组表。只用一个标志分组形成的统计表，也叫作分组表。运用简单分组表可以说明不同类型现象的特征，以揭示现象内部的结构，以便分析现象之间的相互关系，如表 4－2 所示。

表 4－2　　　2010 年某地区工业企业按照固定资产分组的企业与职工数统计表

按照固定资产分组/万元	企业个数	职工人数
400 以下	5	2250
400～600	10	6029
600～800	12	9280
800 以上	3	3140
合　计	30	20699

③复合分组表。指按照两个或两个以上的标志进行分组的统计表，简称复合表。复合分组表可以通过多个标志，对总体进行更为深入的分析与研究，如表4-3所示。

表4-3 2010年某大学师资状况

职务	年龄	性别	人数
高级职称 （教授、副教授）	45岁以上	男	50
		女	30
	45岁以下	男	80
		女	40
非高级职称 （讲师、助教）	45岁以上	男	40
		女	10
	45岁以下	男	110
		女	50

（3）统计表的设计规则

统计表的设计应尽可能做到简洁、清晰、准确、醒目，便于使用者进行比较、分析和阅读。设计时，应遵循如下几条规则。

①统计表的各类标题应十分简明，并能确切地反映与概括资料的主要内容以及所属的地区和时间。纵横各栏的排列特别要注意表述资料的逻辑性。

②横行和纵列，一般先列各个项目，后列总体。若无必要列出全部项目时，就应先列总体，后列其中一部分重要项目。内容不宜罗列太多和过于庞杂。

③表中应有计量单位栏。当表中只有一种计量单位时，可在表的右上端注明。若有几个计量单位时，横行的计量单位可专设"计量单位"一栏；纵列的计量单位可与纵栏标题写在一起，用"/"隔开。

④表中数字填写要整齐，上下位数要对齐，同栏数字的单位、小数位要一致。如遇相同数字必须照填，不能用"同上"或"同左"代替。无数字的空格要用"—"表示。如遇缺乏资料的空格时，要用"……"表示，以免被误认为漏报。

⑤当统计表栏数较多时，通常要加编号，并说明其相互关系。横行各栏与计量单位各栏可用甲、乙、丙等文字标明；纵列各栏可用（1）、（2）、（3）等数码标明。

⑥统计表的表式为开口式，即表的左右两端不封闭（不画纵线）；表的上下端线通常用粗线或双线；表内如有两个或两个以上不同的内容，也要用粗线或双线隔开。

⑦借用他人数据资料时，统计表应加注解，说明资料出处，一般在统计表的下端注明"资料来源"。

阅读与思考

用 Excel 汇总统计表。

Excel 能对多个工作表和工作簿内相类似的数据进行合并计算，并将合并的结果放到一张合并工作表内。这一功能可以用来把各门市部的销售收入合并为各销售区的销售收入，再把销售区的数据合并到总公司；或是统计部门用此功能将月度资料汇总成季度资料，再将其汇总成年度资料。这里的合并计算，不仅仅指求和计算，还可以计算平均数、最大值、最小值等 11 种指标。

要合并的多张工作表，可以是标题排列顺序完全相同的表，也可以是不完全相同的表。如果是完全相同的表，Excel 按照各工作表内对应的位置对各单元格施行合并计算；如果是不完全相同的表，可以要求 Excel 根据各个源工作表内数据的行、列标题来进行合并，合并计算那些有相同行和相同列标题的单元格内的数据，而不管行、列标题在各个源工作表内的位置次序。

（1）完全相同型的合并

对于各个要合并计算的工作表，不仅行、列标题完全一样，而且次序也完全一样，但各个数据区的位置可以不一样。这种合并可以按照存放合并数据的目标工作表单元格或区域的选取来进行。

（2）不完全相同型的合并

当源工作表上数据的行列标题位置不完全相同时，要使用行、列标题进行合并计算。这种方法最为灵活方便，容许每个源区域的实际位置不同。

案例分析

例 4 - 1：现有宏大计算机公司某月上、中、下旬销售利润表，如图 4 - 1 所示，要求汇总各旬情况，完成月度销售利润表。

	A	B	C	D	E
1	销售利润表（上旬）			单位：万元	
2		产品A	产品B	产品C	合计
3	销售额	100	200	200	500
4	折扣	20	80	60	160
5	净销售额	80	120	140	340
6	成本	30	60	70	160
7	毛利	50	60	70	180
8	销售费用	35	30	30	95
9	利息	1	2	2	5
10	税收	7	14	19	40
11	纯利润	7	14	19	40

图 4 - 1　宏大计算机公司上旬销售利润表（中、下旬表类似）

操作步骤有以下几点。

①将表格的文字部分复制到另一个工作表中，并进行适当修改，该表将存放汇总的结果。

②选定一个目标区域，本例为"B3：E11"区域，即只选要显示合并数据的位置，注意文本、日期等数据是不能参与合并的。

③选取"数据"—"合并计算"，弹出"合并计算"对话框，如图4-2所示。

④在"函数"列表框内选取合并的计算方式，预选为求和，不改变时可以跳过。

⑤在"引用位置"文本框内，通过选取或直接键入的方式确定源区域；如果源区域位于打开的工作表上，可以通过鼠标单击加拖动的方式确定源区域。

⑥单击"添加"按钮，将"引用位置"文本框内的区域加入到"所有引用位置"列表框内。

⑦重复第⑤、⑥，将所有源区域（可达255个）添加到"所有引用位置"列表框内。

⑧注销"标记位置"复选钮组内的"首行""最左列"选择框，注销（也可选）"创建连至源数据的链接"选择框。如果选中"创建连至源数据的链接"选择框，结果在目标工作表内生成分级显示。最后单击"确定"按钮，完成汇总。如图4-3所示。

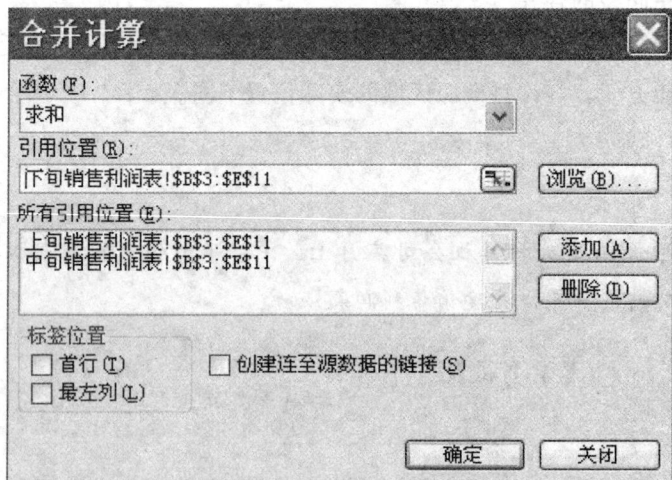

图4-2 "合并计算"对话框

	A	B	C	D	E
1	销售利润表（月度）				单位：万元
2		产品A	产品B	产品C	合计
3	销售额	600	667	691	1958
4	折扣	95	265	240	600
5	净销售额	505	402	451	1358
6	成本	160	190	221	571
7	毛利	345	212	230	787
8	销售费用	135	90	102	327
9	利息	6	6	8	20
10	税收	102	58	60	220
11	纯利润	102	58	60	220

图 4-3　汇总结果

例 4-2：某计算机总公司下属宏大公司、正大公司和光大公司 1—4 月的销售量统计报表已上报，要求汇总出分品种、分月份的销售量，这 3 个公司的销售品种是不同的。

操作步骤有以下几点。

①新建一张工作表，用以存放汇总的结果，将光标移至存放结果的左上角。

②选取"数据"—"合并计算"，弹出"合并计算"对话框。

③在"函数"列表框内选取合并的计算方式，预选为求和，不改变时可以跳过。

④在"引用位置"文本框内，通过选取或直接键入的方式确定源区域。如果源区域位于打开的工作表上，可以通过鼠标单击加拖动的方式确定源区域。单击"增加"按钮，将"引用位置"文本框内的区域加入到"所有引用位置"列表框内。

⑤重复④，将所有源区域（可达 255 个）增加到"所有引用位置"列表框内。

⑥在"标记位置"复选钮组内选中"首行""最左列"选择框，注销（也可选）"创建连至源数据的链接"选择框。如图 4-4 所示。

⑦最后单击"确定"按钮，生成汇总结果，如图 4-5 上方所示。

⑧如果在第⑥步选中"创建连接源数据的链接"选择框，其结果如图 4-5 下方所示，它有两点不同：一是 Excel 自动创建分级显示符号，可以查看数据的来源；二是若源数据区域中的数据被修改，则汇总表的数据也随之改变，而前者不会发生变化。

图 4-4　"合并计算"对话框

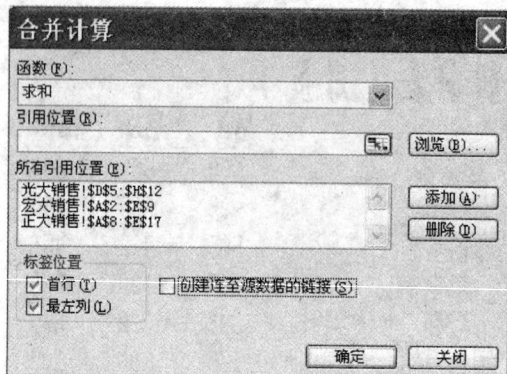

图 4-5　合并统计表（上方是不加链接的，下方是加链接的）

实训练习

根据王小毛、吴燕燕和朱青新三人一年的销售记录，汇总出各种产品的销售量。

王小毛的销售情况如表 4-3 所示。

表 4-3 王小毛一年的销售记录

产品名 销售量/个 月份	一月	二月	三月	四月	五月	六月	七月	八月	九月	十月	十一月	十二月
产品 A	123	569	69	59	1258	12		625	59	36	251	124
产品 B	23	15	14	16	144	12		12	10	8	52	11
产品 C	25	25	21		45			123	158	12		44
产品 D	12	63	36		153	36		691				57
产品 E	36	98	258		26	98		369	36			88
产品 F	26	897	59		369	79		12	120	66	22	223
产品 G	159	369	89	124	58	36		23	36	99	69	639
产品 H	120	265	89		64	26		69	95	84	58	541
产品 I	25	269	56		95	45		25	87	54	49	36
产品 J	36	21	54		87	69		136	69	69	12	125
产品 K	36	36	547		126	69		147	66	23	12	256
产品 L	21	59	25	14	257	36		369	54	123	147	45
产品 M	36	478	36		498	26		156	55	25	136	145
产品 N	95	263	52		21	45		147	23	255	126	126
产品 O	123	25	145	45	26	123		32	36	263	479	122

吴燕燕的销售情况如表 4-4 所示。

表 4-4 吴燕燕一年的销售情况

产品名 销售量/个 月份	一月	二月	三月	四月	五月	六月	七月	八月	九月	十月	十一月	十二月
产品 E	123	98	258	145	26		98		369	36		88
产品 F	12	897	59		369		79	12	120	66		223
产品 G	10	369	89	124	58		36	23	36	99		639
产品 A	123	569	69	59	1258		12	625	59	36		124
产品 B	23	15	14	16	144		12	12	10	8		11
产品 N	25	25	21		45		45	123	158	12		44
产品 D	12	63	36	145	153		36	691				57
产品 J	36	21	54	78	87		69	136	69	69		125
产品 E	36	36	547		126		69	147	66	23		256

续表

产品 L	21	59	25	14	257		36	369	54	123		45
产品 M	36	478	36		498		26	156	55	25		145
产品 A	95	263	52		21		45	147	23	255		126
产品 O	123	25	145	45	26		123	32	36	263		122

朱青新的销售情况如表4-5所示。

表4-5　　　　　　　　　　　朱青新一年的销售情况

产品名＼销售量／个＼月份	一月	二月	三月	四月	五月	六月	七月	八月	九月	十月	十一月	十二月
产品 C	23	15	14	127	144	12	12		10	8	156	11
产品 B	25	25	21	59		45	123		158	12	147	44
产品 O	12	63	36	41	153	36			691		254	57
产品 E	36	98	258	36	26	98			369	36		88
产品 P	26	897	59	69	369	79	12		120	66	22	223
产品 G	159	369	89	124	58	36	23		36	99	69	639
产品 A	145	569	69	59	1258	12	625		59	36	251	124
产品 I	25	269	56	123	95	45	25		87	54	49	36
产品 J	36	21	54	256	87	69	136		69	69	12	125
产品 K	120	265	89	245	64	26	69		95	84	58	541
产品 H	36	36	547	66	126	69	147		66	23	12	256
产品 L	21	59	25	88	257	36	369		54	123	147	45
产品 M	36	478	36	457	498	26	156		55	25	136	145

4.2 绘制统计图

任务提示 本项目将完成规范的统计图的绘制。

背景资料

用统计图表现统计资料，其特点是形象生动、通俗易懂，能给人以明确而深刻的印象。某高校市场营销专业为了制订下一步的专业发展计划，对苏州地区的营销人员的需求现状进行了调查。专业课老师请小李帮忙用表格的方式对苏州地区的市场营销专业人才需求数据进行整理后，要小李把表格里的内容转化成图表的形式。如果你是小李，你该怎么做呢？

知识要点 >>>

统计图是统计资料的一种表达方式，它可以简洁直观地表示统计表中枯燥的数据，可以帮助人们从众多的数据中发现规律，可以更迅速、更有效地传递信息，给人以明确而深刻的印象。

（1）统计图的结构

如图 4－6 所示是一张统计图，是反映中国三次产业增加值的发展状态的趋势图。通过图形可以看出统计图基本包括以下几部分。

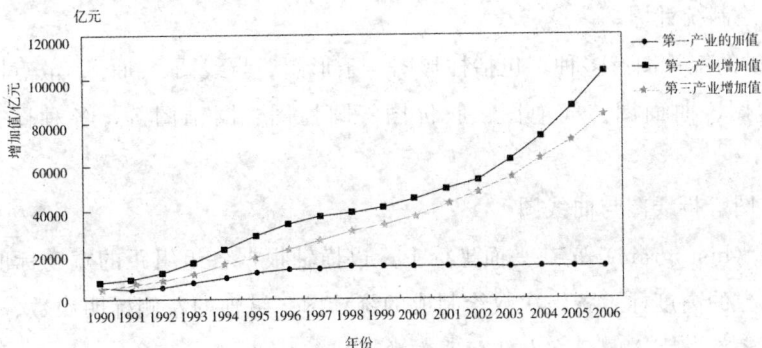

图 4－6 1990－2006 年中国三次产业的增加值

103

①标题。统计图一般包括图表标题、数值轴（X，Y）标题。

②坐标轴和网格线。坐标轴和网格线构造了绘图区的骨架，借助坐标轴和网格线，可以更容易地读懂统计图。

③图表区和绘图区。统计表的所有内容都在图表区内，包括绘图区。统计图绘制在绘图区内。

④图例。它用来标明图表中的数据系列。图4-6有3个序列，用不同颜色的线条来区别不同的数据系列，在图例中对其进行说明。

（2）统计图的种类

统计图的种类很多，常用的有用于辅助统计分析的直方图、趋势图、散点图；有擅长直观表现数据的柱形图、饼图、圆环图等。Excel提供了14种标准图表类型，如图4-7所示，每种标准图表类型还可以包含几种不同的子类型，可以根据自己的要求决定采用哪种图形来表现数据。

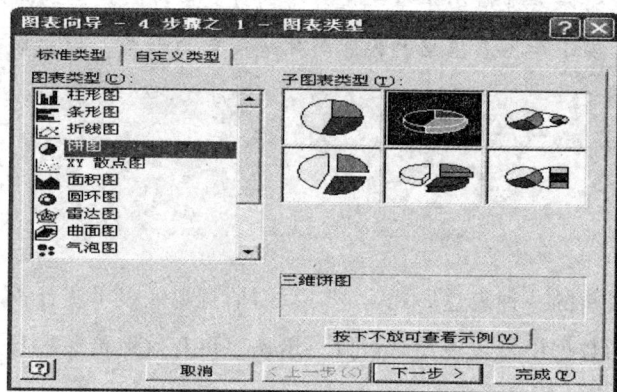

图4-7 Excel中标准图表类型

阅读与思考

用Excel绘制统计图。

Excel提供的统计图有多种，包括柱形图、条形图、折线图、饼图、散点图、面积图、环形图、雷达图、曲面图、气泡图、股价图、圆柱图、圆锥图等，各种图的做法大同小异。

（1）直方图、折线图与曲线图

①直方图（histogram）是在平面坐标上，以横轴根据各组组距的宽度标明各组组距，以纵轴根据次数的高度标示各组次数绘制成的统计图。纵轴的左侧标明次数、右侧标明频率，如果没有频率，直方图只在左侧标明次数。

②折线图（polygon）是在直方图的基础上，用折线连接各个直方形顶边中点，并在直方图形两侧各延伸一组，使折线与横轴相连。也可根据各组组中值与次数求出各组的坐标点，并用折线连接各点而成。折线所覆盖的面积等于直方图条形的面积，表示总次数。

③当变量数列的组数非常多时，折线便趋于一条平滑的曲线，它是一种概括描述变量数列分布特征的理论曲线。曲线图是连续型随机变量频数分布常用的形式。曲线图绘制的方法是在折线图的基础上，将连接各组次数坐标点的折线加工修匀为比较平滑的曲线。

（2）条形图

条形图（bar chart）是用宽度相同的条子的高低或长短表示数据变动特征的图形。条形图可以横置也可以竖置，有单式、复式和分段式等多种形式。

条形图和直方图很相似，但两者是有区别的：条形图的"条"是可以分开的，而直方图的"条"是紧靠在一起的；条形图用高度（或长度）表示次数，多用于反映分类数据，直方图用面积表示次数，多用于反映数值型数据。

（3）饼图

饼图（pie chart）是用圆形或圆内扇形的面积来表示数据值大小的图形。在饼图的绘制中，每个圆面积代表 100%，分别绘制各部分所占的百分比并换算成圆的角度。

案例分析

例 4-3：学生对校园内 110 株树苗的高度进行测量（单位：厘米），数据如下。

154	133	116	128	85	100	105	150	118	97
110	131	119	103	93	108	100	111	130	104
135	113	122	115	103	90	108	114	127	87
127	108	112	100	117	121	105	136	123	108
89	94	139	82	113	110	109	114	115	126
106	108	115	133	114	119	104	147	134	117
119	91	137	101	107	112	121	125	103	89
110	122	123	124	125	115	113	128	85	113
143	80	102	132	96	129	83	142	112	120
107	108	111	100	97	111	131	109	145	93
135	98	142	127	106	110	101	116	110	123

根据以上数据绘制直方图、折线图和曲线图。

①直方图（histogram）是在平面坐标上，以横轴根据各组组距的宽度标明各组组距，以纵轴根据次数的高度标示各组次数绘制成的统计图。纵轴的左侧标明次数，

右侧标明频率，如果没有频率，直方图只在左侧标明次数。如图4-8所示。

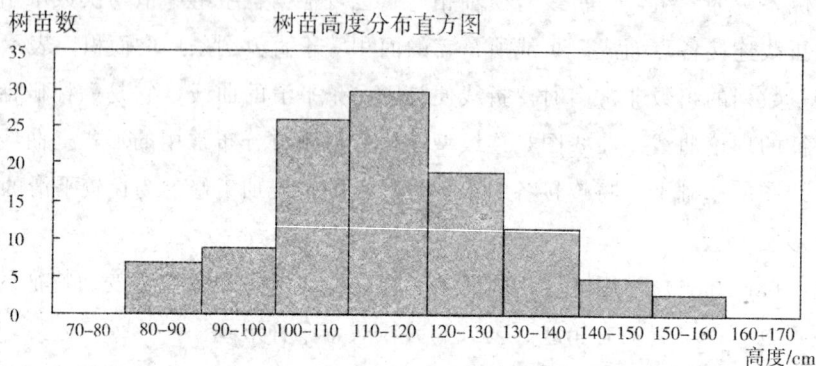

图4-8 树苗高度分布的直方图

图4-8是依据等组距式变量数列绘制的直方图。对于不等组距式变量数列，由于组距不同，频数的差异不能直接表明变量分布的特征。绘制直方图时，应先计算出各组的频数密度，之后再以组距为宽度、以频数密度为高度绘制，频数密度＝频数÷组距。所以，从表面上看，是以直方条的高度表示次数，但实际上，直方图是以面积来表示次数的。

②折线图（polygon）是在直方图的基础上，用折线连接各个直方形顶边中点，并在直方图形两侧各延伸一组，使折线与横轴相连。也可根据各组组中值与次数求出各组的坐标点，并用折线连接各点而成。折线所覆盖的面积等于直方图条形的面积，表示总次数。图4-9是在直方图图4-8的基础上绘制的折线图。

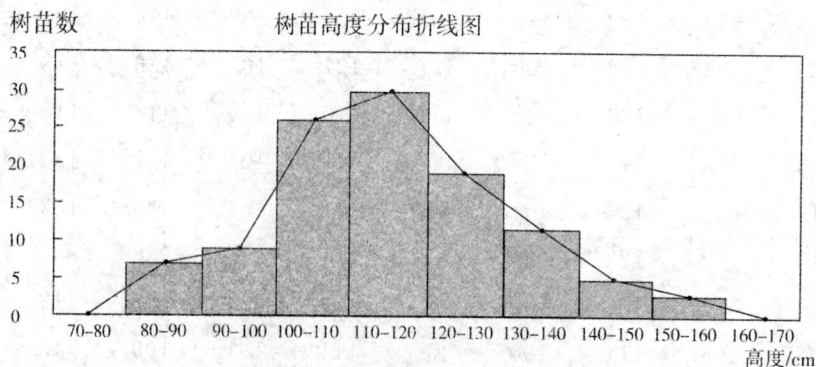

图4-9 树苗高度分布的折线图

106

③当变量数列的组数非常多时，折线便趋于一条平滑的曲线，它是一种概括描述变量数列分布特征的理论曲线。曲线图是连续型随机变量频数分布常用的形式。曲线图绘制的方法是在折线图的基础上，将连接各组次数坐标点的折线加工修匀为比较平滑的曲线，如图4－10所示。

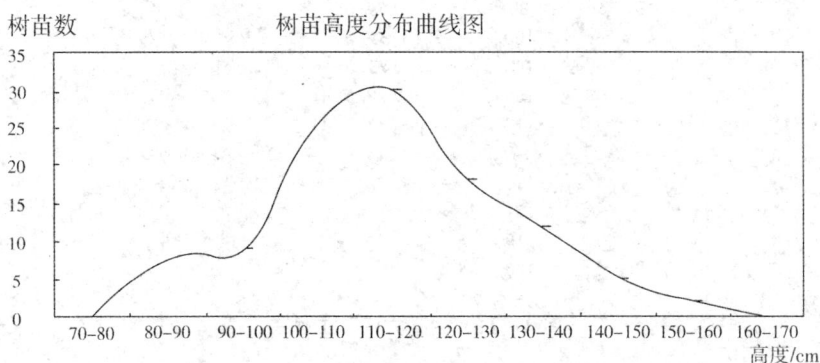

图4－10　树苗高度分布的曲线图

从直方图到折线图再到曲线图这样的作图路线，是获得现象分布状态的一般方法。有些现象的分布状态是相对固定的，比如人口死亡率的曲线一般都是U字形的，又称为浴盆曲线。经济学中的供给曲线是正J字形曲线，表现随着价格的增加，供给量以更快的速度增加；需求曲线是倒J字形曲线，表现为随着价格横轴的增加，需求量以较快的速度减少。正态分布曲线是一个左右完全对称的倒U字形，即钟形曲线，但大部分现象所呈现的状态还是像例4－3中的倒U字形，但往往会或左或右地有些偏斜。

还可以用折线图来反映累积频数或频率的状态，这类图形中最著名的是洛伦兹曲线（Lorentz curve），它反映了收入分配的公平程度。

在Excel的数据分析工具中，有"直方图"功能，它可以帮助人们快速地计算次数、累积频率。操作步骤有以下几点。

①建立"直方图"工作表，将例4－3中110株树苗的高度资料存放在"A1：A111"单元格；以10cm为一组，列出各组的上限，分别将各组的上限按照从小到大存放在"C1：C9"单元格，如图4－11所示。

图4-11 "直方图"工作表

②选择"工具"菜单中的"数据分析"命令，打开"直方图"分析工具。

③在"直方图"分析工具对话框中填写输入区域、接收区域与输出区域，如图4-12所示。

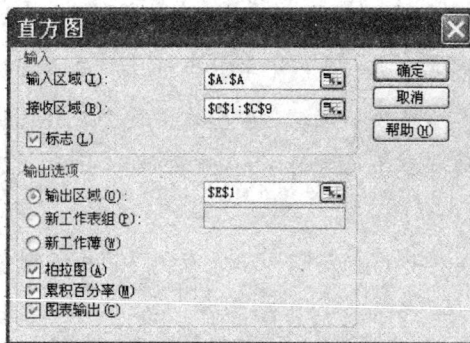

图4-12 "直方图"分析工具

④选中"柏拉图"、"累积百分率"和"图表输出"后按确定，输出结果如图4-13所示。

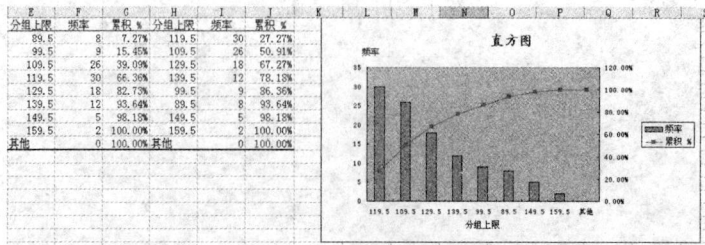

图4-13 "直方图"分析工具输出结果

表格有两部分：前三列是按照给定分组上限顺序给出次数与累积频率；后三列是次数从大到小排列的次数与累积频率。输出的图形叫柏拉图，又称为排序直方图，是按照次数从大到小做的直方图和累积曲线。

输出图形的初始状态可能不太美观，可以双击感觉不满意的地方，进行修饰。

例 4 - 4：汇总 2007 年度职工考核情况如表 4 - 6 所示，绘制条形图。

表 4 - 6　　　　　　　　**2007 年度职工考核情况表**

考核等级	人数
优	54
良	53
中	98
合格	5
不合格	4
合　计	214

操作步骤有以下几点。

①打开文件或者键入数据，准备好建立图表的数据。

②调用"插入"菜单中的插入"图表"命令，或单击"常用"工具栏中"图表向导 ▥ "按钮。

③打开如图 4 - 7 所示的"图表向导"，选择"柱形图"的第一个子类型，按"下一步"。

④在"数据区域"文本框中选择单元格"A1：B6"，按"下一步"。

⑤在"图表选项"中填写标题、选择图例和数据标志等，按"下一步"。

⑥选"作为其中的对象插入"，按"完成"后，在工作表中生成了一个粗糙的竖着的条形图，如图 4 - 14 所示。

⑦双击感觉不满意的地方，进行修饰。

还可以在"图表向导"中选择"条形图"来绘制横着的条形图，如图 4 - 15 所示，操作方法类似。

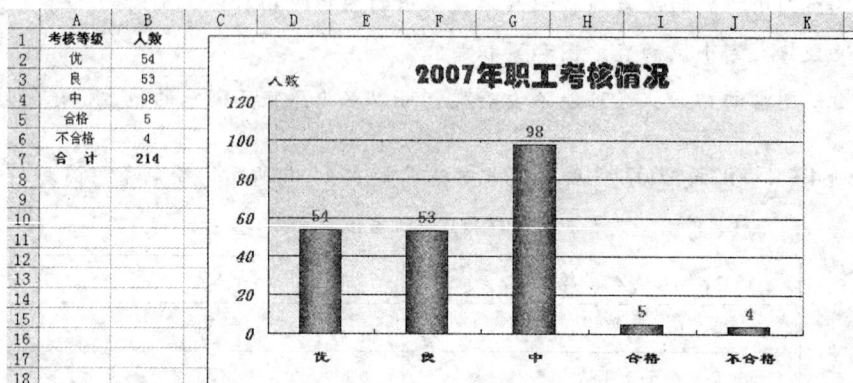

图 4-14　用 Excel 绘制的条形图（竖置）

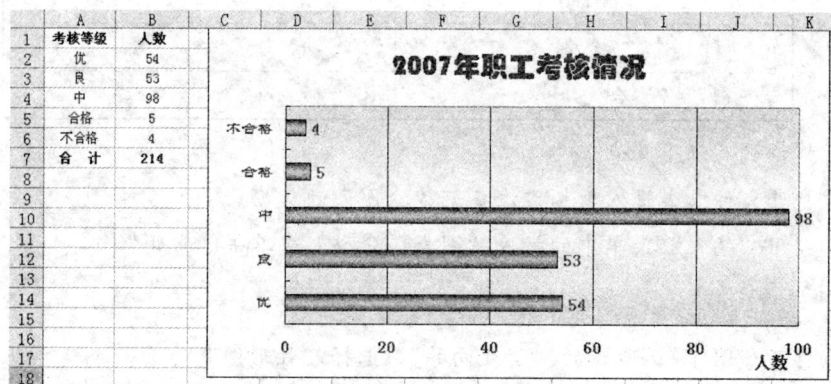

图 4-15　用 Excel 绘制的条形图（横置）

例 4-5：某公司 2003 年三次产业增加值如表 4-7 所示，绘制这三次产业增加值的饼图，以反映产业的结构比例。

表 4-7　　　　　　　　　　　2003 年三次产业增加值　　　　　　　　　　万元

第一产业增加值	第二产业增加值	第三产业增加值
18092.1	61274.1	38885.7

操作步骤有以下几点。

①打开 Excel 文件键入数据，建立"饼图"工作表，如图 4-16 所示。

②调用"插入"菜单中的"图表"命令，或单击"常用"工具栏中"图表向导"按钮。

③打开如图 4-7 所示的"图表向导"，选择饼图第二个子类型，按"下一步"。

④在"数据区域"文本框中选择单元区域"B1：D2"，按"下一步"。

⑤填写标题、选择图例位置、选择数据标志的表现方式，按"下一步"。

⑥选"作为其中的对象插入"，按"完成"后，即在工作表中生成了一个粗糙的立体饼图，如图 4－17 所示。

⑦双击感觉不满意的地方，进行修饰。

	A	B	C	D
1	年份	第一产业增加值	第二产业增加值	第三产业增加值
2	2003	17092.1	61274.1	38885.7

图 4－16 "饼图"工作表

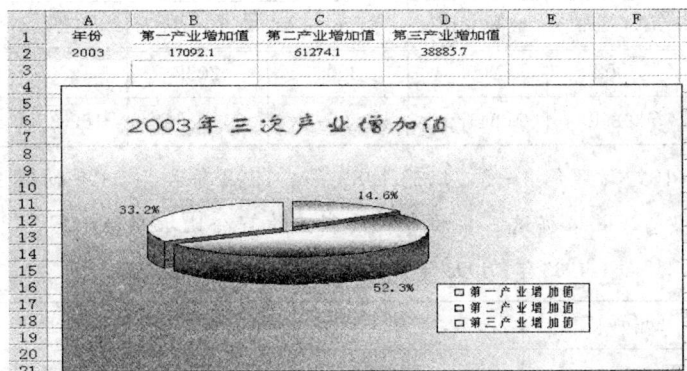

图 4－17 用 Excel 绘制的饼图

实训练习

①分别用直方图和饼图来表示表 4－8 的资料。

表 4－8   某地区税收收入构成表

税收类型	数额/万元
销售税	2812000
所得税	2790000
执照税	185000
营业税	535000
其他税	37800

②根据表 4-9，绘制 1978-2007 年 GDP 的趋势图。

表 4-9   **1978-2007 年 GDP**

年份	1978	1979	1980	1981	1982	1983
人均 GDP	381.23	419.25	463.25	492.16	527.78	582.68
年份	1984	1985	1986	1987	1988	1989
人均 GDP	695.20	857.82	963.19	1112.38	1365.51	1519.00
年份	1990	1991	1992	1993	1994	1995
人均 GDP	1644.00	1892.76	2311.09	2998.36	4044.00	5045.73
年份	1996	1997	1998	1999	2000	2001
人均 GDP	5845.89	6420.18	6796.03	7158.50	7857.68	8621.71
年份	2002	2003	2004	2005	2006	2007
人均 GDP	9398.05	10541.97	12335.58	14103.33	16084.00	18064.67

③根据表 4-10，仿照例 4-5，编制 1983 年、1993 年和 2003 年的饼图，比较这三年产业结构的变化状态，并根据这三年的资料绘制三维百分比堆积柱形图。

表 4-10   **1983 年、1993 年和 2003 年的三项产业增加值**

年份	第一产业增加值	第二产业增加值	第三产业增加值
1983	1978.39	2646.20	1338.06
1993	6963.76	16454.43	11915.73
2003	14817.63	62436.31	56004.73

小　结

本章介绍了用图表方法来整理数据，用 Excel 画出统计表和统计图的方法。

任务5 抽样分布与参数估计

【任务目标】

通过完成本项目，应该能够：

①了解几种常见的概率分布；

②会对所统计的数据进行推断。

【任务分解】

子任务5.1：抽样分布。

子任务5.2：参数估计。

5.1 抽样分布

任务提示 本项目将完成几种常见的概率分布。

〰〰〰〰〰〰〰〰〰〰〰〰〰〰〰〰〰〰〰〰〰〰〰〰〰〰

背景资料

在统计学中，往往把所研究的问题或现象视为随机变量，有自己的概率分布。正是该随机变量及其概率分布全面描述了要研究现象的统计规律性。因此，如果知道了要研究的随机变量的概率分布，就可以在其基础上进行计算和推断，从而比较清楚地了解了要研究的现象，但在现实中，情况往往并非如此。绝大多数情况下，要研究的随机现象（或变量）究竟服从什么分布可能完全不知道，或者由于现象的某些事实而知道其服从什么类型的分布，比如正态分布族、指数分布族等，但不知道分布中所含的参数。怎样才能知道一个随机现象的分布或其参数呢？这正是统计推断所要解决的基本问题。

由于总体包含个体的大量性，研究者很难得到全部个体的信息和资料，即使有时可以得到但也不经济，所以，统计推断通常是从所要研究的对象全体中抽取一部分进行观测或试验，以获取信息，对总体作出推断。（若总体容量不大且很容易就可以得到全部数据，则不需要作统计推断。）由于抽取部分个体观测和试验是随机进行的，依据有限个体的数据对总体作出的推断不可能绝对准确，总是含有一定程度的不确定性，而不确定性用概率表示比较恰当，概率大，所作的推断就比较可靠；概率小，推断的准确性就低。

如何根据观测或试验所得到的有限信息对总体作出推断，并同时指出所作的这种推断有多大的可靠性（用概率表示），是统计推断的基本问题。

例如，据卫生部网站消息，卫生部、工业和信息化部、农业部、国家工商行政管理总局、国家质量监督检验检疫总局发布公告，公告规定了婴幼儿配方乳粉中三聚氰胺的限量值为 1mg/kg，高于 1mg/kg 的产品一律不得销售。现国家质量监督检验检疫总局对某企业当天生产的婴幼儿配方乳粉进行三聚氰胺的监测，监测结果如下（单位：mg/kg）。

0.85　0.92　1.01　1.21　0.68　0.96　0.89　0.76

根据监测结果，该企业当天生产的婴幼儿配方乳粉是否合格，能否上架呢？

知识要点

离散型随机变量是指取值可以一一列举的随机变量，连续型随机变量是指取值充满某一区间（不能一一列举）的随机变量。概率分布给出了随机变量所有可能的取值及相应的概率，描述了随机变量的规律性，是定量分析随机现象的基础。研究一个随机变量，就要寻找其概率分布，即知道它可能取哪些值，以及取这些值的可能性是多大。而当掌握了某个随机变量的概率分布时，反过来就可以计算随机变量取每一个值的概率。下面以一个实例来了解概率分布。

例如，掷两颗骰子的试验，点数就是随机现象，它一共有 11 种点数：2，3，4，5，6，7，8，9，10，11，12。现在如果用 x 表示随机变量 X 的取值（即得到的点数），用 P 表示每种宏观结果实现的概率。关于上述试验，用 P_1 和 P_2 表示得到点数为 2 点，3 点的概率，投掷两颗骰子有 36 种结果，其中得到 2 点的有一种情况、3 点的有两种情况。则 $P_1 = 1/36$，即得到 2 点的概率为 1/36；$P_2 = 2/36$，即得到 3 点的概率为 2/36。对每种结果计算 P，便得到如表 5-1 所示的概率分布。

表 5 - 1　投掷两颗骰子的点数概率分布表

$X = x_i$	2	3	4	5	6	7	8	9	10	11	12	合计
$P (X = x_i)$	$\frac{1}{36}$	$\frac{2}{36}$	$\frac{3}{36}$	$\frac{4}{36}$	$\frac{5}{36}$	$\frac{6}{36}$	$\frac{5}{36}$	$\frac{4}{36}$	$\frac{3}{36}$	$\frac{2}{36}$	$\frac{1}{36}$	$\sum P = 1$

　　知道概率分布，要确定一系列事件的概率就变得相对简单。例如，利用表 5 - 1 的概率分布，可计算出投掷两颗骰子，出现点数不大于三点的概率是 $P_1 + P_2 = 1/36 + 2/36 = 3/36$。

　　上例说明，掌握一个随机变量的概率分布，就可以对一些不确定的随机现象发生的概率进行计算。

阅读与思考

　　（1）总体分布

　　所谓参数，是指描述总体特征的固定的数值，也叫总体参数（population parameter）或总体目标量，常用希腊字母来表示。如总体的均值 μ、方差 σ^2、总体的比例 π 等都是参数。总体参数虽然是固定的，但一般是未知的。

　　参数估计是统计推断的重要内容之一，在参数估计中，总体中各元素的观察值所形成的分布称为总体分布，总体分布通常是未知的，可以假定它服从某种分布。而样本分布是指一个样本中各观察值的分布，也称经验分布。

　　统计学家已经巧妙地找到了各种各样的随机变量的概率分布，通常有离散型随机变量概率分布和连续型随机变量概率分布。下面讨论离散型随机变量概率分布中的二项分布和连续型随机变量概率分布中的正态分布、t 分布。

　　①二项分布。在每次试验中有 2 种可能结果的二项分布无疑是应用最广的连续型随机变量的概率分布，这种概率分布特点如下。

　　•每次试验只有对立的两类结果，如生与死、男与女、阴与阳等。其中某一类结果发生的概率 π 为一个常数。

　　•不管进行多少次，任何一次试验的结果的概率是固定的。

　　•试验是独立的，即每次试验的结果不影响任何其他试验的结果。

　　下面通过一个例子来说明二项分布的计算方法。设以同性别、同月龄的小白鼠每四头 A，B，C，D 为一组。各鼠接种某菌，假如接种后经过一定时间每鼠生存的概率 $\pi = 2/5$，则死亡概率为 $1 - \pi = 3/5$。在随机抽样中各组生存鼠数 X 有 0，1，2，3，4 五种情况。假定任何一鼠的生与死不影响其他鼠的生与死（即相互独立），几个相互独立事件同时发生的概率等于各独立事件的概率之积（概率的乘法定律）；同一组内任何两种组合不可能同时发生（即互不相容），几个互不相容的事件中，任一事件发生的概率等于这几个事件的概率之和（概率的加法定律）。小白鼠生死的五种情况及其概率如表5-2所示。

表5-2　　　　　　　　　　　　　　小白鼠生死的五种情况及其概率

五种情况分别如下				各种情况分别出现的概率
生	A	B	C	D	$(3/5)^4$
	死	死	死	死	
1生3死	生	死	死	死	$4(3/5)^3 \times (2/5)$
	死	生	死	死	
	死	死	生	死	
	死	死	死	生	
2生2死	生	生	死	死	$6(2/5)^2 \times (3/5)^2$
	死	生	生	死	
	死	死	生	生	
	生	死	死	生	
	生	死	生	死	
	死	生	死	生	
3生1死	生	死	死	死	$4(2/5)^3 \times (3/5)$
	死	生	死	死	
	死	死	生	死	
	死	死	死	死	
4生	生	生	生	生	$(2/5)^4$

得生存鼠数 X 为 0,1,2,3,4 五种情况的概率依次为下列二项式的展开的各项：

$$(3/5+2/5)^4 = (3/5)^4 + 4(3/5)^3 \times (2/5) + 6(2/5)^2 \times (3/5)^2 + 4(2/5)^3 \times (3/5) + (2/5)^4$$

写成分布律的形式,如表5-3所示。

表5-3　　　　　　　　　　　　　　鼠生存分布律

X	0	1	2	3	4
P	$(3/5)^4$	$4(3/5)^3 \times (2/5)$	$6(2/5)^2 \times (3/5)^2$	$4(2/5)^3 \times (3/5)$	$(2/5)^4$

二项分布的名称由此而得。并且上面的二项式展开后各项的系数为：$C_n^x = n! / x! \cdot (n-x)!$，式中 C_n^x 为 n 只鼠中有 x 只生存鼠的组合数（系数）。

总结二项分布的一般原理为：在同一条件下，重复做 n 次独立实验，每次有两个对立的结果，即事件 a 发生或不发生。若 a 发生的概率为 π，不发生的概率为 $1-\pi$，则在 n 次实验中 a 发生 x 次的概率为

$$P_n(X) = C_n^x \pi^x (1-\pi)^{n-x} = n! / x! (n-x)! \pi^x (1-\pi)^{n-x}。$$

从以上一般原理可知，二项分布的实用条件为：

· 实验中只有对立的两类结果，其中某一类结果发生的概率 π 为一个常数；

· n 次实验相互独立；

· 求 n 次实验结果中恰好发生 x 次的概率 $P_n(X)$。

②正态分布。有些概率分布是连续型的，其中最重要的是正态分布，它的应用十分广泛。正态分布是统计学和抽样的理论基础，在统计中具有极其重要的理论意义和实践意义，主要表现为以下几点。

· 客观世界中有许多随机现象都服从或近似服从正态分布。如人的身高和智商、测量某一零件直径时的误差、各类设备的使用寿命、植物的生长以及其他许多随机变量，都服从或近似服从正态分布。这些随机变量的共同特点是与平均数比较接近的数值出现次数较多，而与平均数相差较大的数值出现的次数较少，即"中间大，两头小"。

· 正态分布具有很好的数学性质。根据中心极限定理，很多分布的极限是正态分布，在抽样时，有些总体虽然不知其确定的分布，但随着样本容量的增大，很多统计量是可以看作近似正态分布的。如前所述，即使中等大小的 n 值，二项分布的计算也是很麻烦的，因此，在实际应用中，常常利用正态分布来近似二项分布。

· 尽管经济管理活动中的有些变量是正偏斜的，但这些丝毫不影响正态分布在抽样应用中的地位。在实际应用中所处理的变量经常并不是严格的连续型变量的这一事实，也不影响正态分布的可用性。也就是说，在许多实际问题中，将离散型变量作为按照正态分布性质的连续型分布是很便利的。

举一个近似正态分布的实例。某专业 96 名学生某次高等数学考试成绩资料如表 5-4 所示。经过整理，做直方图，如图 5-1 所示。

表 5 - 4　　　　　　　　　　某专业 96 名学生某次高等数学成绩

分数段	频数	频率/%
31～40	2	2.1
41～50	9	9.4
51～60	28	29.2
61～70	30	31.2
71～80	21	21.9
81～90	5	5.2
91～100	1	1.0
	96	100.0

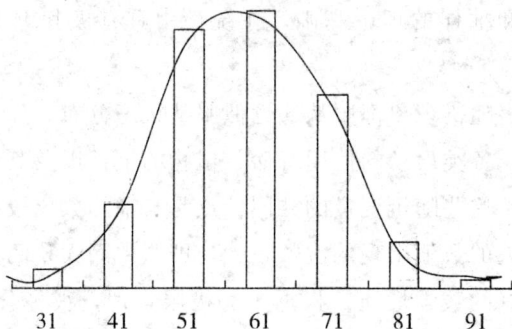

图 5 - 1　96 名学生成绩直方图

由图 5 - 1 可以看出 96 名学生高等数学成绩的分布是中间大两头小。如果学生人数增多、成绩的分组间隔缩小，图形就逐渐转化为分布密度曲线。这样，曲线底下的总面积恰好是 1。

取一组样本容量较大的数据，它的分布形状比较有规则。用同样的方法，在这组数据的直方图上画曲线，呈现出的是一个特别对称且单峰的钟形，如图 5 - 2 所示。

所得到的这条曲线叫作正态曲线。具有这样曲线作为密度曲线的分布称为正态分布或高斯分布。正态曲线的概率公式为

$$p(x; \mu, \sigma^2) = \frac{1}{\sqrt{2\pi}\sigma} e^{-\frac{(x-\mu)^2}{2\sigma^2}} \quad (\text{其中} \mu, \sigma \text{为常数且} \sigma > 0, -\infty < x < +\infty)$$

若随机变量 X 服从参数为 μ, σ^2 的正态分布，则记作 $X \sim N(\mu, \sigma^2)$。

正态分布具有很多分布函数很难同时具备的优良性质。

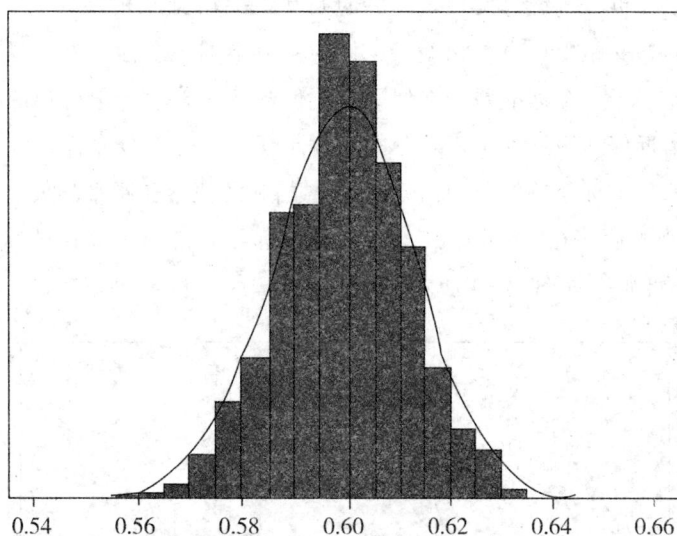

图 5 - 2　正态曲线图

• 这条正态曲线关于直线 $x = \mu$ 对称，并且在对称轴两侧，曲线由凹变凸的转折点，即拐点的横坐标为 σ。均值把曲线的中心确定下来，而标准差决定曲线的形状。如图 5 - 3 所示，可以看得很清楚。标准差较大的分布，说明离中心的分散程度较大，散布范围较大表现在图中就是尖峰较平滑，相同横轴的区域在均值附近集结的面积较小，即包含的数越少。

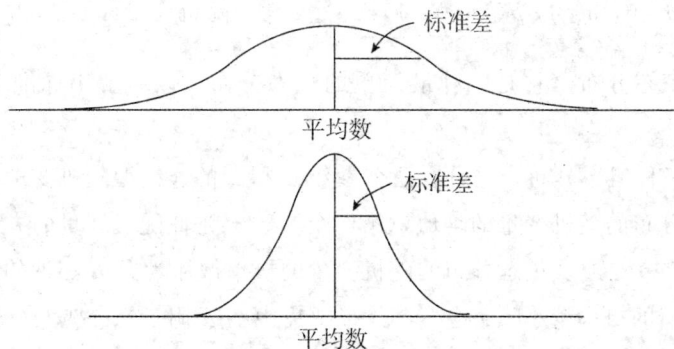

图 5 - 3　不同标准差的正态分布曲线

• 先看一个例子：HANES——1975－1980 年的健康与营养调查研究。在该项研究中，公共卫生总署调查了年龄从 1—74 岁的 20322 名美国人一些具有代表性的剖面，诸如年龄、教育、收入、身高、体重、血压、日常饮食、疾病等项目，得到相关的基本数据。其中，根据年龄为 18—74 岁的妇女身高的 6588 份数据，计算得她们的平均身高为 63.5

英寸，标准差为 2.5 英寸。统计发现，67％的妇女距平均身高相差约 1 个标准差和不到 1 个标准差，94％的妇女距平均身高相差 2 个标准差或不到 2 个标准差，只有 1 名妇女的身高距平均身高相差多于 4 个标准差。看似平常，但却蕴含着一个很有趣的现象：当样本容量足够大时，样本近似地服从一个正态分布。对于任何的正态分布而言，大约有68％的观测值落在距平均值 1 个标准差的范围内；有 95％的观测值落在距平均值 2 个标准差的范围内；有 99.7％的观测值落在距平均值 3 个标准差的范围内。这一规律被称为68－95－99.7 规则，或是"3σ"准则。如图 5－4 所示。

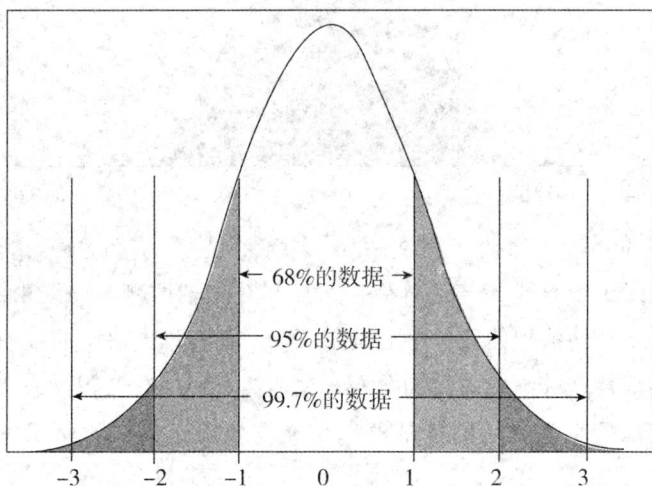

图 5－4　正态分布的"3σ"准则

特别地，当 $\mu=0$，$\sigma=1$，$p(x; 0, 1)=\dfrac{1}{\sqrt{2\pi}}e^{-\frac{x^2}{2}}$，随机变量 $X \sim N(0, 1)$，这时称这样的分布为标准正态分布。它是一种最简单的正态分布，以后就用标准正态分布来解决问题。

正态分布是一种概率分布，是具有两个参数 μ 和 σ^2 的连续型随机变量的分布，第一参数 μ 是遵从正态分布的随机变量的均值，第二个参数 σ^2 是此随机变量的方差，所以，正态分布记作 $N(\mu, \sigma^2)$。遵从正态分布的随机变量的概率规律为取 μ 邻近的值的概率越大，而取离 μ 越远的值的概率越小。σ 越小，分布越集中在 μ 附近；σ 越大，分布越分散。正态分布的密度函数的特点是：关于 μ 对称，在 μ 处达到最大值，在正（负）无穷远处取值为 0，在 $\mu \pm \sigma$ 处有拐点，它的形状是中间高两边低，图像是一条位于 x 轴上方的钟形曲线，曲线和 x 轴所围面积正好是 1，如图 5－5 所示。当 $\mu=0$，$\sigma^2=1$ 时，称为标准正态分布，记为 $N(0, 1)$。当 $\mu=0$，$\sigma=0.5$ 时的正态分布密度曲线如图 5－6 所示。

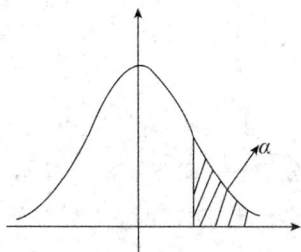

图 5-5　标准正态分布密度曲线

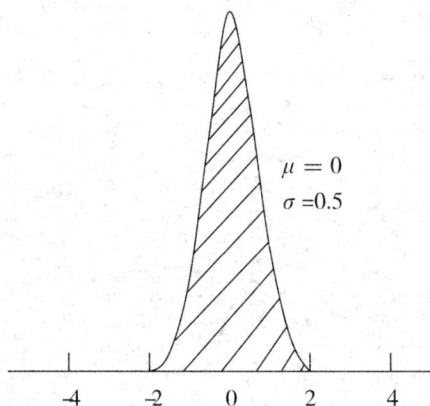

$$\mu = 0$$
$$\sigma = 0.5$$

图 5-6　服从 N（0，0.25）的正态分布图

对于一个正态随机变量，可以通过随机变量与它的均值的差再除以它的标准差来实施标准化。转化后的随机变量被称为标准正态随机变量，记为 Z，即

$$Z = \frac{X - \mu}{\sigma}$$

注：用了这个公式变换后，关于 X 的概率分布函数就变成了关于 Z 的概率分布函数—— 一个标准正态分布函数。以后要经常用到这个公式。

生产与科学实验中很多随机变量的概率分布都可以近似地用正态分布来描述。例如，在生产条件不变的情况下，产品的强力、抗压强度、口径、长度等指标；同一种生物体的身长、体重等指标；同一种种子的重量；测量同一物体的误差；弹着点沿某一方向的偏差；某个地区的年降水量；以及理想气体分子的速度分量；等等。

一般来说，如果一个量是由许多微小的独立随机因素影响的结果，那么就可以认为这个量具有正态分布。从理论上看，正态分布具有很多良好的性质，许多概率分布可以用它来近似；还有一些常用的概率分布是由它直接导出的，如对数正态分布、t 分布、F 分布等。

③t 分布。样本统计量的抽样分布，特别是小样本条件下的抽样分布，并不完全服从

正态分布。在实际工作中，σ 往往是未知的，常用 s 作为 σ 的估计值，称为 t 变换，$t = \dfrac{\overline{x} - \mu}{s_{\overline{x}}}$，统计量 t 值的分布称为 t 分布。

t 分布是小样本分布，小样本一般是指 $n < 30$。t 分布是类似正态分布的一种对称分布，它通常要比正态分布平坦和分散。t 分布依赖于样本容量，随着样本容量的增大，分布也逐渐趋于正态分布。当样本容量大于 30 时，t 分布就非常接近正态分布。

t 分布的特征有以下几点。

• 以 0 为中心，左右对称的单峰分布；

• t 分布是一簇曲线，其形态变化与 n（确切地说是与自由度 v）的大小有关。自由度 v 越小，t 分布曲线越低平；自由度 v 越大，t 分布曲线越接近标准正态分布（u 分布）曲线，如图 5－7 所示。

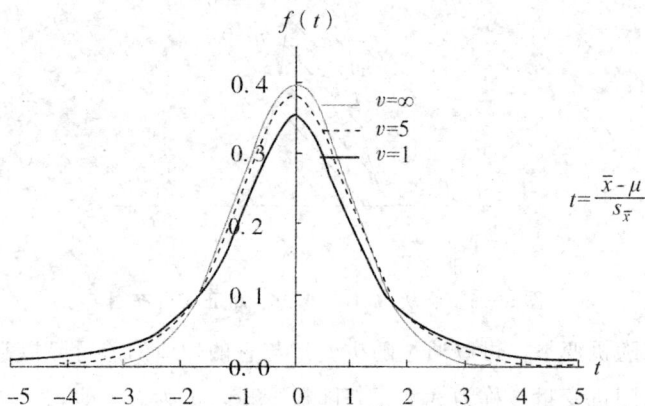

图 5－7　自由度为 1，5，∞的 t 分布

t 分布适用于当总体标准差 σ 未知时用样本标准差 s 代替总体标准差 σ，由样本平均数推断总体平均数以及 2 个小样本之间差异的显著性检验等。

注：自由度是指可以自由选择的数值的个数。例如，假设有 4 个数，它们的和是 20。此时，有 3 个数可以自由取值，比如 2，5，8，但第四个数就不能自由地取值，而必须是 5，这样才能满足 4 个数之和是 20 的要求。因此，总和是 20 就是一个限制条件，在这个条件下，可以自由取值的变量数是 $4-1=3$。可以同样推理，在样本容量为 10 的一个样本中，可以有 9 个自由度，也就是说，如果样本容量为 n，自由度就是 $n-1$。

（2）统计量与统计量的分布

样本统计量的概率分布称为抽样分布，它是一种理论概率分布，随机变量是样本统计量，如样本均值、样本比例、样本方差等。抽样分布的结果来自容量相同的所有可能样本。样本统计量是进行推断的理论基础，也是抽样推断科学性的重要依据。

①样本均值的抽样分布。它是容量相同的所有可能样本的均值的概率分布，它是一种理论概率分布，是进行推断总体均值 μ 的理论基础。

②样本均值的抽样分布与中心极限定理。当总体服从正态分布 $N \sim (\mu, \sigma^2)$ 时，来自该总体的所有容量为 n 的样本的均值 $\overline{X}$ 也服从正态分布，$\overline{X}$ 的数学期望为 μ，方差为 σ^2/n。即 $\overline{X} \sim (\mu, \sigma^2/n)$。

中心极限定理：设从均值为 μ、方差为 σ^2 的一个任意总体中抽取容量为 n 的样本，当 n 充分大时，样本均值的抽样分布近似服从均值为 μ、方差为 σ^2/n 的正态分布。

抽样分布与总体分布的关系如图 5-8 所示。

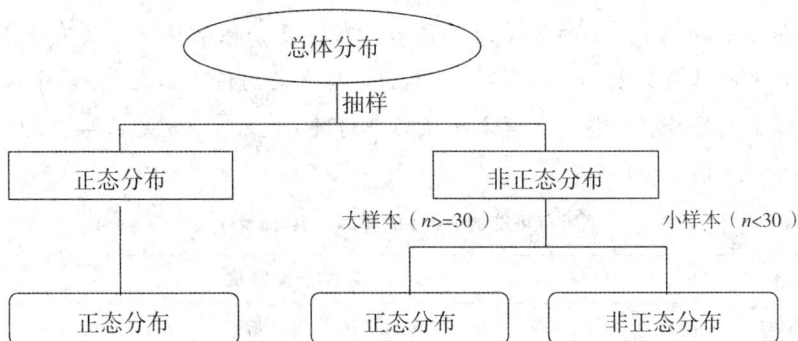

图 5-8　总体分布与抽样分布的关系

案例分析

例 5-1：一名学生在没有参加学习的情况下，想凭运气通过一个小测验，小测验有 10 道选择题，每题有 5 个答案，其中只有 1 个是正确的。学生对于每个问题都是猜测答案。

①学生 1 道题都没有答对的概率是多少？

②学生猜对 2 道题目的答案的概率是多少？

解：这个试验包括 10 次相同的试验，每次都是 2 种可能结果，将答对题目定义为成功。因为学生是猜测答案，所以成功的概率为 $\frac{1}{5}$，即 0.2。另外，试验之间是相互独立的，因为他对某个题目答案的猜测对其他题目答案的猜测没有影响。以上几点说明这个试验是一个 $n=10$，$p=0.2$ 的二项概率试验。

①1 道题都没有答对的概率可由下面公式计算：

$P_n(X) = C_n^x \pi^x (1-\pi)^{n-x} = n! / x! (n-x)! \ \pi^x (1-\pi)^{n-x}$，其中 $n=10$，$p=0.2$，$\pi=0.2$。

即 $P_{10}(X=0)=C_{10}^0 \times 0.2^0 \times (1-0.2)^{10-0}=1 \times 1 \times 0.8^{10}=0.1074$。

②猜对 2 道题目的答案的概率：

$P_{10}(X=2)=C_{10}^2 \times 0.2^2 \times (1-0.2)^{10-2}=45 \times 0.04 \times 0.8^8=0.3020$。

例 5-2： 设一个总体含有 4 个元素（个体），即总体单位数 $N=4$。4 个个体分别为 $x_1=1$，$x_2=2$，$x_3=3$，$x_4=4$，总体的均值 $\mu=\dfrac{\sum\limits_{i=1}^{N} x_i}{N}=2.5$，方差 $\sigma^2=\dfrac{\sum\limits_{i=1}^{N}(x_i-\mu)^2}{N}=1.25$。

现从总体中抽取 $n=2$ 的简单随机样本，在重复抽样条件下，共有 $4^2=16$ 个样本。所有样本的结果如表 5-5 所示。计算出各样本的均值，如表 5-6 所示。

通过以上数据计算可得，各样本均值的平均数 $\mu=2.5$，方差 $\sigma^2=0.625$，样本均值的抽样分布如图 5-9 所示。

表 5-5　　　　　　　　　　　所有可能的 $n=2$ 的样本（共 16 个）

第一个	第二个观察值			
观察值	1	2	3	4
1	1, 1	1, 2	1, 3	1, 4
2	2, 1	2, 2	2, 3	2, 4
3	3, 1	3, 2	3, 3	3, 4
4	4, 1	4, 2	4, 3	4, 4

表 5-6　　　　　　　　　　　16 个样本的均值 $(\bar{x})$

第一个	第二个观察值			
观察值	1	2	3	4
1	1, 0	1, 5	2, 0	2, 5
2	1, 5	2, 5	2, 5	3, 0
3	2, 0	2, 5	3, 0	3, 5
4	2, 5	3, 5	3, 5	4, 0

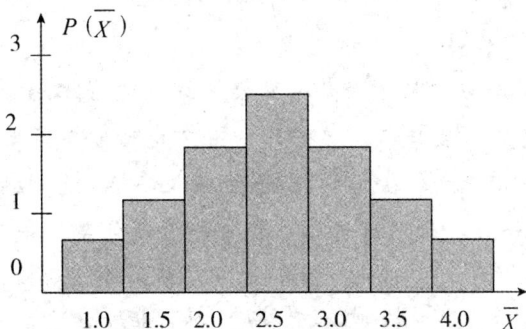

图 5 - 9 样本均值的抽样分布

实训练习

假设一个总体共有 8 个数值：54，55，59，63，64，68，69，70。从该总体中按照重复抽样方式抽取 $n=2$ 的随机样本。

①计算出总体的均值和标准差。

②一共有多少个可能的样本？

③抽出所有可能的样本，并计算出每个样本的均值。

④计算所有样本均值的平均数和标准差，并与总体的均值和标准差进行比较，得到的结论是什么？

5.2 参数估计

任务提示 本项目将完成对所统计的数据进行推断。

背景资料

在大多数情况下，人们无法研究总体的全部，而是根据总体的部分资料对其进行统计推断。在数理统计学中，统计推断问题常表述为如下形式：所研究的问题有一个确定的总体，其总体分布未知或部分未知，通过从该总体中抽取的样本（观测数据）作出与未知分布有关的某种结论。统计推断的方式主要有两种：参数估计（parametric estimation）和假设检验（hypothesis testing）。

2005 年中国消费者协会确定的主题是"健康·维权"。想象你是中国消费者协会的官员，负责治理缺斤少两的不法行为。假如你知道可口可乐公司生产的一种瓶装雪碧，包装上标明其净含量是 500mL，在市场上随机抽取了 25 瓶，测得到其平均含量为 499.5mL，标准差为 2.63mL。你拿着这些数据可能做两件事：一是你做一个估计，该种包装的雪碧平均含量在 498.03～500.97mL 之间，然后向消协写份报告；二是你做一个裁决，说"可口可乐公司有欺骗消费者的行为"的证据不足。前者是参数估计；后者是假设检验。

知识要点 >>>

由样本提供的信息对总体的分布和分布的特征进行统计推断是统计推断的基本问题。如果总体的分布类型已知，而其参数未知，由样本统计量对总体的未知参数作出推断，这就是参数估计。参数估计主要包括参数的点估计和区间估计。假设总体包含未知参数 θ，$X_1, \cdots, X_n$ 是从该总体抽取的一个样本，依据合理的原理构造统计量 $T = T(X_1, \cdots, X_n)$，以此作为参数 θ 的估计，那么这个统计量 $T = T(X_1, \cdots, X_n)$ 就是 θ 的一个估计量或点估计量，常用 $\hat{\theta}$ 表示 θ 的点估计；若 $x_1, x_2, \cdots, x_n$ 是样本 $X_1, \cdots, X_n$ 的一组观测值，带入估计量公式，计算出 $t = T(x_1, \cdots, x_n)$ 就是 θ 的一个点估计值，即用 $t = T(x_1, \cdots, x_n)$ 这一具体数值近似（代替）未知参数 θ 的真实值，这也是点估计名称由来的原因。需要说明的是，估计量是随机变量，估计值是具体数值；估计量常用于理论研究，估计值多用于实际应用和计算。估计值 $\hat{\theta}$ 虽然给人一个明确的数量概念，但还是不够，因为它只是参数 θ 的一种近似值；而点估计本身既没有反映这种近似的精确度，又没有体现误差范围及在该误差范围内的可能性（即概率）。

解决点估计的这一问题的一种方法是区间估计。在点估计的基础上，根据样本统计量构造出一个随机区间，该随机区间包含未知参数的概率为某一事先指定的值（研究者可以指定），这样的区间称为参数的置信区间或区间估计，置信区间的一个或两个端点是随机的。当置信区间的端点由实际样本数据计算出来之后，它就成为一个固定的区间，和前面类似，这个具体的区间就是置信区间观测值或区间估计值。

置信区间可以分为双侧置信区间和单侧置信区间。双侧置信区间的两个端点都是随机的，而单侧置信区间只有一个端点是随机的。对于未知参数的区间估计问题，这里仅考虑参数是一维的情况，而对于多维参数（即参数是向量）的置信域，比一维的情况要复杂。

阅读与思考

（1）点估计

估计的目的是根据样本统计量确定总体参数的近似值，把样本均值叫作总体均值的估计量，可以用两种方式使用样本数据来估计总体参数，称为统计推断。参数估计是统计推断的重要内容之一，参数估计包括点估计和区间估计两种。若总体 X 的分布函数形式已知，但它的一个或多个参数未知，则由总体 X 的一个样本估计总体未知参数的值的问题就是参数的点估计问题。

点估计：用一个值或点来估计未知参数的值，进而对总体进行推断。

①点估计的应用特征有以下几点。

• 用样本的统计量直接作为总体参数的估计值。例如，用样本均值直接作为总体均值的估计；用两个样本均值之差直接作为总体均值之差的估计等。

• 没有给出估计值接近总体参数程度的信息。

• 点估计的方法有频率替换法、矩估计法、顺序统计量法、最大似然法和最小二乘法等。

②判断点估计的优劣标准。参数的点估计，只要给定样本的观测值，就能算出总体参数的估计值，但此估计值是未知参数的近似值。判断点估计的优劣标准是无偏性、一致性和有效性 3 条原则。

• 无偏性。设待估的总体参数为 θ，其点估计量为 $\hat{\theta}$，若 $\hat{\theta}$ 的抽样分布的期望值等于 θ，即 $E(\hat{\theta}) = \theta$，则称 $\hat{\theta}$ 是 θ 的无偏估计量。无偏性是指所选用的估计量具有其数学期望与总体待估参数的真值相等的性质。估计量 $\hat{\theta}$ 作为样本统计量是一个随机变量，$E(\hat{\theta}) = \theta$ 说明在多次试验中，$\hat{\theta}$ 的观测值总是围绕 θ 的真值对称地摆动，此即为无偏性概念的直观意义。无偏性是判断估计量的一个重要条件，它说明用这样的估计量去估计相应的总体参数没有系统偏差。

• 一致性。如果随着样本容量的增大，估计量的值越来越接近被估计的总体参数，那么就说这个无偏估计量具有一致性。估计量的一致性是大样本所呈现的性质，若某个估计量是待估参数的一致估计量，意味着样本容量很大时，估计量与待估参数很接近的可能性非常大。但当样本容量增大时，估计量的一致性增强，调查所需的人力、物力成本也会相应地增加。

• 有效性。如果同一总体参数有两个无偏估计量，那么说有更小标准差的估计量是相对有效的。设 $\hat{\theta}_1 = \hat{\theta}_1(X_1，X_2，\cdots，X_n)$ 与 $\hat{\theta}_2 = \hat{\theta}_2(X_1，X_2，\cdots，X_n)$ 都是 θ 无偏估计量，若方差 $D(\hat{\theta}_1) < D(\hat{\theta}_2)$，则称 $\hat{\theta}_1$ 作为 θ 的估计量比 $\hat{\theta}_2$ 有效。

估计量的有效性概念是具有相对意义的。由无偏性意义可知，$\hat{\theta}_1$ 和 $\hat{\theta}_2$ 都能围绕真值 θ 对称地摆动，而有效性则表明 $\hat{\theta}_1$ 的摆动幅度要比 $\hat{\theta}_2$ 更小些，即在多次重复试验中，$\hat{\theta}_1$ 的历次观测值较 $\hat{\theta}_2$ 更集中在真值 θ 的附近，这就是有效性概念的直观意义。

（2）区间估计

区间估计是指用区间来估计位置参数的值，并对总体进行推断。

在理论与实际应用中，不仅需要知道总体参数的近似值，还需要知道这种估计的精度是多少。为此，要求由样本构造一个以较大的概率包含真实参数的一个范围或区间，这种带有概率的区间称为置信区间，通过构造一个置信区间对未知参数进行估价的方法称为区间估计。

①置信度和置信区间。所谓置信度，也叫置信水平，它是指特定个体对待特定命题真实性相信的程度。在抽样对总体参数作出估计时，由于样本的随机性，其结论总是不确定的。因此，采用一种概率的陈述方法，也就是数理统计中的区间估计法，即估计值与总体参数在一定允许的误差范围以内，其相应的概率有多大，这个相应的概率称作置信度，通常表示为 $(1 - \alpha)\%$。其中，α 为总体参数未在区间内的比例，α 称为显著性水平。常用的置信水平值有 99%，95%，90%，相应的 $\alpha = 0.01$，0.05，0.10。

用一个具体的样本所构造的区间是一个特定的区间，无法知道这个样本所产生的区间是否包含总体参数的真值；只能希望这个区间是大量包含总体参数真值的区间中的一个，但它也可能是少数几个不包含参数真值的区间中的一个。统计学家在某种程度上确信这个区间会包含真正的总体参数，所以，给它取名为置信区间。置信区间是指在某一置信水平下，样本统计值与总体参数值间的误差范围。置信区间越大，置信水平越高。划定置信区间的两个数值分别称为置信下限（lower confidence limit）和置信上限（upper confidence limit），如图 5 - 10 所示。

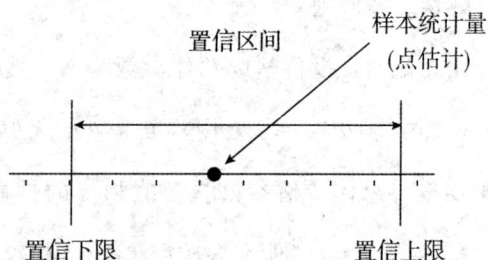

图 5 - 10 置信区间

②总体均值的区间估计。在对总体均值进行区间估计时，需要考虑总体是否为正态分布、总体方差是否已知、用于构造估计量的样本是大样本（$n \geqslant 30$）还是小样本（$n <$

30），因此，估计时的条件不同，对总体均值估计的公式也有所不同，要区别待之。

区间估计的一般步骤如下。

第一步，确定待估参数和置信水平。置信水平由 $1-\alpha$ 给出，置信水平越高，则置信区间越宽。

第二步，取定估计量，并找出估计量的抽样分布。

第三步，利用估计量的抽样分布求出置信区间。

• 方差已知的大样本总体均值区间估计。当总体服从正态分布且 σ^2 已知时，样本均值 $\bar{x}$ 的抽样分布仍是正态分布，其数学期望为总体均值 μ、方差为 $\dfrac{\sigma^2}{n}$。估计用的随机变量为：$z = \dfrac{\bar{x} - \mu}{\sigma/\sqrt{n}} \sim N(0, 1)$。对于事先给定的小概率 α，有

$$P\left\{\left|\frac{\bar{x} - \mu}{\sigma/\sqrt{n}}\right| < z_{\alpha/2}\right\} = 1 - \alpha ,$$

这样，就得到在置信水平 $1-\alpha$ 下，总体均值 μ 的置信区间为

$$\left[\bar{x} - z_{\alpha/2}\frac{\sigma}{\sqrt{n}}, \ \bar{x} + z_{\alpha/2}\frac{\sigma}{\sqrt{n}}\right] 。$$

其中，$\bar{x} - z_{\alpha/2}\dfrac{\sigma}{\sqrt{n}}$ 为置信下限，$\bar{x} + z_{\alpha/2}\dfrac{\sigma}{\sqrt{n}}$ 为置信上限，$z_{\alpha/2}\dfrac{\sigma}{\sqrt{n}}$ 是总体均值的边际误差，也称为估计误差或误差范围。其中，$z_{\alpha/2}$ 可通过查标准正态分布表得到。

在表 5-7 中，列出了 3 个常用的置信水平。例如，若置信水平是 $1-\alpha = 95\%$，则显著性水平 $\alpha = 0.05$，$\alpha/2 = 0.025$，查表可得到 $z_{\alpha/2} = 1.96$。于是，得到一个置信度为 0.95 的置信区间，即 $\left[\bar{x} - \dfrac{1.96\sigma}{\sqrt{n}}, \ \bar{x} + \dfrac{1.96\sigma}{\sqrt{n}}\right]$。

表 5-7　　　　　　　　　　3 个常用的置信水平与 $z_{\alpha/2} = 1.96$

$1-\alpha$	α	$\alpha/2$	$z_{\alpha/2} = 1.96$
0.90	0.10	0.05	$Z_{0.05} = 1.645$
0.95	0.05	0.025	$Z_{0.025} = 1.96$
0.99	0.01	0.005	$Z_{0.005} = 2.575$

• 方差未知的大样本总体均值区间估计。当总体服从正态分布且 σ^2 未知，在大样本条件下，则需用样本方差 s^2 代替 σ^2，这时，仍可以用 $\bar{x} \pm z_{\alpha/2}\sigma_{\bar{x}}$ 公式求在置信水平 $1-\alpha$ 下，总体均值 μ 的置信区间为

$$\left[\bar{x} - z_{\alpha/2}\frac{s}{\sqrt{n}}, \ \bar{x} + z_{\alpha/2}\frac{s}{\sqrt{n}}\right]。$$

• 方差未知的小样本总体均值区间估计。当总体服从正态分布且方差 σ^2 未知，在小样本 $(n<30)$ 条件下，求总体均值的置信区间，则需用样本方差 s^2 代替 σ^2，这时，随机变量 $\dfrac{\bar{x}-\mu}{\sigma/\sqrt{n}}$ 组成新的随机变量，即

$$t = \frac{\bar{x}-\mu}{s/\sqrt{n}} \sim t(n-1)。$$

因此，需要用 t 分布来建立总体均值的置信区间。

对于给定的置信度 $1-\alpha$ 及相应的临界值 $t_{\alpha/2} = (\dfrac{\alpha}{2}, n-1)$，有

$$P\left\{\left|\frac{\bar{x}-\mu}{s/\sqrt{n}}\right| < t_{\alpha/2}\right\} = 1-\alpha。$$

这样，就得到在置信水平 $1-\alpha$ 下，总体均值 μ 的置信区间为

$$\left[\bar{x} - t_{\alpha/2}\frac{s}{\sqrt{n}}, \ \bar{x} + t_{\alpha/2}\frac{s}{\sqrt{n}}\right]。$$

• 非正态总体或总体分布未知时大样本总体均值的区间估计。当面临的总体是非正态分布或总体分布未知时只要样本容量 n 足够大，由中心极限定理可知，$\bar{x}$ 的抽样分布将近似服从正态分布。这时，仍可以用 $\bar{x} \pm z_{\alpha/2}\sigma_{\bar{x}}$ 公式求在置信水平 $1-\alpha$ 下，总体均值 μ 的置信区间。

方差 σ^2 已知，在置信水平 $1-\alpha$ 下，总体均值 μ 的置信区间为

$$\left[\bar{x} - z_{\alpha/2}\frac{\sigma}{\sqrt{n}}, \ \bar{x} + z_{\alpha/2}\frac{\sigma}{\sqrt{n}}\right];$$

方差 σ^2 未知，在置信水平 $1-\alpha$ 下，总体均值 μ 的置信区间为

$$\left[\bar{x} - z_{\alpha/2}\frac{s}{\sqrt{n}}, \ \bar{x} + z_{\alpha/2}\frac{s}{\sqrt{n}}\right]。$$

③总体比例的区间估计。同均值的区间估计一样，总体比例的推断也建立在样本比例的抽样分布基础上。样本比例分布直接来源于二项分布。从理论上说，二项分布是确定置信区间用以估计总体比例的一种恰当的分布，但当样本单位数较大时，概率的计算非常复杂，所以，使用二项分布估计总体比例非常困难。根据中心极限定理，随着样本容量的增

加，二项分布渐近于正态分布，所以，这时可以用正态分布代替二项分布。

样本比例抽样分布的数量特征如下：

$\mu_{pi} = \pi$，其中 π 为总体比例。

样本比例抽样分布的标准差为 $\sigma_{pi} = \sqrt{\dfrac{\pi(1-\pi)}{n}}$。

在实际估计时，经常使用样本比例代替总体比例。如果已知总体比例 π 值，根据近似标准正态分布，确定围绕 π 值的置信区间是 $\left\{ p - z_{\frac{\alpha}{2}} \sqrt{\dfrac{p(1-p)}{n}}, \ p + z_{\frac{\alpha}{2}} \sqrt{\dfrac{p(1-p)}{n}} \right\}$。其中，$p$ 为样本比例。

（3）必要抽样容量的计算

抽样单位数（样本容量）是决定抽样误差大小的直接因素，在其他条件相同的情况下，抽样单位数越多，抽样误差越小；抽样单位数越少，抽样误差越大。在实际工作中，如果抽样数目过多，会造成各方面的浪费，还将影响调查推断的实效性；如果抽样数目过少，又可能达不到调查的效果。因此，确定一个必要的抽样数目是非常重要的问题。

确定抽样数目，应考虑以下几个问题。

• 被调查总体的标志变动程度。总体各单位值之间差异程度大，抽样数目就多，反之可以少些。

• 对推断精确度的要求，即被允许的抽样误差范围。在标志变动程度不变的条件下，精确度要求越高，即被允许的误差范围越小，抽样数目就需要增加，反之可以减少。

• 对推断把握程度的要求。在其他条件不变的情况下，要提高抽样的把握程度，就需要增加抽样数目，反之可以减少。

• 抽取调查单位的方式。在其他条件不变的情况下，重复抽样要比不重复抽样抽取的样本多一些。

①总体均值的必要样本单位数的计算。在总体均值的区间估计中，置信区间为 $\bar{x} \pm z_{\frac{\alpha}{2}} \dfrac{\sigma}{\sqrt{n}}$。从公式中可以看出，从允许抽样极限误差到均值的距离实际上为置信区间长度的 1/2，这段距离表示在一定的置信度 $1-\alpha$ 下，用样本均值估计总体均值时所允许的最大绝对误差，即抽样极限误差，它表示抽样误差的可能范围，又称允许误差。

若用 Δ 表示抽样极限误差，则 $\Delta = z_{\frac{\alpha}{2}} \dfrac{\sigma}{\sqrt{n}}$，样本容量的大小则为 $n = \dfrac{z_{\frac{\alpha}{2}}^{2} \sigma^2}{\Delta^2}$。

②总体比例的必要样本单位数的计算。比例估计与均值估计相同，也存在一个必要样

本容量问题，也受极限误差、置信水平的制约。对于比例估计来讲，其必要样本容量的计算公式为 $n = \dfrac{\pi(1-\pi)}{\Delta^2}$ （其中 π 为总体比例）。

与总体比例区间估计相同，必要抽样容量的计算也经常用样本比例代替总体比例。

案例分析

（1）用 Excel 进行总体均值的区间估计

Excel 提供了一个求标准正态分布的区间点函数（NORMSINV），利用它可以计算统计量 Z 值。

语法：NORMSINV（Probability）

其中，参数 Probability 为正态分布的概率，介于 0 和 1 之间。函数 NORMSINV（Probability）返回当概率为 P 时的标准正态分布函数值。

例 5 - 3：某商场欲考察其客户的年龄结构，随机从其客户中抽取 40 人，计算出此 40 人的平均年龄 $\bar{x} = 36.5$ 岁，已知客户年龄分布近似正态分布，标准差为 7.2 岁，试求该商场所有客户的平均年龄的 95％ 的置信区间。

解：已知总体服从正态分布，$n = 40$，样本均值 $\bar{x} = 36.5$，标准差 $\sigma = 7.2$，$\alpha = 0.05$。

①建立工作表，将数据录入工作表，如图 5 - 11 所示。

	A	B
1	样本容量	40
2	样本均值	36.5
3	总体标准差	7.2
4	置信度	95%

图 5 - 11　录入数据

②选择单元格 A5，在编辑栏中输入"z 值"，选择单元格 B5，单击插入函数按钮，在插入函数对话框中选择统计函数"NORMSINV"，打开"NORMSINV"函数对话框。如图 5 - 12 所示。

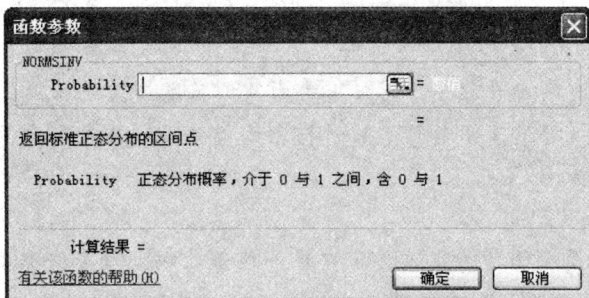

图 5 - 12　"NORMSINV" 函数对话框

③在函数对话框中，输入"Probability"参数值 $\alpha/2 = 0.025$，单击"确定"按钮。在单元格 B5 中返回 z 值为 -1.95996，选择单元格 C5，输入公式"＝ABS（B5）"，回车，返回结果 1.959964。如图 5 - 13 所示。

B5		f_x	=NORMSINV(0.025)	
	A	B	C	D
1	样本容量	40		
2	样本均值	36.5		
3	总体标准差	7.2		
4	置信度	95%		
5	z值	−1.95996	1.959964	
6				

图 5 - 13　z 值的计算

④选择单元格 A6，在编辑栏中输入"置信下限"；选择单元格 A7，在编辑栏中输入"置信上限"。

⑤选择单元格 B6，输入公式"＝B2－C5 * B3/SQRT（B1）"；选择单元格 B7，输入公式"＝B2＋C5 * B3/SQRT（B1）"。返回结果如图 5 - 14 所示。

	A	B	C
1	样本容量	40	
2	样本均值	36.5	
3	总体标准差	7.2	
4	置信度	95%	
5	z值	−1.95996	1.959964
6	置信下限	34.26874	
7	置信上限	38.73126	

图 5 - 14　总体均值置信区间的计算结果

于是，置信水平为 95%，该公司所有客户平均年龄的置信区间的上限和下限分别是 34.3 和 38.7。

注：有些人把例 5-3 中的置信区间估计错误的解释为，总体均值以 95% 的概率位于 34.3~38.7 之间。这种解释是错误的，因为该解释意味着总体均值是一个可进行概率表达的位置。事实上，总体均值是一个确定但是未知的量。因此，不能把 μ 的置信区间估计解释为 μ 的概率表达。置信区间估计是通过样本均值的抽样分布得到的，但置信区间估计还是样本均值的概率表达。

例 5-4： 某商业银行为了改善窗口服务质量，调查每笔存取款业务的平均服务时间，随机抽取 70 个样本，每次所占用时间的样本数据如下（单位：分钟）。

2.1	3.1	2.4	2.6	2.7	3.7	2.9	1.8	3.1	3.6
2.2	2.5	2.8	3.5	3.7	4	2.6	1.9	3	2.3
3.3	2.6	3.7	2.6	3.2	3.2	3.4	2.1	2.8	2.5
2.1	2.2	3.3	2.2	4	2.9	3.5	2	2.5	3.5
4.4	2.4	3	3.2	3.6	2.9	3.2	2.6	2.7	2.1
2.6	2.1	2	3.3	3.2	3.4	2.9	3.3	2.9	3.1
3.1	2	3.1	2.7	3.4	5.5	2.8	2.3	2.6	2.6

已知总体服从正态分布，求总体平均时间 95% 的置信区间。

解： 已知总体服从正态分布，σ^2 未知，样本容量 $n=70$，通过对样本进行计算得样本均值 $\bar{x}=2.90$，样本标准差 $s=0.65$。

①建立"银行业务服务时间"工作表。

②分别在单元格 A12，A13，A14，A15，A16，A17 中输入"样本容量""样本均值""样本标准差""z 值""置信下限""置信上限"，在单元格 B12 中输入 70。如图 5-15 所示。

	A	B	C	D	E	F	G
1	2.1	3.1	2.4	2.6	2.7	3.7	2.9
2	2.2	2.5	2.8	3.5	3.7	4	2.6
3	3.3	2.6	3.7	2.6	3.2	3.2	3.4
4	2.1	2.2	3.3	2.2	4	2.9	3.5
5	4.4	2.4	3	3.2	3.6	2.9	3.2
6	2.6	2.1	2	3.3	3.2	3.4	2.9
7	3.1	2	3.1	2.7	3.4	5.5	2.8
8	1.8	3.1	3.6	2	2.5	3.5	2.3
9	1.9	3	2.3	2.5	2.7	2.1	2.6
10	2.1	2.8	2.5	3.3	2.9	3.1	2.6
11							
12	样本容量	70					
13	样本均值						
14	样本标准差						
15	z值						
16	置信下限						
17	置信上限						

图 5-15 "银行业务服务时间"工作表

③在单元格 B13 中插入函数"AVERAGE"，在函数参数对话框中设置参数区域为"A1：G10"，如图 5－16 所示。

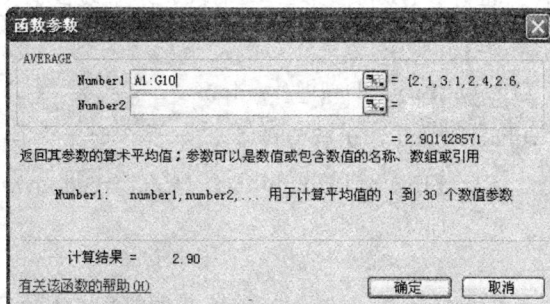

图 5－16 函数 AVERAGE 对话框

④单击"确定"按钮，在单元格 B13 中返回结果 2.901429。选择单元格 B14，插入函数"STDEV"，在函数对话框中设置参数区域"A1：G10"，单击"确定"按钮，在单元格 B14 中返回结果如图 5－17 所示。

12	样本容量	70
13	样本均值	2.901429
14	样本标准差	0.652196
15	z值	
16	置信下限	
17	置信上限	

图 5－17 计算样本均值与标准差

⑤选中单元格 B15，插入统计函数"NORMSINV"，打开"NORMSINV"函数对话框。在函数对话框中，输入"Probability"参数值 0.025，单击"确定"按钮。返回 z 值为－1.95996，选择单元格 C15，输入公式"＝ABS（B15）"，回车，返回结果 1.95996。

⑥选择单元格 B16，输入公式"＝B13－C15＊B14/SQRT（B12）"；选择单元格 B7，输入公式"＝B13＋C15＊B14/SQRT（B12）"。返回结果如图 5－18 所示。

12	样本容量	70	
13	样本均值	2.901429	
14	样本标准差	0.652196	
15	z值	-1.95996	1.959964
16	置信下限	2.748645	
17	置信上限	3.054212	

图 5－18 总体方差未知的区间估计

置信水平为 95%，该商业银行平均服务时间的置信区间的上限和下限分别是 2.75 和 3.05。

当要求统计量 T 值时，Excel 提供了一个求 t 分布的区间点函数（TINV），利用它可以计算统计量 T 值。

语法：TINV（Probability，Deg_freedom）

其中，参数 Probability 为 t 分布的概率，介于 0 和 1 之间。参数 Deg_freedom 为 t 分布的自由度。函数 TINV（Probability，Deg_freedom）返回当概率为 P 时的 t 分布函数值。

例 5-5：已知某厂生产 A 型号的电阻丝的寿命服从正态分布，现从该厂生产的一批 A 型号的电阻丝成品中随机抽取 20 件进行检测，测得其使用寿命（小时）如下。求该批电阻丝平均使用寿命 95% 的置信区间。

20 件 A 型号的电阻丝使用寿命

1518	1530	1490	1478	1520
1505	1495	1488	1510	1500
1470	1475	1482	1452	1493
1517	1525	1500	1495	1518

解：已知总体服从正态分布，σ^2 未知，样本容量 $n=20$ 为小样本。可以用样本方差 s^2 代替 σ^2，用 t 分布来建立总体均值的置信区间。

①建立"电阻丝使用寿命"工作表，如图 5-19 所示。

	A	B	C	D	E
1	20件A型号的电阻丝使用寿命（小时）				
2	1518	1530	1490	1478	1520
3	1505	1495	1488	1510	1500
4	1470	1475	1482	1452	1493
5	1517	1525	1500	1495	1518
6					
7	样本容量				
8	样本均值				
9	样本标准差				
10	t值				
11	置信下限				
12	置信上限				

图 5-19　"电阻丝使用寿命"工作表

②选择单元格 B7，输入数字 20。

③选择单元格 B8，输入"＝AVERAGE（A2：E5）"，回车后，单元格 B8 中显示 1498.05，为样本均值。

④选择单元格 B9，输入"＝STDEV（A2：E5）"，回车后，单元格 B9 中显示 20.38，为样本标准差。

⑤选择单元格 B10，插入函数"TINV"，打开函数对话框，设置"Probability"参数为 0.025，自由度"Deg_freedom"设置为 19，如图 5－20 所示。单击"确"定按钮后，在单元格 B10 中返回 2.43，表示 t 值。

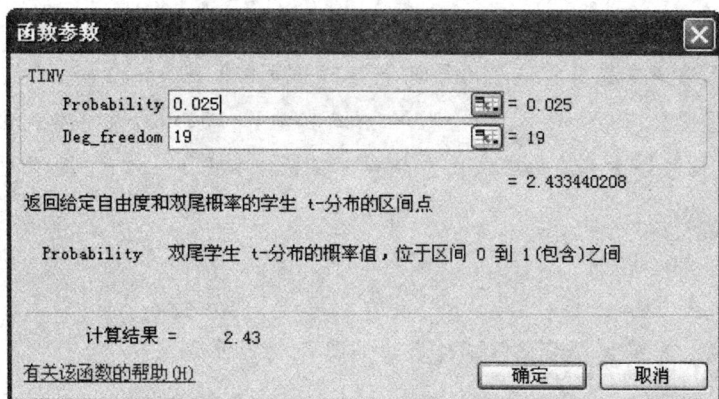

图 5－20　函数"TINV"对话框

⑥选择单元格 B11，输入"＝B8－B10＊B9/SQRT（B7）"，回车后，单元格 B11 中显示 1486.96，为置信区间的置信下限。

⑦选择单元格 B12，输入"＝B8＋B10＊B9/SQRT（B7）"，回车后，单元格 B12 中显示 1509.14，为置信区间的置信上限。

在 95% 的置信度下，该批电阻丝平均使用寿命的置信区间为 [1486.96, 1509.14]。计算结果如图 5－21 所示。

7	样本容量	20.00
8	样本均值	1498.05
9	样本标准差	20.38
10	t 值	2.43
11	置信下限	1486.96
12	置信上限	1509.14

图 5－21　小样本总体方差未知的置信区间

例 5-6：国内某航空协会对商务旅行者进行调查，以建立上海浦东机场的通关质量等级。最大可能的等级分是 10 分。随机抽取了 50 名商务旅行者作为一个随机样本，每名旅行者都给出了上海浦东机场的等级分。这 50 名旅行者样本给出的等级分数据如下：

6	4	6	8	7	7	6	3	3	8
9	9	5	9	7	8	3	10	8	9
9	7	4	5	4	6	7	5	8	8
5	8	6	9	10	10	4	8	9	8
6	5	10	8	9	10	7	8	6	5

建立上海浦东机场总体平均等级分 95% 的置信区间。

解：总体分布未知，方差未知，但样本容量 $n=50$，为大样本，由中心极限定理可知，$\bar{x}$ 的抽样分布将近似服从正态分布。在置信水平 $1-\alpha$ 下，总体均值 μ 的置信区间为

$$\left[\bar{x} - z_{\alpha/2}\frac{s}{\sqrt{n}},\ \bar{x} + z_{\alpha/2}\frac{s}{\sqrt{n}} \right] 。$$

①建立"旅客评分登记"工作表，如图 5-22 所示。

	A	B	C	D	E	F	G	H	I	J
1	6	4	6	8	7	7	6	3	3	8
2	9	9	5	9	7	8	3	10	8	9
3	9	7	4	5	4	6	7	5	8	8
4	6	8	6	9	10	10	4	8	9	8
5	6	5	10	8	9	10	7	8	6	5
6										
7	样本容量									
8	样本均值									
9	样本标准差									
10	z值									
11	置信下限									
12	置信上限									

图 5-22 "旅客评分登记"工作表

②选择单元格 B7，输入 50，为样本容量。

③选择单元格 B8，输入"=AVERAGE（A1：J5）"，回车后，在单元格 B8 中显示 6.98，为样本均值。

④选择单元格 B9，输入"=STDEV（A1：J5）"，回车后，在单元格 B9 中显示 2.035301，为样本标准差。

⑤选择单元格 B10，输入"=ABS（NORMSINV（0.025））"，回车后，在单元格 B10 中显示 1.959964，为 $\alpha=0.05$ 时 z 值。

⑥选择单元格 B11，输入"＝B8－B10＊B9/SQRT（B7）"，回车后，单元格 B11 中显示 6.415854，为置信区间的置信下限。

⑦选择单元格 B12，输入"＝B8＋B10＊B9/SQRT（B7）"，回车后，单元格 B12 中显示 7.544146，为置信区间的置信上限。

在 95％的置信度下，上海浦东机场总体平均等级分的置信区间为（6.415854，7.544146）。计算结果如图 5－23 所示。

7	样本容量	50
8	样本均值	6.98
9	样本标准差	2.035301
10	z值	1.959964
11	置信下限	6.415854
12	置信上限	7.544146

图 5－23　大样本总体分布、方差未知的置信区间

（2）用 Excel 进行总体比例区间估计

例 5－7：从某厂生产的一批婴幼儿配方奶粉中抽取 100 袋作为样本进行三聚氰胺检测，检测结果为 95 袋合格，以 95％的置信度估计这批奶粉的合格率。

①建立"样本比例估计"工作表，如图 5－24 所示。

	A	B	C	D
1	样本数据		置信区间	
2	样本容量		置信度	
3	样本比例		z值	
4	标准误差		极限误差	
5			置信下限	
6			置信上限	
7				
8				

图 5－24　建立工作表

②在单元格 B2 中输入样本容量 100。

③在单元格 B3 中输入"＝95/100"，回车后，显示 95％，为样本合格比例。

④在单元格 B4 中输入公式"＝SQRT（B3＊（1－B3）/B2）"，回车后，显示 0.021794，为样本标准误差。

⑤在单元格 D2 中输入置信度 95％。

⑥在单元格 D3 中输入公式"＝NORMSINV（D2＋（1－D2）/2）"，回车后，显示 1.959964，为计算的 z 值。

⑦在单元格 D4 中输入"＝D3＊B4"，回车后，显示 0.042716，为抽样极限误差。

⑧在单元格 D5 中输入"＝B3－D4"，回车后，显示 90.73％，为置信区间的

下限。

⑨在单元格 D6 中输入"＝B3＋D4"，回车后，显示 99.27％，为置信区间的上限。计算结果如图 5－25 所示。

	A	B	C	D
1	样本数据		置信区间	
2	样本容量	100	置信度	95%
3	样本比例	95%	z值	1.959964
4	标准误差	0.021794	极限误差	0.042716
5			置信下限	90.73%
6			置信上限	99.27%
7				

图 5－25 样本比例区间估计的计算结果

（3）用 Exce 计算必要抽样容量

例 5－8：某区进行居民基本消费情况调查，已知居民平均月基本消费的标准差为 50 元，要求把握置信度为 95％，抽样极限误差为 10 元，计算应抽取的样本户数。

①建立"样本容量计算"工作表，如图 5－26 所示。

②在单元格 B1 和 B2 中分别输入抽样极限误差为 10 和置信度 95％。

③选中单元格 B3，在编辑栏中输入样本容量计算公式"＝NORMSINV（B2）"，回车后，单元格 B3 中显示与置信度相应的 z 值 1.644854。

④在单元格 B4 中输入标准差 50。

⑤选中单元格 B5，在编辑栏中输入样本容量计算公式"＝（B3^2＊B4^2）/B1^2"，回车后，单元格 B5 中显示 67.63859。

⑥选中单元格 B6，在编辑栏中输入样本容量取整公式"＝CEILING（B5，1）"，回车后，单元格 B6 中显示 68。计算结果如图 5－27 所示。

	A	B	C
1	抽样极限误差		
2	置信度		
3	z值		
4	标准差		
5	样本容量		
6	取整样本容量		
7			
8			

	A	B	C
1	抽样极限误差	10	
2	置信度	95%	
3	z值	1.644854	
4	标准差	50	
5	样本容量	67.63859	
6	取整样本容量	68	
7			

图 5－26 "样本容量计算"工作表　　**图 5－27 必要抽样容量计算**

置信度为 95％，抽样极限误差为 10 元，应抽取的居民样本户数至少为 68 户。

例 5-9：抽样调查一批产品的合格率，根据过去的资料，产品的合格率为 98％，若要求把握程度为 99％，极限误差不超过 1％，则应该抽取多大容量的样本？

①建立"比例样本容量"工作表。在单元格 B1，B2，B3 中分别输入合格率 98％、置信度 99％、极限误差 1％，如图 5-28 所示。

	A	B	C
1	合格率	98%	
2	置信度	99%	
3	极限误差	1%	
4	z值		
5	样本容量		
6	取整		
7			

图 5-28　"比例样本容量"工作表

②在单元格 B4 中输入公式 "＝NORMSINV（B2＋（1−b2）/2）"，回车后显示 2.575829，为 z 值。

③在单元格 B5 中输入公式 "＝（B1＊（1−B1）＊B4^2）/b3^2"，回车后，显示 1300.44。

④在单元格 B6 中输入公式 "＝CEILING（B5，1）"，回车后，显示 1301，即为应抽取的样本容量。计算结果如图 5-29 所示。

	A	B	C
1	合格率	98%	
2	置信度	99%	
3	极限误差	1%	
4	z值	2.575829	
5	样本容量	1300.44	
6	取整	1301	
7			

图 5-29　计算结果

置信度为 99％，极限误差不超过 1％，应该抽取的样本容量至少为 1301。

实训练习

1. 某企业从长期实践得知，其产品直径 X 服从正态分布 $N(15, 0.2^2)$。从某日生产的产品中随机抽取 10 个，测得其直径分别为 14.8，15.3，15.1，15.0，14.7，15.1，15.6，15.3，15.5，15.1（单位：厘米）。在 99％的置信度下，求该产品直径平均数的置信区间和给出置信上限的单侧置信区间。

2. 现从某公司职工中随机抽取 60 人调查其工资收入情况，得到下表所示有关资料，假定职工的月收入服从正态分布。①以 95% 的置信度估计该公司工人的月平均工资所在范围；②以 95.45% 的置信度估计月收入在 1000 元及以上的工人所占的比重。

月收入/元	800	900	950	1000	1050	1100	1200	1500
工人数	6	7	9	10	9	8	7	4

3. 一农场种植葡萄以生产果冻，假设葡萄的甜度为 X ，服从正态分布 $N(\mu, \sigma^2)$ ，从 27 卡车葡萄中，随机地抽取样本，每辆车取一个，然后测量甜度，结果如下：

$$16.0 \quad 15.2 \quad 12.0 \quad 16.9 \quad 14.4 \quad 16.3 \quad 15.6 \quad 12.9 \quad 15.3$$
$$15.8 \quad 15.5 \quad 12.5 \quad 14.5 \quad 14.9 \quad 15.1 \quad 16.0 \quad 12.5 \quad 14.3$$
$$15.4 \quad 13.0 \quad 12.6 \quad 14.9 \quad 15.1 \quad 15.3 \quad 12.4 \quad 17.2 \quad 14.8$$

① 求葡萄平均甜度 μ 的 95% 置信区间和单侧置信区间。

② 分别求葡萄甜度方差 σ^2 和标准差 σ 的 95% 置信区间。

4. X 和 Y 分别表示下肢瘫痪和正常成年男子的血液容量，单位是 mL，假设 X 服从 $N(\mu_1, \sigma^2)$，Y 服从 $N(\mu_2, \sigma^2)$。对 X 做了 7 次观测，结果是 1612，1352，1456，1222，1560，1456，1924，对 Y 作了 10 次观测，结果是 1082，1300，1092，1040，910，1248，1092，1040，1092，1288。求 $\mu_1 - \mu_2$ 的 95% 置信区间。

5. X 和 Y 分别表示 A，B 两种品牌的日光灯的寿命，分别服从 $N(\mu_1, 784)$ 和 $N(\mu_2, 627)$。从 A，B 两个品牌的日光灯中分别随机地抽取了 56 和 57 只日光灯，测得平均寿命分别是 937.4 小时和 988.9 小时。求 $\mu_1 - \mu_2$ 的 99% 置信区间。

6. 生物学家要比较某种雌、雄蜘蛛的体长，以 X 和 Y 分别表示雌、雄蜘蛛的的体长，μ_1 和 μ_2 分别表示 X 和 Y 的均值。研究者分别测量了 30 个雌、雄蜘蛛，数据如下。求 $\mu_1 - \mu_2$ 的 95% 大样本置信区间。

X：
$$5.20 \quad 4.70 \quad 5.75 \quad 7.50 \quad 6.45 \quad 6.55 \quad 4.70 \quad 4.80 \quad 5.95 \quad 5.20$$
$$6.35 \quad 6.95 \quad 5.70 \quad 6.20 \quad 5.40 \quad 6.20 \quad 5.85 \quad 6.80 \quad 5.65 \quad 5.50$$
$$5.65 \quad 5.85 \quad 5.75 \quad 6.35 \quad 5.75 \quad 5.95 \quad 5.90 \quad 7.00 \quad 6.10 \quad 5.80$$

Y：
$$8.25 \quad 9.90 \quad 5.90 \quad 7.05 \quad 8.45 \quad 7.55 \quad 9.80 \quad 10.85 \quad 6.60 \quad 7.55$$
$$8.10 \quad 9.10 \quad 6.10 \quad 9.30 \quad 8.75 \quad 7.00 \quad 7.80 \quad 8.00 \quad 9.00 \quad 6.30$$
$$8.35 \quad 8.70 \quad 8.00 \quad 7.50 \quad 9.50 \quad 8.30 \quad 7.05 \quad 8.30 \quad 7.95 \quad 9.60$$

7. X 和 Y 分别表示某种录音唱片和高密磁碟的录音时间，假设 X 服从 $N(\mu_1, \sigma_1^2)$，Y 服从 $N(\mu_2, \sigma_2^2)$，现在从 X 和 Y 中分别随机抽取了 9 个和 13 个，测得录音时间如下

X：
$$40.83 \quad 43.18 \quad 35.72 \quad 38.68 \quad 37.17 \quad 39.75 \quad 24.76 \quad 34.58 \quad 33.98$$

Y: 42.82   64.42   56.92   39.92   72.38   47.26   64.58   38.20   72.75

      39.09   39.07   33.70   62.02

求 σ_1^2/σ_2^2 的 95% 置信区间。

8. 某企业对一批产品进行质量检验，这批产品的总数为 5000 件，过去几次同类调查所得的产品合格率为 93%，95% 和 96%。为了使合格率的允许误差不超过 3%，在 99.73% 的概率下，应抽查多少件产品？

9. 在一项政治选举中，一名候选人在选民中随机地作了一次调查，结果是 351 名投票者中有 185 人支持他，求全部选民中支持他的选民所占比重的 95% 的近似置信区间。

10. 为测试两种洗涤剂清除某种类型的污渍的能力，检验人员用第一种洗涤剂作了 91 次独立试验，结果有 63 次成功清除该类污渍；用第二种洗涤剂作了 79 次试验，结果有 42 次清除了污渍。计算两种洗涤剂清除该类污渍的成功次数之差的 90% 置信区间。根据计算结果，你能得出什么结论？哪种洗涤剂的去污能力更强？还是没有显著差别？

11. 某国家以前的失业率大约是 8%，政府在制定国家的经济政策时，要估计最新的失业率。决策者希望失业率的最新估计与真正的失业率相差不能超过 1%，问要调查多少人的就业情况？（置信水平为 98%）。

12. 检验某食品厂本月生产的 10000 袋产品的重量，根据上月资料，这种产品每袋重量的标准差为 25 克。要求在 95.45% 的概率保证程度下，平均每袋重量的误差范围不超过 5 克，应抽查多少袋产品？

小　结

本项目介绍了离散型随机变量概率分布中的二项分布和连续型随机变量概率分布中的正态分布、t 分布；样本均值的抽样分布与中心极限定理；点估计的应用特征与优劣标准；区间估计的置信度与置信区间；总体均值的区间估计包括方差已知的大样本总体均值区间估计，方差未知的大样本总体均值区间估计，方差未知的小样本总体均值区间估计，非正态总体或总体分布未知时大样本总体均值的区间估计；总体比例的区间估计；必要抽样容量的计算。

以下是区间估计均值检验公式：

总体分布	样本量	σ 已知	σ 未知
正态分布	大样本（$n \geqslant 30$）	$\bar{x} \pm z_{a/2}\dfrac{\sigma}{\sqrt{n}}$	$\bar{x} \pm z_{a/2}\dfrac{s}{\sqrt{n}}$
	小样本（$n < 30$）	$\bar{x} \pm z_{a/2}\dfrac{\sigma}{\sqrt{n}}$	$\bar{x} \pm t_{a/2}\dfrac{s}{\sqrt{n}}$
非正态分布	大样本（$n \geqslant 30$）	$\bar{x} \pm z_{a/2}\dfrac{\sigma}{\sqrt{n}}$	$\bar{x} \pm z_{a/2}\dfrac{s}{\sqrt{n}}$

任务6　假设检验

【任务目标】

通过完成本项目，应该能够：

① 了解假设检验的基本思想；

② 体会假设检验中会出现的两类错误；

③ 识记假设检验的基本步骤；

④ 会运用观察到的样本资料对总体假设作出合理的判断。

【任务分解】

子任务 6.1：一个正态总体的假设检验。

子任务 6.2：两个正态总体的假设检验。

6.1　一个正态总体的假设检验

任务提示 本项目将完成对一个正态总体作假设检验。

背景资料

统计推断的方法除了参数估计之外，还有一个主要的方法就是假设检验。在进行抽样调查、资料收集之前，如果存在着某个关于总体参数的假设，经过对数据分析后，可以判断是否应拒绝原先的假设，这就是假设检验问题。

例如，对某地人口的平均年龄作调查，提出假设："我认为人口的平均年龄是 50 岁"，经过随机抽样调查，得样本的平均年龄是 20 岁，然后作出判断："人口平均年龄不是 50 岁"。

知识要点

（1）假设检验的基本步骤

一般来说，假设检验要经过以下几个步骤。

①构造假设。根据研究问题的需要，提出原假设和备择假设。

②确定检验的统计量及其分布。假设确定以后，如何根据某一统计量出现的数值的概率来判断是否应该拒绝原假设，这要取决于样本观察值。对于均值检验来说，总体方差已知，现象服从正态分布，可选用 z 统计量；如果总体方差未知且是小样本，样本服从 t 分布，则选择 t 统计量。

③确定显著性水平。确定显著性水平 α 后，拒绝域也就随之而定。若拒绝域在两侧，则称为双侧检验，两边各是 $\alpha/2$；若拒绝域在单侧，则称为单侧检验（左侧或者右侧）。

④确定决策规则。确定了显著性水平后，根据统计量的分布，可以规定决策规则，找出接受域和拒绝域的临界值。决策规则通常有两种方法：临界值法和 P 值法。

临界值法首先需要选择显著性水平，这样才能构建拒绝域，得到拒绝域的临界值。当检验统计量没有超出临界值的时候，可以拒绝原假设而支持备择假设。

P 值法则是利用选择的显著性水平与 P 值进行比较。如果 P 值小于 α，发现 P 值足够小，那么就拒绝原假设；若 P 值大于 α，则不能拒绝原假设。

⑤判断决策。根据抽样观察结果计算检验统计量的具体数值，按照决策规则作出统计决策。若检验统计量的值落在拒绝域，则有理由不接受原假设；反之，则不拒绝接受原假设。

（2）一个正态总体的假设检验

设总体 X 服从正态分布 $N(\mu, \sigma^2)$，方差 σ^2 已知，可以通过构造一个服从正态分布的统计量 z 来进行关于均值 μ 的假设检验。

设 $x_1, x_2, \cdots, x_n$ 是来自正态总体 X 的一个简单随机样本，样本均值为 $\bar{x} = \frac{1}{n}\sum_{i=1}^{n} x_i$，根据单个总体的抽样分布结论，选用统计量 $z = \frac{\bar{x} - \mu}{\sigma/\sqrt{n}}$。

如果给定一个常数 μ_0，根据不同的问题，可以作出不同的假设。

①μ 是否等于 μ_0，假设：$H_0: \mu = \mu_0$，$H_1: \mu \neq \mu_0$（双侧检验）。

146

②μ 是否不大于 μ_0，假设：H_0：$\mu \leqslant \mu_0$，H_1：$\mu > \mu_0$（右侧检验），它与模型 H_0：$\mu = \mu_0$，H_1：$\mu > \mu_0$ 有相同的拒绝域。

③μ 是否不小于 μ_0，假设：H_0：$\mu \geqslant \mu_0$，H_1：$\mu < \mu_0$（左侧检验），它与模型 H_0：$\mu = \mu_0$，H_1：$\mu < \mu_0$ 有相同的拒绝域。

当 H_0 成立时，$z = \dfrac{\bar{x} - \mu}{\sigma / \sqrt{n}} \sim N(0, 1)$。

对于假设①，当 $|u_0| \geqslant z_{\alpha/2}$ 时，拒绝 H_0，反之不拒绝 H_0；其拒绝域是 $\{|u_0| \geqslant z_{\alpha/2}\}$，如图 6-1 所示的阴影部分。

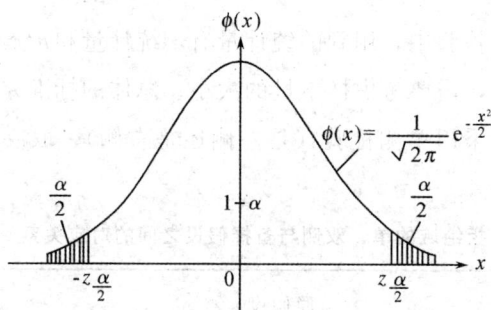

图 6-1　双侧检验的拒绝域与接受域

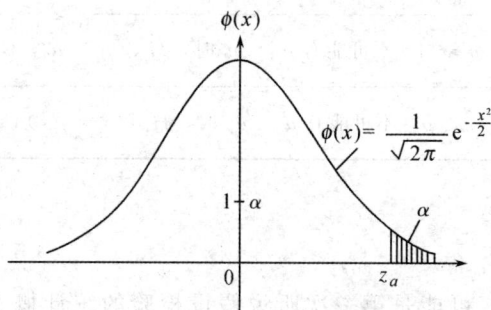

图 6-2　右侧检验的拒绝域与接受域

对于假设②，当 $u_0 \geqslant z_{\alpha}$ 时，拒绝 H_0，反之不拒绝 H_0；其拒绝域是 $\{u_0 \geqslant z_{\alpha}\}$，如图 6-2 所示的阴影部分。

对于假设③，当 $u_0 \leqslant -z_{\alpha}$ 时，拒绝 H_0，反之不拒绝 H_0；其拒绝域是 $\{u_0 \leqslant -z_{\alpha}\}$，如图 6-3 所示的阴影部分。

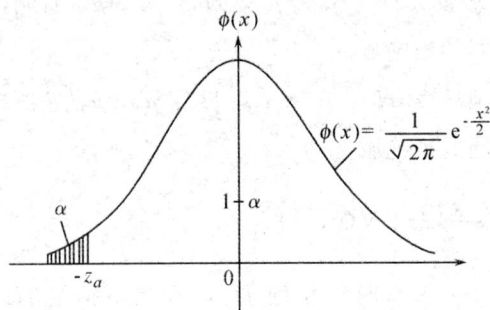

图 6 - 3　左侧检验的拒绝域与接受域

在一个正态总体均值检验中，用到的统计量有 z 统计量和 t 统计量。但在假设检验时，选用什么统计量进行检验，需要考虑样本量的大小、总体的标准差 σ 是否已知。

是采用双侧检验还是采用单侧检验（是左侧还是右侧），取决于备择假设的形式。见表 6 - 1。

表 6 - 1　　　　　　　　拒绝域的单、双侧与备择假设之间的对应关系

拒绝域位置	原假设	备择假设
双　侧	$H_0: \mu = \mu_0$	$H_1: \mu \neq \mu_0$
左　侧	$H_0: \mu \geqslant \mu_0$（不可能有 $\mu > \mu_0$ 时，$H_0: \mu = \mu_0$）	$H_1: \mu < \mu_0$
右　侧	$H_0: \mu \leqslant \mu_0$（不可能有 $\mu < \mu_0$ 时，$H_0: \mu = \mu_0$）	$H_1: \mu > \mu_0$

阅读与思考

对于大多数人来说，可能是第一次听说假设检验的统计概念，然而，对于假设检验的内涵，大家十分熟悉。生活中存在大量的非统计应用的假设检验，比如对罪犯的审讯。

当一个人被控告为罪犯时，他将面临审讯。控告方提出控诉后，陪审团必须根据证据作出裁决。事实上，陪审团就进行了假设检验。这里有两个要被证明的假设：第一个称为原假设，即原告无罪；第二个假设称为备择假设或研究假设，在罪犯审讯中，即被告有罪。

当然，陪审团不知道哪个假设是正确的，他根据控辩双方所提供的证据作出判断。这里只有两种可能：判定被告有罪或无罪释放。在统计应用中，判定被告有罪相

当于拒绝原假设，接受备择假设；而判定被告无罪相当于不能拒绝原假设去接受备择假设。

（1）假设

①什么是假设。假设是对总体参数的具体数值所作的陈述，如："我认为这种新药的疗效比原有的药物更有效"。总体参数可以是总体均值、比例、方差等，在对总体参数分析之前，必须先陈述。

②提出假设。研究者想收集证据予以反对的假设称为原假设（或 0 假设），一般有符号 $=$，$\leqslant$ 或 $\geqslant$，用 H_0 表示，如原假设 H_0：$\mu = 50$。

研究者想收集证据予以支持的假设称为备择假设，总有符号 $\neq$，$<$ 或 $>$，用 H_1 表示，如备择假设 H_1：$\mu < 50$ 或 $\mu > 50$。

又如引例中，研究者想收集证据以证明"投掷硬币正面朝上的概率不是 $\dfrac{1}{2}$"，建立的原假设和备择假设为 H_0：$\mu = \dfrac{1}{2}$，H_1：$\mu \neq \dfrac{1}{2}$。

例 6 - 1：一家研究机构估计，某城市中家庭拥有汽车的比例超过 30%。为验证这一估计是否正确，该研究机构随机抽取了一个样本进行检验。试陈述用于检验的原假设与备择假设。

解：研究者想收集证据予以支持的假设是"该城市中家庭拥有汽车的比例超过 30%"。建立的原假设和备择假设为：

$$H_0：\mu \leqslant 30\%，H_1：\mu > 30\%$$

注意：

①原假设和备择假设是一个完备事件组，而且相互对立。在一项假设检验中，原假设和备择假设必有一个成立，而且只有一个成立。

②先确定备择假设，再确定原假设。

③等号 "＝" 总是放在原假设上。

④因研究目的不同，对同一问题可能提出不同的假设（也可能得出不同的结论）。

（2）假设检验

假设检验又叫显著性检验，是统计推断的另一个重要内容。假设检验是先对总体的参数（或分布形式）提出某种假设，再利用样本信息判断假设是否成立的一种统计方法。它是在对总体的数量特征和变动规律作出一定假设的基础上，运用观察到的样本实际资料和一定的数理程序，对事先所作的假设给出是否合理可信的判断，从而决定接受或拒绝这个假设。

例如，对某地人口的平均年龄作调查，提出假设："我认为人口的平均年龄是 50 岁"，经过随机抽样调查得样本的平均年龄是 20 岁，然后作出判断："人口平均年龄不是 50 岁"。

①假设检验的基本思想。小概率原理：小概率事件 A 在一次试验中是几乎不可能发生的，假若在一次试验中小概率事件 A 事实上发生了，那只能认为事件 A 不是来自假设的总体，也就是认为对总体所作的假设不正确。

在许多实际问题中，总体分布的类型已知，仅其中一个或几个参数未知，只要对一个或几个未知参数作出假设，就可以确定总体的分布，这种只涉及总体分布的未知参数的假设检验称为参数检验。下面通过举例来说明参数假设检验的基本思想。

例 6－2： 对某地人口的平均年龄作调查，上一次调查数据显示，该地区人口的平均年龄是 50 岁，并服从正态分布（50，5^2）。经过随机抽样调查 100 个对象得样本的平均年龄是 20 岁，判断该地区平均年龄是否还是 50 岁？

首先，根据上一次调查数据，该地区人口平均年龄是 50 岁，于是，假设：该地区平均年龄还是 50 岁，即 $H_0：u=50$。若原假设成立，则 $x \sim N(50，5^2)$，从而由单个总体的抽样分布结论可知：$\bar{x} = \frac{1}{100} \sum_{k=1}^{100} x_k \sim N(50，5^2/100)$，统计量 $z = \frac{\bar{x} - 50}{5/\sqrt{100}} \sim N(0，1^2)$。

对于给定的置信水平 $1-\alpha$，服从标准正态分布的统计量 z 落在 $[-z_{\alpha/2}，z_{\alpha/2}]$ 区域外的概率是 α，这是一个小概率。也就是说，如果原假设 $H_0：u=50$ 成立，那么由抽出的样本观测值计算出的统计量 z 的观测值 $|z_0|$ 大于 $|z_{\alpha/2}|$ 的可能性非常小，而它又在一次抽样中发生了，这是不合理的。产生这种不合理的根源在于假设的 $H_0：u=50$ 不合理，因此，只有拒绝原假设，别无他法。

假设检验的基本原理是：首先对所研究的命题提出一种假设——无显著性的假设，并假定这一假设成立，然后由此导出其必然的结果。如果能证明这种结果出现的可能性很小，那么就有理由认为原假设是错误的，从而拒绝接受这个假设。否则，就认为原假设是可能的，从而予以接受。

假设检验的原理实质上是考察事件发生的可能性问题，其理论依据是"小概率原理"，即小概率事件在一次试验中几乎不可能发生的判断原理。

②假设检验中的两类错误。假设检验好像一场审判过程。在作出拒绝或不能拒绝原假设的决策时，是基于样本信息来判断的，而由于样本的随机性，就有可能会犯错误。原假设嫌疑人是无罪的，在陪审团审判后，可能有两种结果：有罪或无罪。审判结果与实际情况的可能结果如表 6-2 和表 6-3 所示。

表 6-2 H_0：无罪

陪审团审判		
裁决	实际情况	
	无罪	有罪
无罪	正确	错误
有罪	错误	正确

表 6-3 H_0：有罪

H_0 检验		
决策	实际情况	
	H_0 为真	H_0 为假
未拒绝 H_0	正确决策（$1-\alpha$）	第 Ⅱ 类错误（β）
拒绝 H_0	第 Ⅰ 类错误（α）	正确决策（$1-\beta$）

陪审团的裁决有可能是错误的，一类错误是嫌疑人确实无罪，但审判结果却是有罪；还有一类错误是嫌疑人有罪，但审判结果是嫌疑人无罪。

同陪审团审判一样，假设检验也存在这两类错误。

第 Ⅰ 类错误是原假设为真时拒绝原假设，叫作弃真错误，第 Ⅰ 类错误发生的概率记为 α；第 Ⅱ 类错误是原假设为假时未拒绝原假设，也叫取伪错误，第 Ⅱ 类错误发生的概率记为 β。见表 6-4。

表 6-4   假设检验的两种错误类型

客观实际	检验结果	
	否定 H_0	接受 H_0
H_0 成立	Ⅰ 型错误（α）	推断正确（$1-\alpha$）
H_0 不成立	推断正确（$1-\beta$）	Ⅱ 型错误（β）

α 和 β 的关系就像翘翘板，α 小 β 就大，α 大 β 就小，但是在假设检验过程中，不能同时减少两类错误。如果要避免其中的任何一种错误，都会使犯另一类错误的机会增加。比

如，如果想永远避免犯第一类错误，那么无论发生什么情况都不能拒绝原假设，但极有可能犯第二类错误，可能把有罪的人判为无罪；与此相反，如果想永远不犯第二类错误，但极有可能要犯第一类错误，使部分无罪的人被冤枉为有罪。所以，总是希望同时犯错的概率越小越好，可惜的是，这是不容易做到的，唯一的办法只有增大样本容量。但是样本的容量不可能无限地增大，否则不仅意味着抽样成本增大，而且失去了抽样的意义。因此，对于错误的控制，只能是哪一类错误带来的危害大，就把控制哪一类错误作为首要目的。

案例分析

（1）总体标准差已知条件下的均值检验

例6-3：某电子元器件生产厂对一批产品进行检测，根据该产品生产质量标准，其使用寿命不低于2000小时。根据以往经验，该电子元器件的使用寿命服从正态分布，标准差为100小时。质量部从该批产品中随机抽取了120个产品进行检测，测得样本均值为1960小时，在$\alpha = 0.01$的显著性水平下，检验该批电子元器件的质量是否符合要求。

解：由题可知总体服从正态分布，$\mu_0 = 2000$，$\sigma = 100$，样本均值$\bar{x} = 1960$，样本容量$n = 120$。

这是一个单侧检验的问题。

①建立"产品质量均值检验"工作表，如图6-4所示，原假设$H_0 : \mu \geqslant 2000$，备择假设$H_1 : \mu < 2000$。

	A	B	C
1	原假设H₀>=	2000	
2	标准差	100	
3	样本容量n	120	
4	样本平均值	1960	
5	显著性水平	0.01	
6	临界值		
7	检验统计量		
8	决策		
9			

图6-4　"产品质量均值检验"工作表

②在单元格B6中输入公式"=ABS（NORMSINV（B5））"，回车后，显示2.326348，为临界值z。

③构造统计量 $Z=\dfrac{\bar{x}-\mu_0}{\sigma/\sqrt{n}}$。在单元格 B7 中输入公式"＝（B4－B1）／（B2/

SQRT（B3））"，回车后，显示－4.38178，为检验统计量值。

④在单元格 B8 中输入公式"＝IF（B7<－B6,"拒绝","接受"）"，回车后，显示"拒绝"，如图 6－5 所示。

	A	B	C
1	原假设H0>=	2000	
2	标准差	100	
3	样本容量n	120	
4	样本平均值	1960	
5	显著性水平	0.01	
6	临界值	2.326348	
7	检验统计量	-4.38178	
8	决策	拒绝	
9			

图 6－5　总体均值单侧检验结果

所以，有理由认为该批电子元器件的质量不符合质量标准。

（2）总体标准差 σ 未知条件下大样本的均值检验

在大样本条件下，如果总体为正态分布，样本统计量服从正态分布；如果总体为非正态分布，样本统计量近似服从正态分布。所以，在正态总体的标准差 σ 未知、大样本条件下，可以用样本标准差 s 代替标准差 σ。

构造统计量 $Z=\dfrac{\bar{x}-\mu_0}{s/\sqrt{n}}$。

原假设 $H_0: \mu=\mu_0$。

备选假设

① $H_1: \mu\neq\mu_0$（检验总体均值与 μ_0 是否有显著差异）；

② $H_1: \mu>\mu_0$（若已知 μ 不可能小于 μ_0，检验总体均值是否显著变大）；

③ $H_1: \mu<\mu_0$（若已知 μ 不可能大于 μ_0，检验总体均值是否显著变小）。

对于给定 α 的显著性水平，其拒绝域：

① $H_1: \mu_1\neq\mu_2, C_\alpha: |Z|>Z_{\alpha/2}$；

② $H_1: \mu_1>\mu_2, C_\alpha: Z>Z_\alpha$；

③ $H_1: \mu_1<\mu_2, C_\alpha: Z<-Z_\alpha$。

例 6－4：某医学科研机构对从事某作业的男性工人进行了研究，测量了 80 名从事该作业男性工人的血红蛋白含量，算得其均数为 130.83g/L，标准差为 25.74g/L。已知成年男性血红蛋白含量服从正态分布，问：在 $\alpha = 0.05$ 的显著性水平下，检验从事该作业男性工人的血红蛋白含量是否不同于正常成年男性的平均值 140g/L。

解：由题可知总体服从正态分布，σ 未知，大样本，$\mu_0 = 140$g/L，样本均值 $\bar{x} = 130.83$g/L，样本标准差 $s = 25.74$g/L 样本容量 $n = 80$。采用双侧检验。

①建立"双侧检验"工作表，如图 6-6 所示。原假设 H_0：$\mu = 140$g/L，备择假设 H_1：$\mu \neq 140$g/L。

	A	B	C
1	原假设H0=	140	
2	标准差	25.74	
3	样本容量n	80	
4	样本平均值	130.83	
5	显著性水平	0.05	
6	临界值		
7	检验统计量		
8	决策		
9			

图 6-6 "双侧检验"工作表

②在单元格 B6 中输入公式 "=ABS（NORMSINV(B5/2)）"，回车后，显示 1.959964，为临界值 z。

③构造统计量 $Z = \dfrac{\bar{x} - \mu_0}{s / \sqrt{n}}$。在单元格 B7 中输入公式 "=（B4-B1)/(B2/SQRT (B3))"，回车后，显示 -3.18644，为检验统计量。

④在单元格 B8 中输入公式 "=IF（ABS（B7）>B6,"拒绝","接受"）"，回车后，显示"拒绝"，如图 6-7 所示。

B8		f_x	=IF(ABS(B7)>B6,"拒绝","接受")			
	A	B	C	D	E	F
1	原假设H0=	140				
2	标准差	25.74				
3	样本容量n	80				
4	样本平均值	130.83				
5	显著性水平	0.05				
6	临界值	1.959964				
7	检验统计量	-3.18644				
8	决策	拒绝				
9						

图 6-7 总体均值双侧检验结果

所以，有理由认为从事该作业男性工人的血红蛋白含量与正常成年男性的血红蛋白含量有显著差异。

（3）总体标准差 σ 未知条件下小样本的均值检验

当总体服从正态分布且 σ^2 未知，在小样本条件下，则需用样本方差 s^2 代替 σ^2，样本统计量服从 t 分布，$t = \dfrac{\bar{x} - \mu_0}{s/\sqrt{n}} \sim t(n-1)$。

原假设 H_0：$\mu = \mu_0$。

备选假设

① H_1：$\mu \neq \mu_0$（检验总体均值与 μ_0 是否有显著差异）；

② H_1：$\mu > \mu_0$（若已知 μ 不可能小于 μ_0，检验总体均值是否显著变大）；

③ H_1：$\mu < \mu_0$（若已知 μ 不可能大于 μ_0，检验总体均值是否显著变小）。

对于给定 α 的显著性水平，其拒绝域：

① H_1：$\mu_1 \neq \mu_2$，C_α：$|t| > t_{\alpha/2}(n-1)$；

② H_1：$\mu_1 > \mu_2$，C_α：$t > t_\alpha(n-1)$；

③ H_1：$\mu_1 < \mu_2$，C_α：$t < -t_\alpha(n-1)$。

例 6-5： 某电视机厂采用新的生产技术生产显像管，质监部门随机抽取了 20 个样本，测得样本的平均寿命为 $\bar{x} = 31850$ 小时，样本标准差 $s = 1300$ 小时。已知，在采用新技术前生产的显像管的平均寿命为 3 万小时，显像管的寿命服从正态分布，问：在 $\alpha = 0.05$ 的显著性水平下，新技术采用前与采用后生产的显像管的平均寿命是否有显著差异。

解： 由题可知总体服从正态分布，σ 未知，小样本，所以采用 t 检验。

已知 $\mu_0 = 30000$，样本均值 $\bar{x} = 31850$，样本标准差 $s = 1300$，样本容量 $n = 20$。

① 建立 "t 检验" 工作表，如图 6-8 所示。原假设：H_0：$\mu = 30000$，备择假设 H_1：$\mu \neq 30000$。

	A	B	C
1	原假设H0=	30000	
2	样本标准差	1300	
3	样本容量n	20	
4	样本平均值	31850	
5	显著性水平	0.05	
6	临界值		
7	检验统计量		
8	决策		
9			

图 6-8 "t 检验" 工作表

②在单元格 B6 中输入公式"＝ABS（TINV（B5/2，19））"，回车后，显示 2.43344，为 t 临界值。

③构造统计量 $t = \dfrac{\bar{x} - \mu_0}{s/\sqrt{n}}$ 。在单元格 B7 中输入公式"＝（B4－B1）/（B2/SQRT（B3））"，回车后，显示 6.364193，为检验统计量。

④在单元格 B8 中输入公式"＝IF（ABS（B7）＞B6,"拒绝","接受"）"，回车后，显示"拒绝"，如图 6－9 所示。

	A	B	C	D
	B6	f_x =ABS(TINV(0.025,19))		
1	原假设H0=	30000		
2	样本标准差	1300		
3	样本容量n	20		
4	样本平均值	31850		
5	显著性水平	0.05		
6	临界值	2.43344		
7	检验统计量	6.364193		
8	决策	拒绝		
9				

图 6－9 t 检验结果

实训练习

①设某厂生产一种灯管，其寿命 ξ 服从正态分布，$N（\mu；40000）$，从过去较长一段时间的生产情况来看，灯管的平均寿命为 $\mu = 1500$ 小时。现在采用新工艺后，在所生产的灯管中抽取 25 只，测得平均寿命为 1675 小时。问采用新工艺后，灯管的寿命是否显著提高？

②每盒所装的麦片平均数是否超过 368 克？随机抽取 25 盒为样本，均值为 $\bar{X} = 372.5$。公司确定在 $\alpha = 0.05$、标准差为 $\sigma = 15$ 克条件下进行检验。

③假定您是质量控制经理，现在要知道新机器制造的电线是否符合客户的要求：平均抗拉强度为 70 磅。已知标准差 $\sigma = 3.5$ 磅。取 36 根电线为样本，得到样本均值 69.7 磅。在 $\alpha = 0.05$ 时，是否可以说该机器生产的电线没有达到平均抗拉强度？

6.2 两个正态总体的假设检验

任务提示 本项目将完成对两个正态总体进行假设检验。

背景资料

在一个正态总体均值的检验中，是在样本统计量与原假设所提出的总体参数之间作比较。这种检验需要事先能够提出合理的原假设和备择假设。但是，在实际工作中，很难提出这样的假设值，因而限制了这种方法在实际工作中的应用。

因此，人们常常选择两个总体，比较这两个总体的参数，看它们之间是否有显著差异。比如，在同种产品生产中，不同工艺对产品的质量是否有明显的差异；在相同的环境下，不同性别的同学学习数学的能力是否不一样，等等，都可以利用两个总体参数检验得出结论。

知识要点 - >>>

（1）方差 σ_1^2，σ_2^2 已知，两个独立总体均值之差的检验

当两个正态总体均服从正态分布且方差 σ_1^2，σ_2^2 已知时，两个独立样本的均值之差 $\bar{x}_1 - \bar{x}_2$ 的抽样分布也服从于正态分布，标准差为

$$\sigma_{\bar{x}_1 - \bar{x}_2} = \sqrt{\frac{\sigma_1^2}{n_1} + \frac{\sigma_2^2}{n_2}}$$

构造检验统计量 $Z = \dfrac{(\bar{x}_1 - \bar{x}_2) - (\bar{\mu}_1 - \bar{\mu}_2)}{\sqrt{\dfrac{\sigma_1^2}{n_1} + \dfrac{\sigma_2^2}{n_2}}}$（其中 μ_1，μ_2 分别为总体 1，总体 2 的均值）。

原假设 H_0：$\mu_1 = \mu_2$。

备选假设

① H_1：$\mu_1 \neq \mu_2$；

② H_1：$\mu_1 > \mu_2$；

③ $H_1: \mu_1 < \mu_2$。

对于给定 α 的显著性水平，其拒绝域：

① $H_1: \mu_1 \neq \mu_2$，C_α：$|Z| > Z_{\alpha/2}$；

② $H_1: \mu_1 > \mu_2$，C_α：$Z > Z_\alpha$；

③ $H_1: \mu_1 < \mu_2$，C_α：$Z < -Z_\alpha$。

2. 方差 σ_1^2，σ_2^2 未知但相等，两个独立总体均值之差的检验

当两个正态总体均服从正态分布且方差 σ_1^2，σ_2^2 未知但相等时，进行两个总体均值之差的检验采用 t 统计量，标准差为

$$\sigma_{\bar{x}_1 - \bar{x}_2} = s_p \sqrt{\frac{1}{n_1} + \frac{1}{n_2}} \quad (s_p = \frac{(n_1 - 1)s_1^2 + (n_2 - 1)s_2^2}{n_1 + n_2 - 2})$$

构造检验统计量 $t = \dfrac{(\bar{x}_1 - \bar{x}_2) - (\bar{\mu}_1 - \bar{\mu}_2)}{s_p \sqrt{\dfrac{1}{n_1} + \dfrac{1}{n_2}}}$，自由度为 $n_1 + n_2 - 2$。

原假设 $H_0: \mu_1 = \mu_2$。

备选假设

① $H_1: \mu_1 \neq \mu_2$；

② $H_1: \mu_1 > \mu_2$；

③ $H_1: \mu_1 < \mu_2$。

对于给定 α 的显著性水平，其拒绝域：

① $H_1: \mu_1 \neq \mu_2$，C_α：$|t| > t_{\alpha/2}(n_1 + n_2 - 2)$；

② $H_1: \mu_1 > \mu_2$，C_α：$t > t_\alpha(n_1 + n_2 - 2)$；

③ $H_1: \mu_1 < \mu_2$，C_α：$t < -t_\alpha(n_1 + n_2 - 2)$。

（3）方差 σ_1^2，σ_2^2 未知且不相等，两个独立总体均值之差的检验

当两个正态总体均服从正态分布且方差 σ_1^2，σ_2^2 未知但不相等时，进行两个总体均值之差的检验。

建立原假设 $H_0: \mu_1 = \mu_2$。

备选假设

① $H_1: \mu_1 \neq \mu_2$；

② $H_1: \mu_1 > \mu_2$；

③ $H_1: \mu_1 < \mu_2$。

构造统计量

$$t = \frac{(\bar{x}_1 - \bar{x}_2) - (\mu_1 - \mu_2)}{\sqrt{\dfrac{s_1^2}{n_1} + \dfrac{s_2^2}{n_2}}} \sim t(f)$$

其中，自由度

$$f = \frac{\left(\dfrac{s_1^2}{n_1} + \dfrac{s_2^2}{n_2}\right)^2}{\dfrac{s_1^4}{n_1^2(n_1 - 1)} + \dfrac{s_2^4}{n_2^2(n_2 - 1)}}$$

①双侧检验，当 $H_1 : \sigma_1^2 \neq \sigma_2^2$，可得拒绝域为

$$|t| = \left| \frac{(\bar{x}_1 - \bar{x}_2) - (\mu_1 - \mu_2)}{\sqrt{\dfrac{s_1^2}{n_1} + \dfrac{s_2^2}{n_2}}} \right| > t_{a/2}(f)$$

②右侧检验，当 $H_1 : \sigma_1^2 > \sigma_2^2$，得拒绝域为

$$t = \frac{(\bar{x}_1 - \bar{x}_2) - (\mu_1 - \mu_2)}{\sqrt{\dfrac{s_1^2}{n_1} + \dfrac{s_2^2}{n_2}}} > t_{a/2}(f)$$

③左侧检验，当 $H_1 : \sigma_1^2 < \sigma_2^2$，得拒绝域为

$$t = \frac{(\bar{x}_1 - \bar{x}_2) - (\mu_1 - \mu_2)}{\sqrt{\dfrac{s_1^2}{n_1} + \dfrac{s_2^2}{n_2}}} < -t_{a/2}(f)$$

阅读与思考

两个独立总体之间的方差检验。

设两个独立总体：$X \sim N(\mu_1, \sigma_1^2)$，$Y \sim N(\mu_2, \sigma_2^2)$，

建立原假设 $H_0 : \sigma_1^2 = \sigma\sigma_2^2$。

备选假设① $H_1 : \sigma_1^2 \neq \sigma_2^2$；

② $H_1 : \sigma_1^2 > \sigma_2^2$；

③ $H_1 : \sigma_1^2 < \sigma_2^2$。

分别在这两个总体中随机抽取两组样本：x_1，x_2，$\cdots$，x_{n_1}，y_1，y_2，$\cdots$，y_{n_2}。记

$$\bar{x} = \frac{1}{n_1} \sum_1^{n_1} x_i, \quad s_1^2 = \frac{1}{n_1} \sum_1^{n_1} (x_i - \bar{x})^2$$

$$\bar{y} = \frac{1}{n_2} \sum_1^{n_2} y_i, \quad s_2^2 = \frac{1}{n_2} \sum_1^{n_2} (y_i - \bar{y})^2$$

所以，在原假设 $H_0 : \sigma_1^2 = \sigma_2^2$ 为真时，统计量 $F = \dfrac{s_1^2}{s_2^2} \sim F(n_1 - 1, n_2 - 1)$。由于 F 分布是非对称的，所以，在作双边检验时，为了保证求临界值方便，将否定区域设置在右侧，

在构造统计量时，将方差大的做分子，即构造统计量 $F = \dfrac{s_{大}^2}{s_{小}^2}$。

对 $H_1: \sigma_1^2 \neq \sigma_2^2$ 来说，拒绝域 $C_\alpha: F > F_{\frac{\alpha}{2}}(n_{大}-1, n_{小}-1)$。同理，对 $H_1: \sigma_1^2 > \sigma_2^2$，构造统计量 $F = \dfrac{s_1^2}{s_2^2}$，当 H_0 为真时，$F = \dfrac{s_1^2}{s_2^2} \sim F(n_1-1, n_2-1)$，此时拒绝域 $C_\alpha: F > F_{\frac{\alpha}{2}}(n_1-1, n_2-1)$。

对 $H_1: \sigma_1^2 < \sigma_2^2$，构造统计量 $F = \dfrac{s_2^2}{s_1^2}$，当 H_0 为真时，$F = \dfrac{s_2^2}{s_1^2} \sim F(n_2-1, n_1-1)$，此时拒绝域 $C_\alpha: F > F_{\frac{\alpha}{2}}(n_2-1, n_1-1)$。

案例分析

用 Excel 数据分析工具可以直接进行两个总体的假设检验。打开 Excel 工作表"工具"菜单中的"数据分析"命令，根据已知两个总体的条件，在分析工具中选择"t－检验：平均值的成对二样本分析""t－检验：双样本等方差假设""t－检验：双样本异方差假设""z－检验：双样本平均差检验"，可直接计算出检验统计量 t 或 z。如图 6－10 所示。

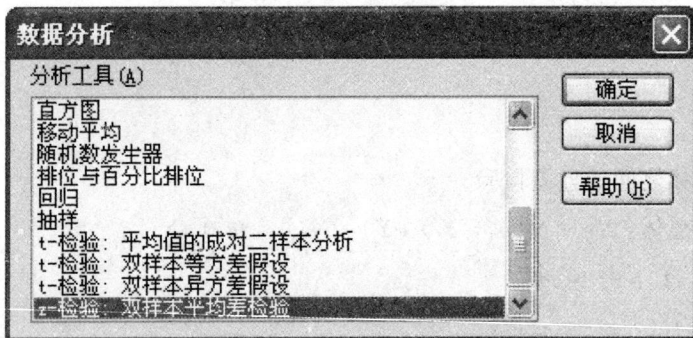

图 6－10　"数据分析"分析工具

例 6－6： 上海某研究机构欲分析不同专业是否对本科毕业生就业和收入有影响。他们对在上海工作满 4 年的会计专业和市场营销专业的本科毕业生中各随机抽取 12 个人进行了一项薪水调查，得到调查数据如下（单位：万元）。

会计专业收入	6.9	6.8	7.9	7.2	11.8	10.6	6.7	7.6	8	8.6	7	9.2
市场营销专业收入	6.4	6.3	9.8	10.8	10.4	7.4	6.2	9	8.5	7.2	13	7.9

已知会计专业年薪方差为 $\sigma_1^2 = 2.4$ 万元，市场营销专业年薪方差为 $\sigma_2^2 = 4.1$ 万元，且这两个专业毕业生年薪均服从正态分布，现分析在 $\alpha = 0.05$ 的显著性水平下这两个

专业的本科毕业生年薪有无显著差异。

解：由于两个正态总体均服从正态分布，且已知 $\sigma_1^2 = 2.4$，$\sigma_2^2 = 4.1$。所以，选用 Z 作为检验统计量，建立假设并进行检验。

①原假设 H_0：$\mu_1 = \mu_2$，两个专业的毕业生收入没有显著差异；备择假设 H_1：$\mu_1 \neq \mu_2$，两个专业的毕业生收入有显著差异。

②建立"双样本均值检验"工作表，如图 6-11 所示。

	A	B
1	会计	市场营销
2	6.9	6.4
3	6.8	6.3
4	7.9	9.8
5	7.2	10.8
6	11.8	10.4
7	10.6	7.4
8	6.7	6.2
9	7.6	9
10	8	8.5
11	8.6	7.2
12	7	13
13	9.2	7.9

图 6-11　"双样本均值检验"工作表

③打开"双样本均值检验"工作表，选择"工具"菜单中的"数据分析"命令，在"分析工具"中选择"z-检验：双样本平均差检验"，如图 6-12 所示。

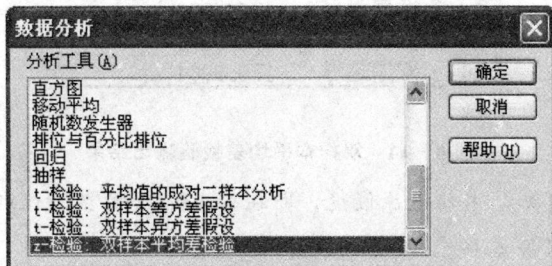

图 6-12　"数据分析"分析工具

④打开"z-检验：双样本平均差检验"对话框，在输入选项"变量 1 的区域"输入"＄A＄1：＄A＄13"，在"变量 2 的区域"输入"＄B＄1：＄B＄13"，假设平均差输入"0"，变量 1 的方差输入"2.4"，变量 2 的方差输入"4.1"，选中"标志"选项，输入 α 值 0.05。在输入选项中选择输出区域，例 6-6 中输出区域不妨选择"＄A＄15"。如图 6-13 所示。

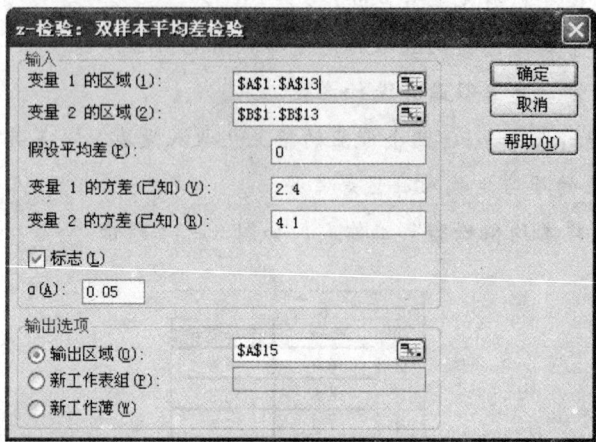

图 6-13　"z—检验：双样本平均差检验"对话框

⑤单击"确定"按钮，输出结果如图 6-14 所示。

	A	B	C
15	z-检验: 双样本均值分析		
16			
17		会计	市场营销
18	平均	8.191667	8.575
19	已知协方差	2.4	4.1
20	观测值	12	12
21	假设平均差	0	
22	z	-0.52085	
23	P(Z<=z) 单尾	0.301237	
24	z 单尾临界	1.644854	
25	P(Z<=z) 双尾	0.602473	
26	z 双尾临界	1.959964	
27			

图 6-14　双样本平均差检验输出结果

由输出结果可知，不拒绝原假设，即在 $\alpha = 0.05$ 的显著性水平下这两个专业的本科毕业生年薪无显著差异。

例 6-7：某农业研究所新培育了一个改良玉米品种，欲对改良品种玉米和原品种玉米的生长周期进行比较。现随机对两玉米品种各取 12 个样本进行抽样调查，数据如下（单位：天）。

改良前	100	100	99	99	98	101	98	99	99	99	98	99
改良后	100	98	100	99	98	99	98	98	99	100	100	99

这两个总体服从正态分布，问在 $\alpha = 0.05$ 的显著性水平下，改良后的玉米品种的生长周期与原玉米品种是否存在显著差异？

①建立"双样本等方差均值检验"工作表，如图 6-15 所示。

	A	B
1	改良前	改良后
2	100	100
3	100	98
4	99	100
5	99	99
6	98	98
7	101	99
8	98	98
9	99	98
10	99	99
11	99	100
12	98	100
13	99	99

图 6-15　"双样本等方差均值检验"

②打开"双样本等方差均值检验"工作表，选择"工具"菜单中的"数据分析"命令，在分析工具中选择"t-检验：双样本等方差假设"，如图 6-16 所示。单击确定按钮。

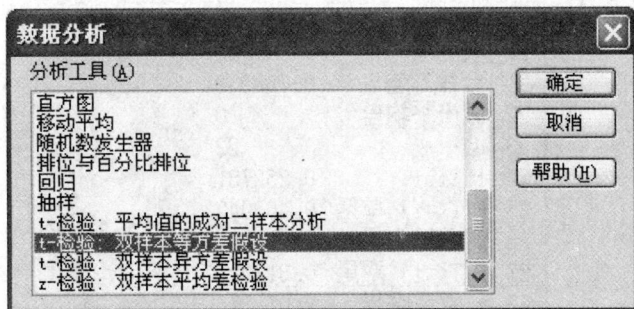

图 6-16　"数据分析"分析工具

③打开"t-检验：双样本等方差假设"对话框，在输入选项"变量 1 的区域"中输入"＄A＄1：＄A＄13"，在"变量 2 的区域"中输入"＄B＄1：＄B＄13"，假设平均差为 0，选中"标志"选项，输入 α 值 0.05。在输出选项中选择输出区域，例 6-7 输出区域不防选择单元格"＄A＄15"。如图 6-17 所示。

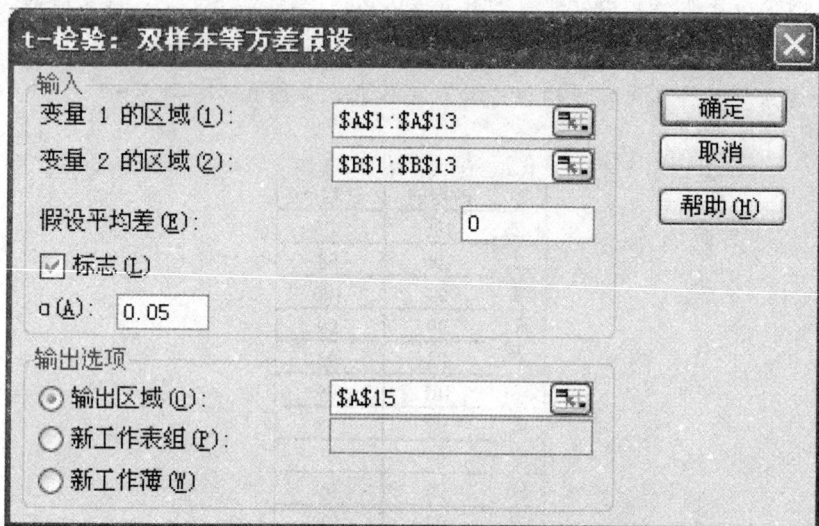

图 6-17 "t-检验：双样本等方差假设"对话框

④单击"确定"按钮，输出结果如图 6-18 所示。

	A	B	C
15	t-检验：双样本等方差假设		
16			
17		改良前	改良后
18	平均	99.08333	99
19	方差	0.810606	0.727273
20	观测值	12	12
21	合并方差	0.768939	
22	假设平均差	0	
23	df	22	
24	t Stat	0.232781	
25	P(T<=t) 单尾	0.409042	
26	t 单尾临界	1.717144	
27	P(T<=t) 双尾	0.818083	
28	t 双尾临界	2.073873	
29			

图 6-18 双样本等方差假设结果

由输出结果可知，不拒绝原假设，即在 $\alpha=0.05$ 的显著性水平下，改良后的玉米品种的生长周期与原玉米品种不存在显著差异。

例 6-8：2008 年年初，世界石油价格一举突破了 100 美元大关，并有越涨越高的趋势。受此影响，各国成品油的价格也越来越高。现在，人们也越青睐于购买节能环保型汽车。某汽车协会分别对 A，B 两家汽车公司新推出的两款汽车随机抽取了 24

辆和 28 辆样本进行检测, 测得这两家汽车公司的汽车油耗情况如下。

A 公司 24 辆汽车油耗   升/百公里

8.12	7.90	7.63	8.45	8.65	8.32
8.52	7.66	7.81	7.39	7.97	7.93
7.91	7.83	7.88	8.44	8.15	8.17
8.06	7.94	8.26	8.59	8.17	8.18

B 公司 28 辆汽车油耗   升/百公里

8.25	8.49	8.34	7.55	7.64	8.33	8.68
7.55	8.02	8.16	7.94	7.21	8.21	8.76
8.41	7.12	8.90	8.83	8.45	8.76	8.12
7.95	7.74	7.23	7.69	7.88	8.36	8.95

已知这两家汽车公司新推出的两款汽车油耗均服从正态分布, 现在 $\alpha = 0.05$ 的显著性水平下检验两家汽车公司新推出的两款汽车油耗的稳定性是否有明显差异。

解: 根据已知条件可知, 两个正态总体均服从正态分布。

①建立 "双样本异方差检验" 工作表, 如图 6-19 所示。原假设 H_0: $\sigma_1^2 = \sigma_2^2$, 备选假设 H_1: $\sigma_1^2 \neq \sigma_2^2$。

②打开 "双样本异方差检验" 工作表, 选择 "工具" 菜单中的 "数据分析" 命令, 在分析工具中选择 "t-检验: 双样本异方差假设", 如图 6-20 所示。单击 "确定" 按钮。

③打开 "t-检验: 双样本异方差假设" 对话框, 在输入选项 "变量 1 的区域" 中输入 "＄A＄2: ＄A＄26", 在 "变量 2 的区域" 中输入 "＄B＄2: ＄B＄30", 假设平均差为 0, 选中 "标志" 选项, 输入 α 值 0.05。在输出选项中选择输出区域, 例 6-8 输出区域不妨选择单元格 "＄D＄2"。如图 6-21 所示。

④单击 "确定" 按钮, 输出结果如图 6-22 所示。

	A	B
1	油耗（升/百公里）	
2	A公司	B公司
3	8.12	8.25
4	8.52	7.55
5	7.91	8.41
6	8.06	7.95
7	7.9	8.49
8	7.66	8.02
9	7.83	7.12
10	7.94	7.74
11	7.63	8.34
12	7.81	8.16
13	7.88	8.9
14	8.26	7.23
15	8.45	7.55
16	7.39	7.94
17	8.44	8.83
18	8.59	7.69
19	8.65	7.64
20	7.97	7.21
21	8.15	8.45
22	8.17	7.88
23	8.32	8.33
24	7.93	8.21
25	8.17	8.76
26	8.18	8.36
27		8.68
28		8.76
29		8.12
30		8.95
31		

图 6－19 "双样本异方差检验"工作表

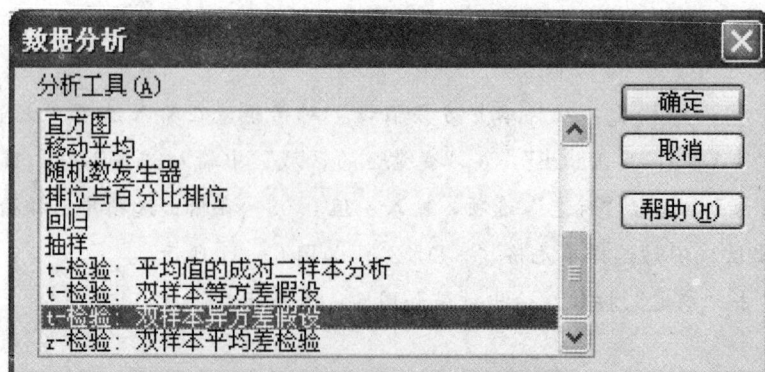

图 6－20 分析工具选项

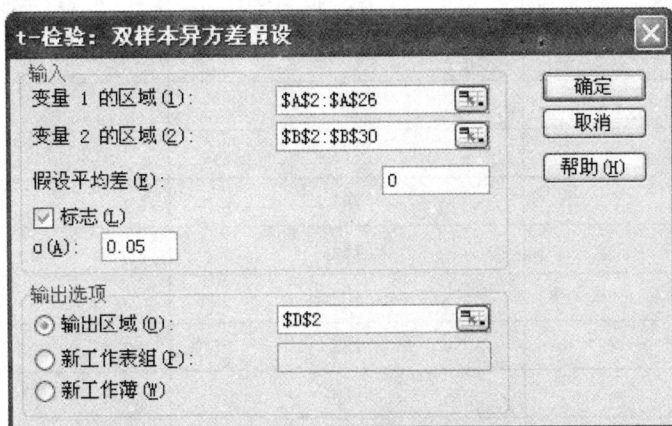

图 6 – 21 "t一检验双样本异方差假设"对话框

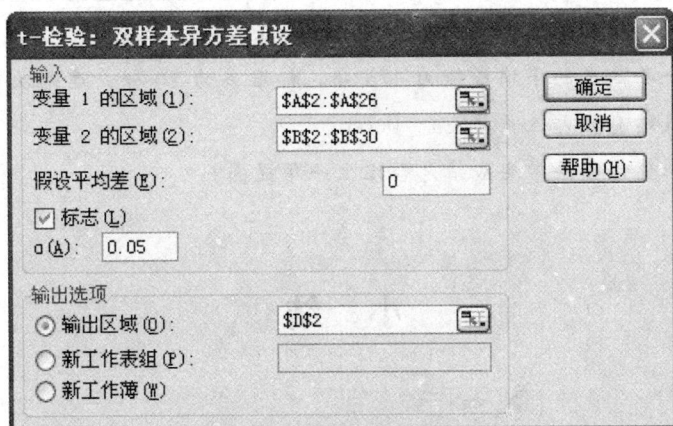

图 6 – 22 双样本异方差假设输出结果

由输出结果可知，$|t| < t_{临界值}$，故不能拒绝原假设，即在 $\alpha = 0.05$ 的显著性水平下，A，B 这两家汽车公司新推出的两款汽车的平均油耗没有显著差异。

实训练习

某高校在今年高三学生参加高考之前，对高三学生进行了两次模拟考试。模拟考试成绩显示，该校 10 个高三班的平均成绩如下：

班级	模拟 1	模拟 2
1	458	462
2	469	471
3	472	475
4	461	451
5	485	475
6	502	498
7	482	492
8	473	467
9	463	472
10	471	468

①试分析两次模拟考试成绩有无显著性差异？显著性水平为 0.05。

②若已知上一年高考的平均成绩为 475 分，标准差为 20 分，这两次模拟考试成绩是否与上年的高考成绩有显著性差异？$\alpha = 0.05$。

③假设方差不变，今年学生成绩是否比上一年提高？

小　结

本章介绍了假设检验的基本思想和基本步骤；总体标准差已知条件下的均值检验；总体标准差未知条件下大样本的均值检验；总体标准差未知条件下小样本的均值检验；总体方差的假设检验；两个独立总体方差已知，两个独立总体均值之差的检验；两个独立总体方差未知，两个独立总体均值之差的检验；两个独立总体方差未知且不相等，两个独立总体均值之差的检验；两个独立总体直接的方差检验。

任务 7 方差分析

【任务目标】

通过完成本项目，应该能够：

①了解方差分析的有关概念和方差分析所要解决的问题；

②体会使用方差分析的条件；

③识记方差分析的基本步骤；

④会运用方差分析方法对不同分类变量进行分析。

【任务分解】

子任务 7.1：单因素方差分析。

子任务 7.2：双因素方差分析。

方差分析（ANOVA）又称变异数分析或 F 检验，是用来推断两组或多组资料的总体均数是否相同，检验两个或多个样本均数的差异是否有统计学意义，即判断分类变量对数值变量是否有显著影响。从形式上看，方差分析是比较多个总体的均值是否相等，本质上它所研究的是变量之间的关系。

7.1 单因素方差分析

任务提示 本项目将完成应用单因素方差分析方法对资料进行统计推断。

背景资料

市场营销专业的学生在进行全校消费情况调查时，随机访谈了 15 名学生，他们平均每周花在购买面包、饮料、口香糖等食品方面的钱分别占一周购物的 85%，60%，35%，

45％，50％，60％，75％，50％，80％，90％，65％，70％，85％，60％，50％。

超市方面为了了解大学生消费与普通市民消费的差异，请市场营销专业的学生对社区居民的消费情况进行调查。学生调查到20名普通市民的一周花费在食品上的钱分别占超市购物总数的80％，60％，35％，35％，50％，60％，50％，50％，80％，90％，75％，70％，75％，70％，55％，35％，40％，35％，45％，50％。

从这些调查数据上，超市方面能否判断出大学生的消费与普通市民消费有差异呢？

判断大学生的消费和普通市民的消费是否存在明显差异，也就是检验这两类群体消费的观察值是否相同。设 μ_1 为大学生消费的观察值，μ_2 为普通市民消费的观察值，也就是检验下面的假设 H_0：$\mu_1 = \mu_2$，H_1：μ_1，μ_2 不全相等。

检验上述假设所采用的方法就是**方差分析**。

知识要点

（1）单因素方差分析

根据所分析的分类变量的多少，方差分析可分为单因素方差分析和双因素方差分析。当方差分析只涉及一个分类型变量时，称为单因素方差分析。

（2）方差分析的步骤

方差分析的基本步骤有以下几点。

第一步，建立检验假设。H_0：多个样本总体均数相等；H_1：多个样本总体均数不相等或不全等。

第二步，计算检验统计量 F 值，$F = \dfrac{\dfrac{\text{组间均差平方和}}{\text{组间自由度}}}{\dfrac{\text{组内均差平方和}}{\text{组内自由度}}}$。

第三步，将统计量的 F 值对应的概率值 P 与给定的显著性水平 α 进行比较，然后作出接受或拒绝原假设 H_0 的决策。或可以根据给定的显著性水平 α，在 F 分布表中查找与第一自由度 $df_1 = k-1$、第二自由度 $df_2 = n-k$（n 是样本总数，k 是组数）相应的临界值 F_α，与检验统计量 F 值进行比较。

若 $F > F_\alpha$ 或 $P < \alpha$，则拒绝原假设 H_0，表明均值之间的差异是显著的，所检验的因素（A）对观察值有显著影响；若 $F \leqslant F_\alpha$ 或 $P \geqslant \alpha$，则不能拒绝原假设 H_0，表明所检验的因素（A）对观察值没有显著影响。具体如图 7-1 所示：

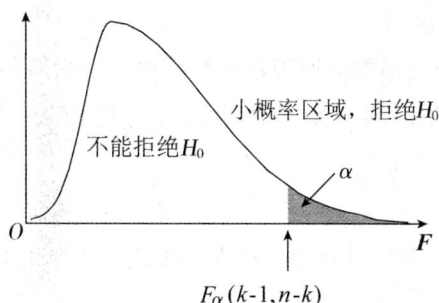

图 7-1　方差分析的拒绝域与接受域

阅读与思考

方差分析。

为了更好地理解方差分析的含义，下面用一个简单的例子来说明方差分析的有关概念和方差分析所要解决的问题。

例如，某克山病区测得 11 例克山病患者和 13 名健康人的血磷值（mmol/L）如下。

患者：0.84　1.05　1.20　1.20　1:39　1.53　1.67　1.80　1.87　2.07　2.11

健康人：0.54　0.64　0.64　0.75　0.76　0.81　1.16　1.20　1.34　1.35　1.48
　　　　1.56　1.87

问该地克山病患者与健康人的血磷值是否不同？

一般而言，个体之间的血磷值是有差异的，要分析患者与健康人之间血磷值是否有显著差异，实际上就是判断"是否患克山病"对血磷值是否有显著影响，作出这种判断最终被归结为检验患者与健康人的血磷值的均值是否相等。若题目均值相等，则意味着"血磷值"不是判断"克山病"的依据，也就是患者与健康人之间的血磷值没有显著差异；若均值不相等，则意味着"血磷值"对判断是否患克山病是有影响的，他们之间的血磷值应该有显著差异。

在方差分析中，要检验的对象称为因素或因子（factor）。因素的不同表现称为水平或处理。每个因子水平下得到的样本数据称为观察值。上例中，要分析患克山病对血磷值是否有显著影响。这里人群是要检验的对象，它被称为"因素"或"因子"；检验患者、健康人是"人群"这一因素的具体表现，称之为"水平"或"处理"；在每个人群得到的样本数据（血磷值）称为观察值。由于这里只涉及"人群"一个因素，因此，称为单因素 2 水平的试验。因素的每一个水平可以看作一个总体，如患者、健康人可以看作两个总体，上面的数据可以看作从这两个总体中抽取的样本数据。

从以上资料可以看出，24 个患者与健康人的血磷值各不相同，若用方差描述其变异情况，则总变异有以下两个来源：

①组内变异，即由于随机误差的原因使得各组内部的血磷值各不相等；

②组间变异，即由于克山病的影响使得患者与健康人组的血磷值均数大小不等。

而且：

$$SS_{总}＝SS_{组间}＋SS_{组内}，v_{总}＝v_{组间}＋v_{组内}。$$

式中，SS——均差平方和，即样本数据与样本均值之差的平方和；

v——自由度。

若用均方（即自由度 v 去除以均差平方和的商）代替均差平方和以消除各组样本数不同的影响，则方差分析就是用组内平均方差去除以组间平均方差的商（即 F 值）与 1 相比较。若 F 值接近 1，则说明各组均数间的差异没有统计学意义；若 F 值远大于 1，则说明各组均数间的差异有统计学意义。

应用方差分析对资料进行统计推断之前，应注意其使用条件，包括：

①可比性，若资料中各组均数本身不具可比性，则不适用方差分析；

②正态性，即偏态分布资料不适用方差分析；

③方差齐性，即若组间方差不齐，则不适用方差分析。

案例分析

Excel 概率分布函数 FDIST（X，deg_freedom1，deg_freedom2）可以用来求统计量 F 值所对应的概率。其中，参数 X 中输入显著性水平 α，参数 deg_freedom1 为组间自由度，即第一自由度，参数 deg_freedom2 为组内自由度，即第二自由度。

例 7-1：某军区总医院欲研究 A，B，C 3 种解毒药物的解毒效果，将 24 只小白鼠随机分为 4 组，其中 3 个为试验组，分别注射不同的解毒药物，对照组不给药。一定时间后，测定小白鼠血中胆碱脂酶含量（μ/mL），如下表。问不同解毒药对小白鼠血中胆碱脂酶含量有无显著影响？显著性水平取 0.05。

A	B	C	D
23	28	14	8
12	31	24	12
18	23	17	21
16	24	19	19
28	28	16	14
14	34	22	15

用 Excel 建立方差分析表。

①打开"方差分析"工作表和"计算表"工作表。

②在"方差分析"工作表的单元格 B11～F11 中分别输入"平方和""自由度""均方差""F 值""P 值";分别在单元格 A12～A14 中输入"组间方差""组内方差""总方差"。

③将"计算表"工作表单元格 E26，F26，G26 中的数据分别"粘贴链接"到"方差分析"工作表的 B13，B12 和 B14 单元格中。

④确定各方差的自由度。总方差的自由度是样本容量数之和减 1，因此，应为 6＋6＋6＋6－1＝23，在单元格 C14 中输入 23。

⑤在单元格 D12 中输入"＝B12/C12"，并将其复制到 D13 和 D14。

⑥在单元格 E12 中输入"＝D12/D13"，计算 F 值。

⑦在单元格 F12 中输入公式"＝FDIST（E12，C12，C13）"，回车后，显示 0.00079，即为 F 值所对应的 P 值。计算结果如图 7－2 所示。

	A	B	C	D	E	F
11		平方和	自由度	均方差	F值	P值
12	组间方差	568.3333	3	189.4444	8.463639	0.00079
13	组内方差	447.6667	20	22.38333		
14	总方差	1016	23	44.17391		

图 7－2　方差分析表

因为 P 值低于显著性水平 0.05，应拒绝原假设，所以，不同解毒药对小白鼠血中胆碱脂酶含量有显著差异。

Excel 分析工具中具有方差分析模块，利用它可以产生与上述操作相同的结论。具体方法有以下几点。

①打开"方差分析"工作表。

②选择"工具"菜单中的"数据分析"选项，弹出"数据分析"对话框，选择"方差分析：单因素方差分析"选项，单击"确定"按钮，进入"方差分析：单因素方差分析"对话框。

③在"输入区域"中输入"＄B＄1：＄E＄7"，选中"标志位于第一行"复选框，在"α"区域中输入 0.05，表明显著性水平。选中"输出区域"，输入"＄A＄16"，表明以 A16 为起点放置方差分析结果，如图 7－3 所示。

图7-3 "方差分析：单因数方差分析"对话框

④单击"确定"按钮，输出结果如图7-4所示。

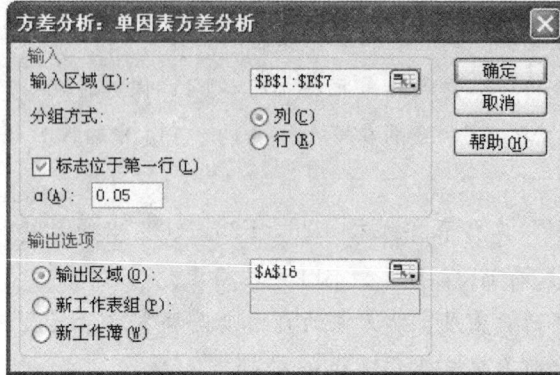

方差分析：单因素方差分析					
SUMMARY					
组	观测数	求和	平均	方差	
A	6	111	18.5	35.9	
B	6	168	28	17.2	
C	6	112	18.66667	14.26667	
D	6	89	14.83333	22.16667	
方差分析					
差异源	SS	df	MS	F	P-value	F crit
组间	568.3333	3	189.4444	8.463639	0.00079	3.098391
组内	447.6667	20	22.38333			
总计	1016	23				

图7-4 单因数方差分析输出结果

例7-2：为实验3种镇咳药（可待因、复方2、复方1），分别用这3种药给3组小白鼠灌胃，测得小白鼠延迟咳嗽时间（秒）如表7-1所示，比较3种药物的镇咳作用。（$\alpha=0.05$）

表7-1 药物实验分析

例号	可待因	复方1	复方2
1	60	50	40
2	75	20	10
3	30	45	35
4	105	55	25
5	100	20	20

续表7-1

例号	可待因	复方1	复方2
6	85	15	15
7	20	80	35
8	55	10	15
9	45	105	5
10	30	75	30
11	46	10	25
12	75	60	70
13	60	45	65
14	45	60	45
15	55	30	60

操作步骤有以下几点。

①输入原始数据。建立"药物试验分析"工作表。在 A1，B1，C1，D1 单元格中分别输入"例号""可待因""复方1""复方2"。在"A2：A16"单元格区域中分别输入1~15，在"B2：B16""C2：C16""D2：D16"单元格区域中分别输入可待因、复方1、复方2这3种药物的数据。如图7-5所示。

	A	B	C	D
1	例号	可待因	复方1	复方2
2	1	60	50	40
3	2	75	20	10
4	3	30	45	35
5	4	105	55	25
6	5	100	20	20
7	6	85	15	15
8	7	20	80	35
9	8	55	10	15
10	9	45	105	5
11	10	30	75	30
12	11	46	10	25
13	12	75	60	70
14	13	60	45	65
15	14	45	60	45
16	15	55	30	60

图 7-5 "药物试验分析"工作表

②利用分析工具实现自动计算，得出方差分析结果。单击"工具"菜单中的"数据分析"命令，弹出数据分析对话框。在分析工具列表中，选择"方差分析：单因素方差分析"工具，单击"确定"按钮，在出现的"方差分析：单因素方差分析"对话框的输入区域中输入"$B$1：$D$16"；在分组方式中选定"列"单选按钮；选

中"标志位于第一行"复选框；在"α"框中输入需要用来计算 F 值的置信度"0.05"；在输出选项中，选定要粘贴计算结果的位置，在本例中选定为 $A$18 单元格，如图 7-6 所示。单击"确定"按钮，就得到增重分析结果报告表，如图 7-7 所示。

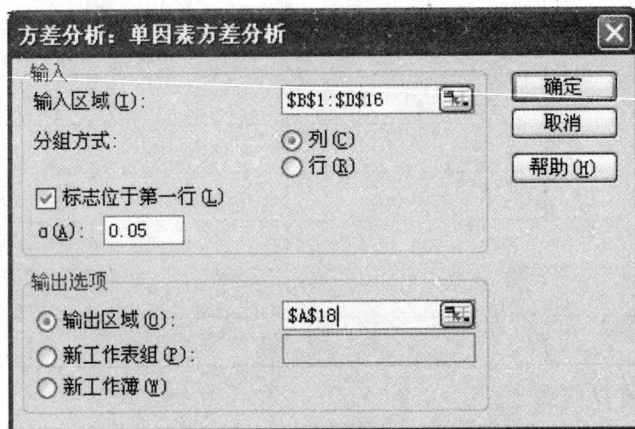

图 7-6 "方差分析：单因素方差分析"对话框

	A	B	C	D	E	F	G
18	方差分析：单因素方差分析						
19							
20	SUMMARY						
21	组	观测数	求和	平均	方差		
22	可待因	15	886	59.06667	627.3524		
23	复方1	15	680	45.33333	794.5238		
24	复方2	15	495	33	399.2857		
25							
26							
27	方差分析						
28	差异源	SS	df	MS	F	P-value	F crit
29	组间	5100.933	2	2550.467	4.201384	0.021712	3.219942
30	组内	25496.27	42	607.054			
31							
32	总计	30597.2	44				

图 7-7 单因素方差分析输出结果

③根据结果进行判断，得出结论。因为 P 值 $=0.021712<\alpha=0.05$，所以，拒绝原假设，即 3 种镇咳药对延迟咳嗽时间的效果有显著差异。

直接用 F 值进行分析，结论也是一样。因为 F 值 $=4.201384>F_{\alpha}=3.219942$，所以，拒绝原假设，表明 3 种镇咳药对延迟咳嗽时间的效果有显著差异。

实训练习

某银行支行为了对其下属分理处的服务质量进行评价，对网上银行服务、电话银行服务、ATM 服务、柜台储蓄业务分别进行了调研。其中，网上银行调研了 7 家、电话银行调研了 6 家、信用卡调研了 5 家、柜台储蓄调研了 5 家，然后记录了一年中客户对不同银行服务的投诉次数，结果如表 7-2 所示。试分析这 4 个业务的服务质量是否有显著差异？（$\alpha = 0.05$）

表 7-2　　　　　　　　　一年中客户对不同银行服务的投诉次数

观测值（j）	业务 $A(i)$			
	网上银行 A_1	电话银行 A_2	ATM A_3	柜台储蓄 A_4
1	37	62	51	70
2	45	48	49	68
3	56	61	48	60
4	45	52	63	55
5	64	46	69	47
6	43	50		
7	37			

7.2　双因素方差分析

任务提示 本项目将完成双因素方差分析。

背景资料

校园超市运营了一段时间后，准备对出售的商品进行调整。在对饮料进行调整时发现，9—11 月不同品牌的饮料销售情况如表 7-3 所示。

表 7－3　　　　　　　　　　　9－11 月不同品牌的饮料销售情况

品牌	9 月份	10 月份	11 月份
雀巢/箱	53	48	45
娃哈哈/箱	48	45	42
农夫山泉/箱	51	50	46
百事/箱	64	60	56

超市方面如何看待饮料的销售情况？饮料的品牌和季节是否对该超市饮料的销售量造成了显著影响？

如果对试验结果（相应变量）的影响因素不止一个，就要进行多因素方差分析。特别地，当影响因素有两个的时候，就进行双因素方差分析。

知识要点　>>>

（1）无重复试验的双因素方差分析

双因素方差分析是分别对两个因素（不妨设为因素 A 和因素 B）进行检验，分析是一个因素在起作用，还是两个因素都起作用，或者是两个因素都不起作用。如果 A 和 B 对试验结果的影响是相互独立的，分别判断因素 A 和因素 B 对试验指标的影响，这时的双因素方差分析称为无重复试验的双因素方差分析，或者称为可重复双因素方差分析。

例如，为了了解不同品种小麦的产量，进行了农业试验，选择 3 块土质相同的试验田，每块又分成面积相等的 4 小块，把 4 个不同品种的小麦分别种植在每块试验田里，收获量（kg）如表 7－4 所示，检验小麦品种及试验田对收获量是否有显著影响。

表 7－4

小麦品种	试验田		
	B1	B2	B3
A_1/千克	26	30	22
A_2/千克	20	25	23
A_3/千克	21	21	24
A_4/千克	25	20	19

在这里，影响小麦收获量的因素有两个：小麦品种和试验田。而不同的试验田对收获量的影响与不同的小麦品种对收获量的影响是相互独立的、互不干扰。要检验小麦品种及试验田对收获量是否有显著影响，应采用无重复试验的双因素方差分析。

（2）可重复试验的双因素方差分析

可重复双因素方差分析是用来分析影响某一试验结果的两个不同因素之间关系的一种方法。

例如，为了了解 3 种改革方案在 3 个不同地区促使经济效益提高的状况，现抽样调查，得到数据如表 7-5 所示，检验哪些因素对经济效益的提高有显著影响。

表 7-5

方案	地区 A_1	地区 A_2	地区 A_3
B1	355	340	335
	334	357	359
B2	395	380	378
	396	387	380
B3	367	356	388
	372	384	358

在该试验中，不同地区、不同的改革方案及两者的交互作用都会对经济效益的提高产生影响，因此，要分析该试验，应采用有重复试验的双因素方差分析。

阅读与思考

可重复双因素方差分析与无重复双因素分析的区别。

可重复双因素方差分析与无重复双因素分析相比，具有以下几点区别：

①调查者对两个因素都感兴趣；

②每个因素的每组值都不止一个观察值；

③除了每个因素的影响外，分析者也应注意到这些因素之间的相互作用，这些因素的不同组合可能带来不同的影响。

例如，校园超市根据 9-11 月不同饮料的销售量进行分析，要判断饮料的品牌和季节是否对该超市饮料的销售量造成了显著影响。显著性水平取 0.05。

在这里，影响不同品牌饮料的销售量的因素有两个：饮料品种和季节月份。而不同的品牌对销售量的影响与不同月份对饮料销售量的影响是相互独立的、互不干扰。要检验饮料品牌和季节对饮料销售量是否有显著影响，应采用无重复试验的双因素方差分析。

案例分析

Excel 数据分析工具中有方差分析工具可以直接进行无重复双因素方差分析或可重复双因素方差分析，如图 7-8 所示。

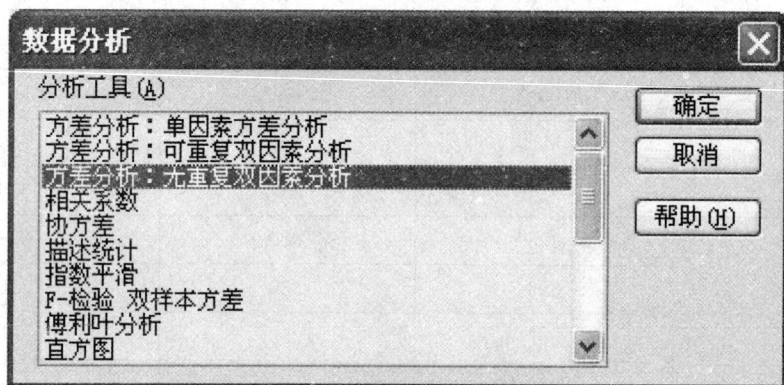

图 7-8　双因素方差分析工具

例 7-3：为了了解不同品种小麦的产量，进行农业试验，选择 3 块土质相同的试验田，每块又分成面积相等的 4 小块，把 4 个不同品种的小麦分别种植在每块试验田里，收获量（kg）如表 7-4 所示，试以显著性水平 $\alpha=0.05$ 检验小麦品种及试验田对收获量是否有显著影响。

①建立"无重复方差分析"工作表，将相关数据录入表中，如图 7-9 所示。

	A	B	C	D
1	试验田 ╲ 小麦品种	B1	B2	B3
2	A1	26	30	22
3	A2	20	25	23
4	A3	21	21	24
5	A4	25	20	19

图 7-9　"无重复方差分析"工作表

②选择"工具"菜单中的"数据分析"选项，弹出"数据分析"对话框，选择"方差分析：无重复双因素分析"选项，单击"确定"按钮，进入"方差分析：无重复双因素分析"对话框。

③在"输入区域"中输入"＄A＄1：＄D＄5"，选中"标志"复选框，在"α"区域中输入 0.05，表明显著性水平。选中"输出区域"，输入"＄A＄7"，表明以 A7 为起点放置方差分析结果，如图 7-10 所示。

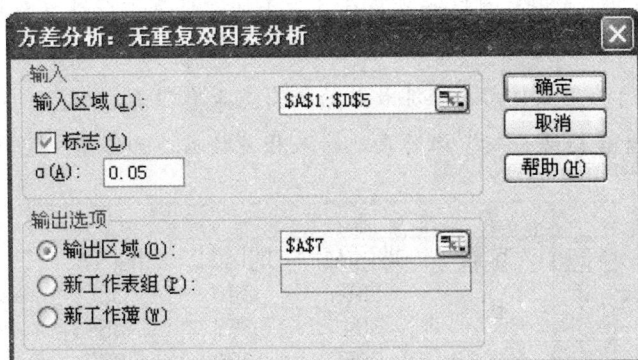

图 7 - 10 "方差分析：无重复双因素方差分析"对话框

④单击"确定"按钮，输出结果如图 7 - 11 所示。

	A	B	C	D	E	F	G
7	方差分析：无重复双因素分析						
8							
9	SUMMARY	观测数	求和	平均	方差		
10	A1	3	78	26	16		
11	A2	3	68	22.66667	6.333333		
12	A3	3	66	22	3		
13	A4	3	64	21.33333	10.33333		
14							
15	B1	4	92	23	8.666667		
16	B2	4	96	24	20.66667		
17	B3	4	88	22	4.666667		
18							
19							
20	方差分析						
21	差异源	SS	df	MS	F	P-value	F crit
22	行	38.66667	3	12.88889	1.221053	0.380492	4.757063
23	列	8	2	4	0.378947	0.699873	5.143253
24	误差	63.33333	6	10.55556			
25							
26	总计	110	11				

图 7 - 11　无重复双因素方差分析结果

图 7 - 11 中，"行"指行因素，即地块因素；"列"指列因素，即品种因素。根据方差分析表的计算结果，得出下列结论：计算结果表明，对于给定的 $\alpha = 0.05$，由于 F 值 $= 1.221053 < F_{\alpha} = 4.757063$，所以，不拒绝原假设 H_0，表明地块的不同不能认为对小麦收获量有显著影响，品种的不同对小麦收获量也没有显著影响。

例7-4：为了了解3种改革方案在3个不同地区促使经济效益提高的状况，现抽样调查，得到数据如表7-5所示，以显著性水平α＝0.01检验不同改革方案、不同地区及它们之间的交互作用对经济效益的提高是否有显著影响。

①建立"重复方差分析"工作表，输入相关数据，如图7-12所示。

	A	B	C	D
1	方案	地区A1	地区A2	地区A3
2	B1	355	340	335
3		334	357	359
4	B2	395	380	378
5		396	387	380
6	B3	367	356	388
7		372	384	358

图7-12 "重复方差分析"工作表

②选择"工具"菜单中的"数据分析"选项，弹出"数据分析"对话框，选择"方差分析：可重复双因素分析"选项，单击"确定"按钮，进入"方差分析：可重复双因素分析"对话框。

③在"输入区域"中输入"＄A＄1：＄D＄7"，在"每一样本的行数"中输入2，在"α（A）"区域中输入0.01，表明显著性水平；在"输出选项"中选择输出区域，本例不妨设定为＄A＄9，如图7-13所示。

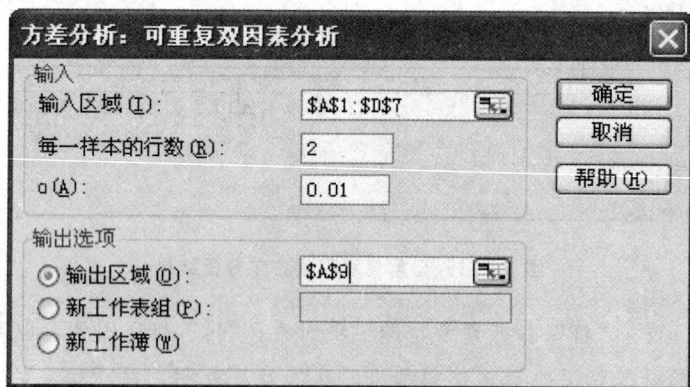

图7-13 "方差分析：可重复双因素分析"

④单击"确定"按钮，显示输出结果，如图 7-14 所示。

	A	B	C	D	E	F	G
9	方差分析:可重复双因素分析						
10							
11	SUMMARY	地区A1	地区A2	地区A3	总计		
12	B1						
13	观测数	2	2	2	6		
14	求和	689	697	694	2080		
15	平均	344.5	348.5	347	346.6667		
16	方差	220.5	144.5	288	133.8667		
17							
18	B2						
19	观测数	2	2	2	6		
20	求和	791	767	758	2316		
21	平均	395.5	383.5	379	386		
22	方差	0.5	24.5	2	63.6		
23							
24	B3						
25	观测数	2	2	2	6		
26	求和	739	740	746	2225		
27	平均	369.5	370	373	370.8333		
28	方差	12.5	392	450	173.7667		
29							
30	总计						
31	观测数	6	6	6			
32	求和	2219	2204	2198			
33	平均	369.8333	367.3333	366.3333			
34	方差	566.9667	361.4667	379.4667			
35							
36							
37	方差分析						
38	差异源	SS	df	MS	F	P-value	F crit
39	样本	4722.333	2	2361.167	13.84848	0.001792	8.021517
40	列	39	2	19.5	0.11437	0.893204	8.021517
41	交互	282.6667	4	70.66667	0.414467	0.794367	6.422085
42	内部	1534.5	9	170.5			
43							
44	总计	6578.5	17				

图 7-14 可重复双因素分析结果

图 7-14 中，"行"指行因素，即地区因素；"列"指列因素，即改革方案因素。根据方差分析计算结果，得出以下结论：

由于 $F_R = 13.84848 > F_a = 8.021517$，所以，拒绝原假设，这说明地区对经济效益的提高有显著影响；

由于 $F_C = 0.11437 < F_a = 8.021517$，所以，不能拒绝原假设，不能认为对经济效益的提高有显著影响；

由于 $F_{RC} = 0.414467 < F_a = 6.422085$，所以，不能拒绝原假设，不能认为地区与改革方案的交互作用对经济效益的提高有显著影响；

实训练习

1. 某公司为了了解 A，B，C 这 3 种不同的营销策略对该公司生产的某产品销售额的影响，随即对 4 个市场进行试验。其中，3 个市场分别用不同的营销策略进行销售，第 4 个市场不采取营销策略。现将该产品 4 个季度的销售额统计如表 7-6 所示。

表 7 - 6　　　　　　　　　　　　某产品 4 个季度的销售额统计表

季度＼销售额＼策略 万元	A	B	C	D
第一季度	1024	1108	1200	988
第二季度	1138	1225	1158	1024
第三季度	1250	1180	1210	1150
第四季度	1120	1068	1088	1025

(1) 不同的营销策略对该产品的销售额有无显著影响？显著性水平为 0.05。参照 6.2 节建立检验模型。

(2) 在显著性水平为 0.05 的条件下，检验不同营销策略及不同销售季度对销售额有无显著影响？

2. 从本市高考考生中简单地随机抽取 50 人，登记个人的考试成绩、性别、父母文化程度（按照父母中较高者，文化程度记作：A——大专以上，B——高中，C——初中，D——小学以下）。数据如下：

(500，女，A)　　(498，男，A)　　(540，男，A)　　(530，女，A)

(450，女，A)　　(400，女，A)　　(560，男，A)　　(460，男，A)

(510，男，A)　　(520，女，A)　　(524，男，A)　　(450，男，B)

(490，女，B)　　(430，男，B)　　(520，男，B)　　(540，女，B)

(410，男，B)　　(390，男，B)　　(580，女，B)　　(320，男，B)

(430，男，B)　　(400，女，B)　　(550，男，B)　　(370，女，B)

(380，男，B)　　(470，男，B)　　(570，女，C)　　(320，女，C)

(350，女，C)　　(420，男，C)　　(450，男，C)　　(480，女，C)

(530，女，C)　　(540，男，C)　　(390，男，C)　　(410，女，C)

(310，女，C)　　(300，男，C)　　(540，女，D)　　(560，女，D)

(290，女，D)　　(310，男，D)　　(300，男，D)　　(340，男，D)

(490，男，D)　　(280，男，D)　　(310，女，D)　　(320，女，D)

(405，女，D)　　(410，男，D)

（1）试检验学生的考试成绩与性别是否显著地统计相依（显著性水平为 0.05）；

（2）试检验学生的考试成绩与家长的文化程度是否显著地统计相依（显著性水平为0.05）。

小　结

方差分析是用来推断两组或多组资料的总体均数是否相同，检验两个或多个样本均数的差异是否有统计学意义，即判断分类变量对数值变量是否有显著影响。本章介绍了方差分析的基本思想和操作步骤；单因素方差分析；无重复试验的双因素方差分析；可重复试验的双因素方差分析。

任务 8　用相关分析与回归分析
揭示现象之间的关系

【任务目标】

通过完成本项目，应该能够：

①了解相关分析和回归分析的相关概念；

②体会相关分析和回归分析的联系与区别；

③识记相关分析和回归分析的基本方法与步骤；

④会利用相关分析或回归分析方法来揭示现象之间的关系。

【任务分解】

子任务 8.1：用相关分析揭示现象之间的关系。

子任务 8.2：用回归分析揭示现象之间的关系。

8.1　用相关分析揭示现象之间的关系

任务提示 本项目将完成用相关分析的统计方法来揭示不同现象之间的因果关系。

背景资料

无论是在自然领域还是在社会领域，一些现象与另一些现象之间往往存在依存关系，当用变量来反映这些现象的特征时，便表现为变量之间的依存关系。如降雨量与农作物产量之间的关系、商品价格与销售额之间的关系、气温与居民用电量之间的关系等。

变量之间的依存关系又可分为函数关系与相关关系两种。函数关系是指变量之间保持着严格的依存关系，表现为一一对应的特征。相关关系是指变量之间保持着不确定的依存关系。如人的身高与体重之间的关系，并不是一一对应的。变量之间的这种不严格的依存关系构成相关分析与回归分析的对象。

例如，进行市场调查的学生对 10 名调查对象的月可支配收入和消费支出进行调查，得到的原始资料如表 8-1 所示。

表 8-1　　　　　　　　　　学生月收入和消费的原始资料

学生编号	1	2	3	4	5	6	7	8	9	10
月收入/百元	7.5	7	8	9	8.5	10	5	6	7	8
消费支出/万元	6	6	7	8.5	8	8	5	6	6	7

根据以上原始资料，将学生的月收入按照从小到大的顺序排列，如表 8-2 所示。

表 8-2　　　　　　　　　按照学生月收入从小到大的顺序排列　　　　　　　　　　百元

月收入	5	6	7	7	7.5	8	8	8.5	9	10
消费支出	5	6	6	6	6	7	7	8	8.5	8

从表 8-2 可以看出，随着学生月收入的提高，消费支出也有相应提高的趋势，这两者之间存在着相关关系。

知识要点 ─────────────────────────────── >>>

相关分析。

相关关系按照程度，可分为完全相关、不完全相关和不相关 3 种；按照相关的方向，可分为正相关和负相关；按照相关的形式，可分为线性相关和非线性相关；按照变量的多少，可分为单相关、偏相关和复相关。

识别变量间相关关系最简单的办法是图形法。所谓图形法，就是将所研究变量的观察值以散点的形式绘制在相应的坐标系中，通过它们呈现出的特征，来判断变量之间是否存在相关关系，以及相关的形式、相关的方向和相关的程度。

简单线性相关是变量之间最简单的一种相关关系，衡量线性相关程度的重要指标是相关系数。

相关系数的计算公式为

$$r = \frac{\sum\limits_{i=1}^{n}\left(\dfrac{x_i - \bar{x}}{s_x}\dfrac{y_i - \bar{y}}{s_y}\right)}{n-1}。$$

相关系数的取值介于−1和1之间，绝对值越接近1，意味着变量之间的相关程度越强。相关系数的符号代表变量间的相关方向：$r>0$说明两个变量之间正相关，$r<0$说明两个变量之间负相关，$r=0$说明两个变量之间不存在相关关系。

当变量x与y之间的相关系数异于零时，必须要检验x与y之间是否存在线性相关关系，即进行线性相关的显著性检验。而关于线性相关的显著性检验，可以用相关系数的显著性检验法。

例8−1：一名产科医师发现，孕妇尿中雌三醇含量与产儿的体重有关。于是设想，通过测量待产妇尿中雌三醇的含量，可以预测产儿的体重，以便对低出生体重进行预防。因此，收集了31例待产妇24小时的尿，测量其中的雌三醇含量，同时记录产儿的体重，如表8−3所示。问尿中雌三醇含量与产儿体重之间的相关系数是多少？

表 8−3

编号（1）	尿雌三醇 mg/24h（2）	产儿体重 kg（3）	编号（1）	尿雌三醇 mg/24h（2）	产儿体重 kg（3）
1	7	2.5	17	17	3.2
2	9	2.5	18	25	3.2
3	9	2.5	19	27	3.4
4	12	2.7	20	15	3.4
5	14	2.7	21	15	3.4
6	16	2.7	22	15	3.5
7	16	2.4	23	16	3.5
8	14	3.0	24	19	3.4
9	16	3.0	25	18	3.5
10	16	3.1	26	17	3.6
11	17	3.0	27	18	3.7
12	19	3.1	28	20	3.8
13	21	3.0	29	22	4.0
14	24	2.8	30	25	3.9
15	15	3.2	31	24	4.3
16	16	3.2			

求的值：

$$r = \frac{4120}{\sqrt{677.42 \times 6.74}} = 0.61$$

从计算结果可以知道，31 例待产妇尿中雌三醇含量与产儿体重之间成正相关，相关系数是 0.61。能否得出结论：待产妇尿中雌三醇含量与产儿体重之间成正相关，相关系数是 0.61？

例 8-1 中的相关系数 $r = 0.61$，说明 31 例样本中雌三醇含量与出生体重之间存在相关关系。但是，这 31 例只是总体中的一个样本，由此得到的相关系数会存在抽样误差。因为，总体相关系数（ρ）为零时，由于抽样误差，从总体抽出的 31 例，其 r 值可能不等于零。这就要对 r 进行假设检验，判断 r 不等于零是由于抽样误差所致，还是两个变量之间确实存在相关关系。

对相关系数的假设检验常采用 t 检验，选用统计量 t 的计算公式为

$$t = \frac{r-0}{s_r} = \frac{r}{\sqrt{\frac{1-r^2}{n-2}}} = r\sqrt{\frac{n-2}{1-r^2}}，\text{自由度} \nu = n-2。$$

$H_0: \rho = 0$，$H_1: \rho \neq 0$；$\alpha = 0.05$。

$r = 0.61$，$n = 31$，代入公式 $t = r\sqrt{\frac{n-2}{1-r^2}}$，$\nu = n-2 = 31-2 = 29$，$t = 4.14$。

查 t 值表，$t_{0.05}(29) = 2.045$，上述计算 $t = 4.14 > 2.045$，由 t 所推断的 P 值小于 0.05，所以，拒绝原假设，即待产妇尿中雌三醇含量与产儿体重之间成正相关关系。

阅读与思考

（1）线性相关

在所有相关分析中，最简单的是两个变量之间的线性相关，它只涉及一个自变量和一个因变量。而且自变量数值发生变动，因变量的数值也发生大致均等的变动。从平面图上观察，各点的分布近似地表现为一条直线，这种相关关系称为直线相关（也叫线性相关），如图 8-1 所示。

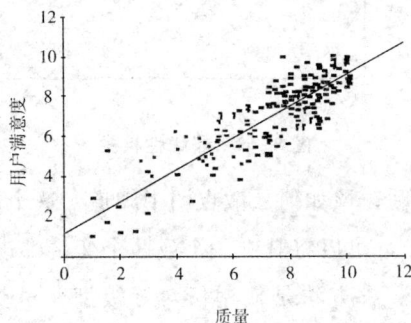

图 8-1 SIM 手机"质量"和"用户满意度"的相关关系

线性相关分析常用相关系数 r 来表示两个变量之间相互的关系，并判断其密切程度。相关系数 r 没有单位，在 -1 到 $+1$ 之间波动，其绝对值越接近 1，两个变量之间的相关关系越密切。不同 r 值的相关关系如图 $8-2$ 所示。

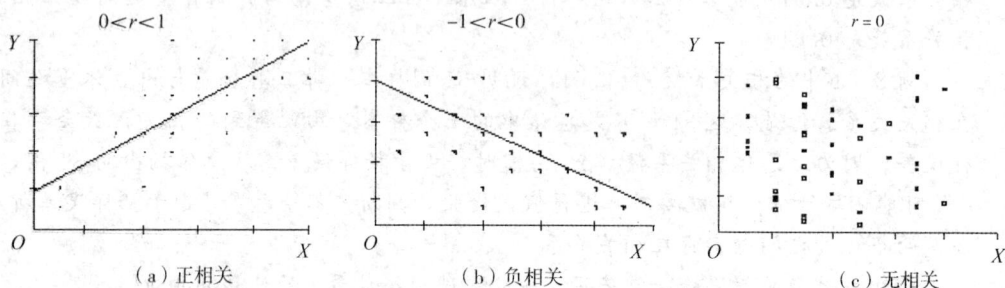

图 $8-2$ 　不同 r 值的相关关系

正相关：Y 随着 X 的增加而增加，X 也随着 Y 的增加而增加，$0 < r < 1$。

负相关：Y 随着 X 的增加而减少，X 也随着 Y 的增加而减少，$-1 < r < 0$。

无相关：不论 X 增加或减少，Y 的大小都不受其影响；反之亦然，$r = 0$。

图 $8-1$ 表明，SIM 手机质量和用户满意度成正相关的关系，即随着 SIM 手机质量的提高，它的用户满意度也会提高；而如果质量降低，它的用户满意度也会相应地降低。

（2）非线性相关

若两种相关现象之间并不表现为直线的关系，而是近似于某种曲线方程的关系，则这种相关关系称为非线性相关。如图 $8-3$ 所示。

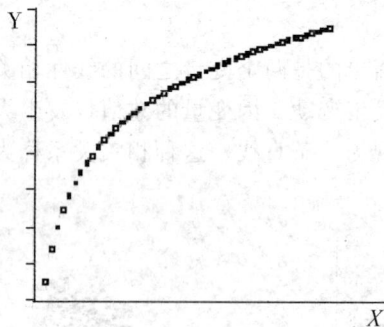

图 $8-3$ 　非线性相关

如果遇到非线性的强关联，该如何从散点图中知道？这个问题的回答并不简单。如果曲线是单调的（递减或递增），可以将其中一个或两个变量都进行转化，进行曲线直线化，然后再次计算相关系数。另一种方法是使用仅对等级型变量敏感的非参数性的关联系数（如 Spearman R），这种情形忽视了单调的可直线化曲线的特性。一般来说，非参数关联的敏感性较差，有时甚至得不到结果。但是上述两种较为准确的方法并不能轻易使用，需要对数据进行大量的研究，因此，必须：

①尽力寻找出最能描述曲线的特异方程，并进行数据拟合优度检验；

②可尝试将其中的一个变量分为多个等长的部分，将这些新变量当成分组变量，然后进行方差分析。

（3）Spearman 等级相关

斯皮尔曼（Spearman）等级相关是根据等级资料研究两个变量间相关关系的方法。它是依据两列成对等级的各对等级数之差来进行计算的，所以，又称为"等级差数法"。

斯皮尔曼等级相关要求两个变量的观测值是成对的等级评定资料，或者是由连续变量观测资料转化得到的等级资料，不论两个变量的总体分布形态、样本容量的大小如何，都可以用斯皮尔曼等级相关来进行研究。

斯皮尔曼等级相关系数反映两组变量之间联系的密切程度，它和相关系数 r 一样，取值在 -1 到 $+1$ 之间，所不同的是，它是建立在等级的基础上计算的。

现结合一个例子来加以说明。某工厂对工人的业务进行了一次考试，欲研究考试成绩与每月产量之间是否有联系，随机抽选了一个样本，其考试成绩和产量数字如表 8 - 4 所示。

表 8 - 4　　　　　　　　　　　　　6 个工人的考试成绩和产量

工人	考试成绩/分	产量	等级	
			成绩	产量
1	50	500	6	6
2	60	510	5	5
3	70	530	4	4
4	80	560	3	3
5	90	560	2	2
6	95	1000	1	1

从表 8 - 4 中数字可以看出，工人的考试成绩愈高，其产量也愈高，二者之间的联系程度是很一致的，但是相关系数 $r=0.676$ 并不算太高，这是由于它们之间的关系并不是线性的，若分别将考试成绩和产量高低变换成等级（见表 8 - 4 中第 4，5 列），则可以计算得出它们之间的等级相关系数为 1。计算等级相关系数可以将数据变换成等级以后，用原有的相关系数公式计算，也可以先算出每一对样本的等级之差 d_i，再用下列公式计算，即

$$\rho = 1 - \frac{6\sum d_i^2}{n^3 - n}$$

在所举的例子中，由于等级完全一致，所有的 $d_i = 0$，所以，$r=1$。等级相关系数和通常的相关系数一样，它与样本的容量有关，尤其是在样本容量比较小的情况下，其变异程度较大，等级相关系数的显著性检验与普通的相关系数的显著性检验相同。

（4）偏相关

偏相关又称净相关、部分相关，指的是在与其他变量的关系保持不变的情况下，测定的任何两个变量之间的关系。如研究商品销售额与居民人口数、商品销售额与居民总收入之间的关系，居民人口数会影响商品销售额，居民总收入也会影响商品销售额。由于居民人口数、总收入的多少经常在变化，采用简单相关系数不能说明现象间的相关程度，只有消除其他变量的影响，即使居民总收入或居民人口数保持不变，计算其他两个变量之间的相互关系，才能测定其相关程度。

偏相关关系是指在扣除或固定某两个变量以外的其他变量对它们的影响以后，这两个变量之间的相关关系，它反映了事物间的本质联系。描述这种关系的强度指标为偏相关系数，绝对值越大，偏相关程度越大。因偏相关系数反映的是排除其他变量的影响后，自变量与因变量之间的相关程度，没有单位，故偏相关系数的绝对值大小也常用于表示各变量的相对重要性，取值范围在 -1 和 $+1$ 之间。

案例分析

（1）求两组数值的相关系数

Excel 提供了一个相关分析函数（CORREL），用它可以求两组数值的相关系数。

语法：CORREL（array1，array2）

其中，array1 为第一组数值单元格的引用，array2 为第二组数值单元格区域。

例 8 - 2：某地区 1999—2008 年的进口总额和出口总额数据如表 8 - 5 所示，试分析进口总额和出口总额的相关性，显著性水平取 0.05。

表 8－5　　　　　　　　　某地区 1999－2008 年进出口总额

年份	进口总额/亿元	出口总额/亿元
1999	13736.4	16159.8
2000	18638.8	20634.4
2001	20159.2	22024.4
2002	24430.3	26947.9
2003	34195.6	36287.9
2004	36455.8	42456.5
2005	45212	48112
2006	48788	53455
2007	53245	57458
2008	59456	61145

①打开 Excel 工作簿，建立"进出口总额"工作表，如图 8－4 所示。以进口总额为 X 轴，出口总额为 Y 轴画 XY 散点图，如图 8－5 所示。

	A	B	C
1	年份	进口总额	出口总额
2	1999	13736.4	16159.8
3	2000	18638.8	20634.4
4	2001	20159.2	22024.4
5	2002	24430.3	26947.9
6	2003	34195.6	36287.9
7	2004	36455.8	42456.5
8	2005	45212	48112
9	2006	48788	53455
10	2007	53245	57458
11	2008	59456	61145

图 8－4　"进出口总额"工作表

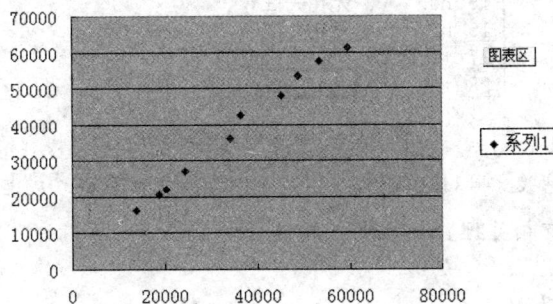

图 8－5　XY 散点图

②选中单元格 A13，在单元格 A13 中输入"相关性"，选中单元格 B13，插入函数 CORREL，如图 8-6 所示。

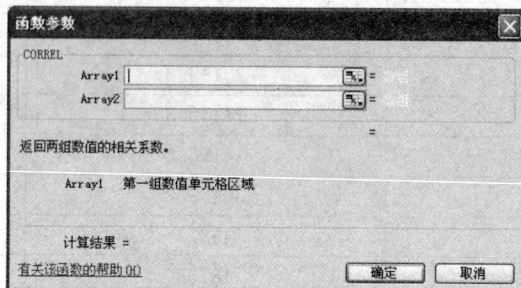

图 8-6 "CORREL"函数对话框

③在第一组数值单元格区域输入"B2：B11"，在第二组数值单元格区域输入"C2：C11"，单击"确定"按钮。结果如图 8-7 所示。

	A	B
13	相关性	0.996571

图 8-7 "CORREL"输出结果

④进行显著性检验。在单元格 A14 中输入"显著性检验"，在单元格 A15 中输入"h_0:"，单元格 B15 中输入"无相关性"；在单元格 A16 中输入"h_1:"，单元格 B16 中输入"有相关性"；在单元格 A17 中输入"t 统计量"，在单元格 B17 中输入公式"=B13 * SQRT（（10-2）/（1-B13^2））"，计算出 t 统计量为 34.06698302；在单元格 A18 中输入"t 值"，在单元格 B18 中插入函数 TINV，计算显著性水平为 0.05、自由度为 8 的情况下的 t 值为 2.306004133。如图 8-8 所示。

B18	▼	fx	=TINV(0.05,8)	
	A	B	C	D
14	显著性检验			
15	h0	无相关性		
16	h1	有相关性		
17	t统计量	34.06698302		
18	t值	2.306004133		

图 8-8 显著性检验结果

由上述检验结果 $t=34.06698302>2.306004133$ 可知，应拒绝原假设，即进口总额和出口总额具有相关性，并且成正相关。

（2）Excel 相关分析工具

在 Excel 中，除了函数 CORREL 可用来计算相关系数之外，Excel 还提供了相关系数分析工具。

打开"进出口总额"工作表,选择"工具"菜单中"数据分析"命令,弹出数据分析对话框,在"分析工具"中选择"相关系数",单击"确定"按钮,如图8-9所示。

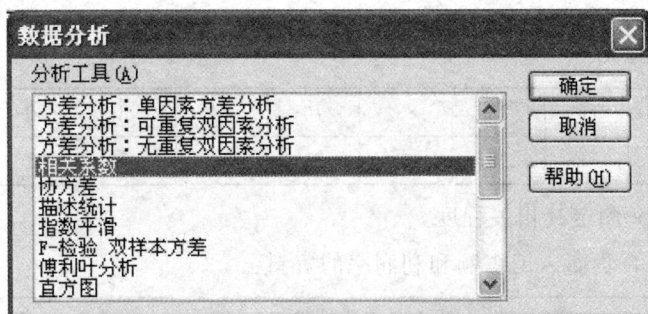

图8-9 "数据分析"对话框

在弹出的"相关系数"对话框中,在"输入区域"中输入"$B$1:$C$11",分组方式选择"逐列",选中"标志位于第一行",选择输出区域,不妨设置输出区域为"$A$20",如图8-10所示。

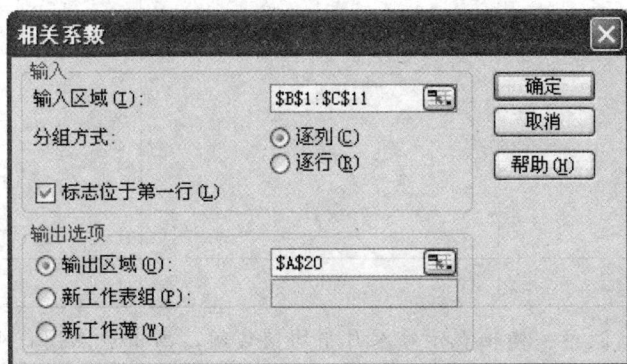

图8-10 "相关系数"对话框

单击"确定"按钮,结果如图8-11所示。

	A	B	C
20		进口总额	出口总额
21	进口总额	1	
22	出口总额	0.996571103	1

图8-11 "相关系数"分析结果

实训练习

1. 随机抽取由 10 名大学生组成的样本，研究他们在高中与大学的英语成绩，得出下表结果：

分

高考成绩 x	40	60	95	88	76	83	98	80	95	68
大学成绩 y	50	72	95	90	75	88	95	83	90	73

试用相关系数 r 测定其相关程度。

2. 下面是几家百货商店销售额和利润率的资料：

商店编号	每人月平均销售额/千元	利润率/％
1	6	12.6
2	5	10.4
3	8	18.5
4	1	3.0
5	4	8.1
6	7	16.3
7	6	12.3
8	3	6.2
9	3	6.6
10	7	16.8
合计	50	—

①以纵轴表示利润率、横轴表示每人月平均销售额，画出散点图，观察并说明两变量之间存在何种关系。

②计算每人月平均销售额与利润率之间的相关系数，并说明其相关的密切程度。

③求出利润率对每人月平均销售额的回归方程，解释方程式斜率的经济意义，并在散点图中绘制出回归直线。

④若商店每人月平均销售额为 2 千元，试估计其利润率。

⑤计算估计标准误差。

8.2　用回归分析揭示现象之间的关系

任务提示　　本项目将完成数据回归分析。

背景资料

回归和相关已成为统计学中最基本的概念之一，其分析方法已是最标准、最常用的统计工具之一。从狭义上看，相关分析的任务主要是评判现象之间的相关程度的高低和相关的方向，而回归分析则是在相关分析的基础上，进一步借用数学方程，将那种显著存在的相关关系表示出来，从而使这种被揭示出的关系具体化，并可运用于实践中去。从广义的角度去理解相关和回归，此时，回归分析就包含着相关分析。

从历史上看，"回归"概念的提出是要早于"相关"的，生物统计学家高尔顿在研究豌豆和人体的身高遗传规律时，首先提出"回归"的思想。1887 年，他第一次将"回复"（reversion）作为统计概念使用，后改为"回归"（regression）一词。1888 年，他又引入"相关"（correlation）的概念。原来，他在研究人类身高的遗传时发现，不管祖先的身高是高还是低，成年后代的身高总有向一般人口的平均身高回归的倾向。通俗地讲，就是高个子父母，其子女一般不像他们那样高；而矮个子父母，其子女一般也不像他们那样矮。因为子女的身高不仅受到父母的影响（尽管程度最强），还要受其上两代共 4 个双亲的影响（尽管程度相对弱一些），上三代共 8 个双亲的影响（尽管程度更加弱一些），如此等等，即子女的身高要受到其 2^n（n 趋近无穷）个祖先的整体（即总体）影响，是遗传和变异的统一结果。

知识要点

回归分析最基本的分类就是一元回归和多元回归，前者是指两个变量之间的回归分析，如收入与意愿支出之间的关系；后者则是指 3 个或 3 个以上变量之间的关系，如消费支出与收入及商品价格之间的关系等。

（1）一元线性回归

回归分析最简单的情形是一个自变量和一个因变量，且它们有线性关系，这叫作一元线性回归，即模型为 $Y=A+BX+\varepsilon$，这里 X 是自变量、Y 是因变量、ε 是随机误差，通常假定随机误差的均值为 0，方差为 σ^2（$\sigma^2>0$），σ^2 与 X 的值无关。

A 和 B 为未知待估的总体参数，又称为回归系数。由此可见，实际观测值 Y 被分割为两个部分：一是可解释的肯定项 $A+BX$，二是不可解释的随机项 ε。

与相关分析类似，总体的回归模型 $Y=A+BX+\varepsilon$ 是未知的，如何根据样本资料去估计它就成为回归分析的基本任务。由此可以假设样本的回归方程为

$$\hat{Y}=a+bx$$

式中，$\hat{Y}$，a 和 b 分别为 Y，A 和 B 的估计值。

如果对变量 X 和 Y 联合进行 n 次观察，就可以获得一个样本（x，y），据此就可求出 a，b 的值。

求 a，b 的方法有多种，但一般采用最小二乘法。它要求观察值 y 与估计值 $\hat{Y}$ 的离差平方和达到最小值，即

$$Q=\min\{\sum(y-\hat{Y})^2\}=\min\{\sum(y-a-bx)^2\}$$

满足这一要求的 a 和 b 可由下述标准方程求出

$$\sum y=na+b\sum x$$

$$\sum xy=a\sum x+b\sum x^2$$

解方程，得

$$b=\frac{\sum(x-\bar{x})(y-\bar{y})}{\sum(x-\bar{x})^2}=\frac{n\sum xy-\sum x\sum y}{n\sum x^2-(\sum x)^2}$$

$$a=\bar{y}-b\bar{x}=\frac{\sum y}{n}-b\frac{\sum x}{n}$$

例 8-3：为研究某类企业的生产量和单位成本之间的关系，现随机抽取 10 个企业，得出如下数据（见表 8-6）。

表 8-6　　　　　　　　10 个企业的生产量和单位成本情况

编号	1	2	3	4	5	6	7	8	9	10
产量/万件	2	3	4	4	5	6	6	7	8	9
单位成本/（元/件）	52	54	52	48	48	46	45	44	40	38

根据该资料，经计算，可得表8-7。

表 8-7   一元线性回归计算表

编号	产量/万件	单位成本 y/（元/件）	x^2	y^2	xy	$\hat{Y}$	$y-\hat{Y}$
1	2	52	4	2704	104	54.35	-2.35
2	3	54	9	2916	162	52.10	1.90
3	4	52	16	2704	208	49.85	2.15
4	4	48	16	2304	192	47.85	-1.85
5	5	48	25	2304	240	47.60	0.40
6	6	46	36	2116	276	45.35	0.65
7	6	45	36	2025	270	45.35	-0.35
8	7	44	49	1936	308	43.10	0.90
9	8	40	64	1600	320	40.85	-0.85
10	9	38	81	1444	342	38.60	-0.60
合计	54	467	336	22053	2422	467	0

由表8-7，可得

$$b=\frac{n\sum xy-\sum x\sum y}{n\sum x^2-\left(\sum x\right)^2}=\frac{10\times2422-54\times467}{10\times336-54^2}=-2.25,$$

$$a=\frac{\sum y}{n}-b\frac{\sum x}{n}=\frac{467}{10}-(-2.25)\frac{54}{10}=58.85$$

这样，就可以得到生产量（x）和单位成本（y）之间的样本回归方程

$$\hat{Y}=a+bx=58.85-2.25x$$

在简单线性回归方程 $\hat{Y}=a+bx$ 中，a 为截距、b 为斜率，后者表示自变量 x 变化一个单位时，$\hat{Y}$ 将平均变化 b 个单位。当 b 取正值时，表明 x 和 y 的变化方向相同；当 b 取负值时，表明 x 和 y 的变化方向相反。例8-3中，$b=-2.25$，表明产量每增加1万件时，单位成本将平均下降2.25元。

根据样本资料获得的回归方程 $\hat{Y}=a+bx$ 又称为经验方程，如果计算出观察值 y

的估计值 $\hat{Y}$，并进一步求出残差 $y-\hat{Y}$，就可以观察回归方程对总体方程拟合的优良程度。对于某一特定的自变量 x 而言，观察值 y 同其估计值 $\hat{Y}$ 是有一定差别的，比如，当产量为 5 万件时，实际单位成本为 48 元，而其估计值为 47.60 元，两者相差 0.4 元，但全部残差项之和等于零（见表 8-7），这说明估计值平均来说是无偏的。事实上，最小平方估计量还满足

$$\sum (y-\hat{Y})=0，即 \bar{y}=\overline{\hat{Y}}$$

这里，$\overline{\hat{Y}}$ 表示估计值 $\hat{Y}$ 的平均值，即 $\overline{\hat{Y}}=\dfrac{\sum \hat{Y}}{n}$。

从理论上讲，最小二乘法具有优良特性，因为参数 A，B 的最小平方估计量 a，b 是最优的线性无偏估计量，这一性质通常称为"高斯-马尔科夫定理"，这也是最小二乘法获得广泛应用的主要原因。

此外，如果记随机误差项 ε 的方差为 σ^2，它也是未知的总体参数，其无偏估计量为

$$\hat{\sigma}^2=\frac{Q}{n-2}=\frac{\sum (y-\hat{Y})^2}{n-2}$$

式中，$Q=\sum (y-\hat{Y})^2$ 称为剩余离差平方和或残差平方和，$n-2$ 为自由度。

（2）多元线性回归

在实际问题中，影响一个事物的因素往往不止一个，要揭示这些变量之间的数量关系，就要运用多元回归分析。比如，产品的成本不仅取决于该产品的生产量，而且与原材料价格、技术水平、管理水平等因素有关；再如，影响农作物收获量的因素，除施肥量外，还有种子、气候条件、耕作技术等因素。

总体的多元线性回归方程为

$$Y=A+B_1X_1+B_2X_2+\cdots+B_kX_k+\varepsilon$$

总体回归方程一般未知，需要通过样本去估计。设估计方程为

$$\hat{Y}=a+b_1x_1+b_2x_2+\cdots+b_kx_k$$

式中，a，b_1，b_2，$\cdots$，b_k 称为回归系数，其中，b_i（$i=1$，2，$\cdots$，k）又称为偏回归系数，它表示当其他自变量均为零时，x_i 每变化一个单位对因变量影响的数值。

设样本为 $(x_1，x_2，\cdots，x_k，y)$，利用最小二乘法，可估计出回归方程中的参数，即要求

$$Q=\sum (y-\hat{Y})^2=\sum [y-(a+b_1x_1+b_2x_2+\cdots+b_kx_k)]^2=最小值$$

据此，可得下列标准方程

$$\sum y = na + b_1 \sum x_1 + b_2 \sum x_2 + \cdots + b_k \sum x_k$$

$$\sum x_1 y = a \sum x_1 + b_1 \sum x_1{}^2 + b_2 \sum x_1 x_2 + \cdots + b_k \sum x_1 x_k$$

$$\sum x_2 y = a \sum x_2 + b_1 \sum x_1 x_2 + b_2 \sum x_2{}^2 + \cdots + b_k \sum x_2 x_k$$

$$\cdots\cdots\cdots\cdots$$

$$\sum x_k y = a \sum x_k + b_1 \sum x_1 x_k + b_2 \sum x_2 x_k + \cdots + b_k \sum x_k{}^2$$

当 $k=2$ 时，标准方程变为

$$\sum y = na + b_1 \sum x_1 + b_2 \sum x_2$$

$$\sum x_1 y = a \sum x_1 + b_1 \sum x_1{}^2 + b_2 \sum x_1 x_2$$

$$\sum x_2 y = a \sum x_2 + b_1 \sum x_1 x_2 + b_2 \sum x_2{}^2$$

解方程，可得

$$b_1 = \frac{\sum(x_2 - \bar{x}_2)^2 \sum (x_1 - \bar{x}_1)(y - \bar{y}) - \sum (x_1 - \bar{x}_1)(x_2 - \bar{x}_2) \sum (x_2 - \bar{x}_2)(y - \bar{y})}{\sum(x_1 - \bar{x}_1)^2 \sum(x_2 - \bar{x}_2)^2 - [\sum (x_1 - \bar{x}_1) \sum (x_2 - \bar{x}_2)]^2}$$

$$b_2 = \frac{\sum(x_1 - \bar{x}_1)^2 \sum (x_2 - \bar{x}_2)(y - \bar{y}) - \sum (x_1 - \bar{x}_1)(x_2 - \bar{x}_2) \sum (x_1 - \bar{x}_1)(y - \bar{y})}{\sum(x_1 - \bar{x}_1)^2 \sum(x_2 - \bar{x}_2)^2 - [\sum (x_1 - \bar{x}_1) \sum (x_2 - \bar{x}_2)]^2}$$

$$a = \bar{y} - b_1 \bar{x}_1 - b_2 \bar{x}_2 = \frac{\sum y}{n} - b_1 \frac{\sum x_1}{n} - b_2 \frac{\sum x_2}{n}$$

为计算方便，上述各因子项还可表示为

$$\sum (x_1 - \bar{x}_1)^2 = \sum x_1{}^2 - \frac{1}{n} (\sum x_1)^2,$$

$$\sum (x_2 - \bar{x}_2)^2 = \sum x_2{}^2 - \frac{1}{n} (\sum x_2)^2,$$

$$\sum (x_1 - \bar{x}_1)(x_2 - \bar{x}_2) = \sum x_1 x_2 - \frac{1}{n} \sum x_1 \sum x_2,$$

$$\sum (y - \bar{y})^2 = \sum y^2 - \frac{1}{n} (\sum y)^2,$$

$$\sum (x_1 - \bar{x}_1)(y - \bar{y}) = \sum x_1 y - \frac{1}{n} \sum x_1 \sum y,$$

$$\sum (x_2 - \bar{x}_2)(y - \bar{y}) = \sum x_2 y - \frac{1}{n} \sum x_2 \sum y。$$

可以证明，最小平方估计量 a，b_1，b_2，$\cdots$，b_k 是总体参数 A，B_1，B_2，$\cdots$，B_k 的最优线性无偏估计量。

例 8-4：为研究某商品的需求量、价格、消费者收入三者之间的关系，经调查，得如表 8-8 所示资料。

表 8－8   某商品的需求量、价格及消费者收入资料

编号	需求量/件	收入/百元	价格/元
1	10	15	3
2	8	10	5
3	8	18	4
4	7	10	3
5	4	8	6
6	6	10	5
7	10	19	3
8	11	16	2
9	10	18	1
10	5	9	7

根据表 8－8 资料，可得如表 8－9 所示回归数据计算表。

表 8－9   回归数据计算表

编号	需求量 y/件	收入 x_1/百元	价格 x_2/元	y^2	x_1^2	x_2^2	$x_1 x_2$	$x_1 y$	$x_2 y$
1	10	15	3	100	225	9	45	150	30
2	8	10	5	64	100	25	50	80	40
3	8	18	4	64	324	16	72	144	32
4	7	10	3	49	100	9	30	70	21
5	4	8	6	16	64	36	48	32	24
6	6	10	5	36	100	25	50	60	30
7	10	19	3	100	361	9	57	190	30
8	11	16	2	121	256	4	32	176	22
9	10	18	1	100	324	1	18	180	10
10	5	9	7	25	81	49	63	45	35
合计	79	133	39	675	1935	183	465	1127	274

据表 8－9 中数据，如果设需求量（y）与收入（x_1）及价格（x_2）之间的回归方程为

$$\hat{Y} = a + b_1 x_1 + b_2 x_2$$

可通过最小二乘法求出 a，b_1 和 b_2，经计算，可得

$$\sum (x_1 - \bar{x}_1)^2 = \sum x_1^2 - \frac{1}{n} (\sum x_1)^2 = 1935 - \frac{1}{10} \times 133^2 = 166.1$$

$$\sum (x_2 - \bar{x}_2)^2 = \sum x_2{}^2 - \frac{1}{n} (\sum x_2)^2 = 183 - \frac{1}{10} \times 39^2 = 30.9$$

$$\sum (x_1 - \bar{x}_1)(x_2 - \bar{x}_2) = \sum x_1 x_2 - \frac{1}{n} \sum x_1 \sum x_2 = 465 - \frac{1}{10} \times 133 \times 39 = -53.7$$

$$\sum (y - \bar{y})^2 = \sum y^2 - \frac{1}{n} (\sum y)^2 = 675 - \frac{1}{10} \times 79^2 = 50.9$$

$$\sum (x_1 - \bar{x}_1)(y - \bar{y}) = \sum x_1 y - \frac{1}{n} \sum x_1 \sum y = 1129 - \frac{1}{10} \times 133 \times 79 = 78.3$$

$$\sum (x_2 - \bar{x}_2)(y - \bar{y}) = \sum x_2 y - \frac{1}{n} \sum x_2 \sum y = 274 - \frac{1}{10} \times 39 \times 79 = -34.1$$

于是，可得

$$b_1 = \frac{30.9 \times 78.3 - (-53.7) \times (-34.1)}{166.1 \times 30.9 - (-53.7)^2} = 0.262$$

$$b_2 = \frac{166.1 \times (-34.1) - (-53.7) \times 78.3}{166.1 \times 30.9 - (-53.7)^2} = -0.649$$

$$a = \bar{y} - b_1 \bar{x}_1 - b_2 \bar{x}_2 = \frac{79}{10} - 0.262 \times \frac{133}{10} - (-0.649) \times \frac{39}{10} = 6.947$$

从而可得经验方程 $\hat{Y} = a + b_1 x_1 + b_2 x_2 = 6.947 + 0.262 x_1 - 0.649 x_2$

回归方程表明：在价格不变的情况下，消费者收入增加 1 百元时，对该商品的需求平均上升 0.262 件；在消费者收入不变的情况下，价格每上涨 1 元时，对该商品的需求平均下降 0.649 件。

从数学角度看，回归方程 $\hat{Y} = 6.947 + 0.262 x_1 - 0.649 x_2$ 是一个以 $\hat{Y}$ 为纵坐标轴、x_1 和 x_2 为横坐标轴的回归平面。

此外，回归方程 $Y = A + B_1 X_1 + B_2 X_2 + \cdots + B_k X_k + \varepsilon$ 中的随机误差项 ε 的方差 σ^2 也是未知的，其无偏估计量为

$$\hat{\sigma}^2 = \frac{Q}{n-k-1} = \frac{\sum (y - \hat{Y})^2}{n-k-1}$$

式中，$n-k-1$ 为自由度。从这里可以看出，样本容量 n 必须大于或等于 $k+2$，即 $n \geqslant k+2$，否则就无法估计 σ^2。事实上，实践中进行回归分析时，样本观察值数目要比 $k+2$ 大得多。

阅读与思考

逐步回归。

在实际问题中，人们总是希望从对因变量 y 有影响的诸多变量中选择一些变量作为自变量，应用多元回归分析的方法，建立"最优"回归方程，以便对因变量进行预报或控制。所谓"最优"回归方程，主要是指希望在回归方程中包含所有对因变量 y 影响显著的自变量而不包含对 y 影响不显著的自变量的回归方程。逐步回归分析正是根据这条原则提出的一种回归分析方法。

逐步回归分析的实施过程是每一步都要对已引入回归方程的变量计算其贡献，然后选择一个贡献最小的变量，在预先给定的 F 水平下进行显著性检验。若显著，则该变量及其余变量都不必从回归方程中剔除；相反，若不显著，则该变量要剔除；然后按照贡献由小到大，依次对方程中其他变量进行 F 检验。将对 y 影响不显著的变量全部剔除，保留的都是显著的。接着再对未引入回归方程中的变量分别计算其贡献，并选择其中最大的一个变量，同样，在给定 F 水平下作显著性检验，若显著，则将该变量引入回归方程，这一过程一直继续下去，直到在回归方程中的变量都不能剔除而又无新变量可以引入时为止，这时，逐步回归过程结束。

逐步回归分析的主要计算步骤有如下几点。

（1）确定 F 检验值

在进行逐步回归计算前，要确定检验每个变量是否显著的 F 检验水平，以作为引入或剔除变量的标准。F 水平与自由度有关，因为在逐步回归过程中，回归方程中所含变量的个数在不断地变化，因此，方差分析中的剩余自由度也总在变化，为方便起见，常按照 $n-k-1$ 计算自由度。其中，n 为原始数据观测组数，k 为估计可能选入回归方程的变量个数。

（2）逐步计算

若已计算 t 步（包含 $t=0$），且回归方程中已引入 l 个变量，则第 $t+1$ 步的计算包括以下几点。

①计算全部自变量的贡献 V'（偏回归平方和）。

②在已引入的自变量中，检查是否有需要剔除的不显著变量。

在已引入的变量中，选取具有最小 V' 值的一个，并计算其 F 值，若 $F \leqslant F_2$，则表示该变量不显著，应将其从回归方程中剔除，计算转至③。

若 $F > F_2$，则不需要剔除变量，这时应考虑从未引入的变量中选出具有最大 V' 值的一个，并计算 F 值，若 $F > F_1$，则表示该变量显著，应将其引入回归方程，计算转至③。

若 $F \leqslant F_1$，表示已无变量可选入方程，则逐步计算阶段结束，计算转入③。

③剔除或引入一个变量后，相关系数矩阵进行消去变换，第 $t+1$ 步计算结束。其后，重复①～③步计算。

由上所述，逐步计算的每一步总是先考虑剔除变量，仅当无剔除时，才考虑引入变量。实际计算时，开头几步可能都是引入变量，其后的某几步也可能相继地剔除几个变量。当方程中已无变量可剔除，且又无变量可引入方程时，第二阶段逐步计算即告结束，这时转入第三阶段。

（3）其他计算

主要是回归方程入选变量的系数、复相关系数及残差等统计量的计算。

案例分析

进行回归分析时，主要采用线性回归函数 LINEST，辅以使用索引取值 INDEX 与四舍五入 ROUND 函数。

线性回归函数 LINEST。

该函数使用最小二乘法对已知数据进行最佳直线拟合，并返回描述此直线的数组。因为此函数返回数值数组，所以，必须以数组公式的形式输入。

该函数的功能为：运算结果返回一线性回归方程的参数，即当已知一组混合成本为 Y 因变量序列值、N 组 X_i 有关自变量因素的数量序列值时，函数返回回归方程的系数 m_i（$i=1$，2，$\cdots$，n 单位变动成本）和常数 b（固定成本或费用）。多元回归方程模型则为 $y = m_1 x_1 + m_2 x_2 + \cdots + m_n x_n + b$。

语法：LINEST（known_y's, known_x's, const, stats）。其中，known_y's 是关系表达式 $y = mx + b$ 中已知的 y 值集合；known_x's 是关系表达式 $y = mx + b$ 中已知的可选 x 值集合；const 为一逻辑值，用于指定是否将常量 b 强制设为 0；stats 为一逻辑值，指定是否返回附加回归统计值。

若数组 known_y's 在单独一列中，则 known_x's 的每一列被视为一个独立的变量；若数组 known_y's 在单独一行中，则 known_x's 的每一行被视为一个独立的变量。

数组 known_x's 可以包含一组或多组变量。如果只用到一个变量，只要 known_y's 和 known_x's 维数相同，它们可以是任何形状的区域；若用到多个变量，则 known_y's 必须为向量（即必须为一行或一列）；若省略 known_x's，则假设该数组为 {1, 2, 3, …}，其大小与 known_y's 相同。

参数 const 如果为 TRUE 或省略，b 将按照正常值计算；如果 const 为 FALSE，b 将被设为 0，并同时调整 m 值，使 $y = mx$。

参数 stats 为 TRUE，则 LINEST 函数返回附加回归统计值，这时返回的数组为 {mn，mn－1，…，m1，b；sen，sen－1，…，se1，seb；r2，sey；F，df；ssreg，ss-resid}；如果 stats 为 FALSE 或省略，LINEST 函数只返回系数 m 和常量 b。附加回归统计值如下：

统计值	说　　　　明
se1，se2，…，sen	系数 m_1，m_2，…，m_n 的标准误差值
seb	常量 b 的标准误差值（当 const 为 FALSE 时，seb ＝ ♯N/A）
r2	判定系数。Y 的估计值与实际值之比，范围在 0 到 1 之间。若判定系数为 1，则样本有很好的相关性，Y 的估计值与实际值之间没有差别；若判定系数为 0，则回归公式不能用来预测 Y 值
sey	Y 估计值的标准误差
F	F 统计或 F 观察值。使用 F 统计可以判断因变量和自变量之间是否偶尔发生过可观察到的关系
df	自由度
ssreg	回归平方和
ssresid	残差平方和

例 8－5：计算柯布-道格拉斯生产函数（Cobb-Douglas）：$\ln Q = \ln A + a\ln L + b\ln K$，式中 Q 为产出，L 和 K 分别表示劳动和资本投入量，A 表示平均生产技术水平，a 和 b 分别是 Q 相对于 L 和 K 的弹性。使用下表的统计数据，求线性回归参数 A，a，b。

年份	产出 Q/亿元	投入 L/万人	投入 K/亿元
1984	733.69	1531.2	351.3
1985	985.1	1701.4	376.4
1986	1330.8	1800.6	459.3
1987	1603.61	1852.5	501.6
1988	1959.42	1899.4	565.3
1989	2169.48	1773.4	675.28
1990	1947.58	1716.7	717.5
1991	2284.78	1783.3	792.3
1992	3298.7	1961.2	792.63

续表

年份	产出 Q/亿元	投入 L/万人	投入·K/亿元
1993	5498.35	2156.7	865.52
1994	7684.36	2448.8	906.48
1995	9505	2511.9	1152.34
1996	11579.15	2992.3	1610.86
1997	12462.57	2804.6	1773.38
1998	13740.69	2778.9	1875.88
1999	15151.46	2765.7	2066.19
2000	16780.96	2740.9	2255.09
2001	20009.8	2872.8	2690.76

① 建立"线性回归"工作表，如图 8-12 所示。

	A	B	C	D
1	年份	产出（Q）	投入万人（L）	投入亿元（K）
2	1984	733.69	1531.2	351.3
3	1985	985.1	1701.4	376.4
4	1986	1330.8	1800.6	459.3
5	1987	1603.61	1852.5	501.6
6	1988	1959.42	1899.4	565.3
7	1989	2169.48	1773.4	675.28
8	1990	1947.58	1716.7	717.5
9	1991	2284.78	1783.3	792.3
10	1992	3298.7	1961.2	792.63
11	1993	5498.35	2156.7	865.52
12	1994	7684.36	2448.8	906.48
13	1995	9505	2511.9	1152.34
14	1996	11579.15	2992.3	1610.86
15	1997	12462.57	2804.6	1773.38
16	1998	13740.69	2778.9	1875.88
17	1999	15151.46	2765.7	2066.19
18	2000	16780.96	2740.9	2255.09
19	2001	20009.8	2872.8	2690.76

图 8-12 "线性回归"工作表

② 在单元格 E1 中输入"ln(Q)"，在单元格 F1 中输入"ln(L)"，在单元格 G1 中输入"ln(K)"。

③ 选中单元格 E2，输入公式"=LN(B2)"，复制公式到单元区域"E3：E19"；选

中单元格 F2，输入公式"=LN（C2）"，复制公式到单元区域"F3：F19"；选中单元格 G2，输入公式"=LN（D2）"，复制公式到单元区域"G3：G19"。

④将"E2：E19"定义为因变量，将"F2：G19"定义为自变量，选中单元格 A20，在单元格中输入"回归分析"。

⑤选中单元区域"A21：C25"，插入统计函数"LINEST"，在函数参数 known_y's 中输入"E2：E19"，在参数 known_x's 中输入"F2：G19"，在参数 const 中输入值"TRUE"，在参数 stats 中输入值"TRUE"。如图 8-13 所示。

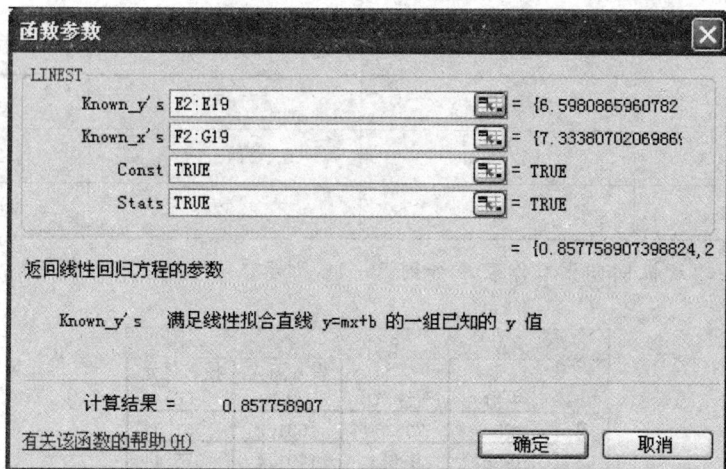

图 8-13　函数 LINEST 参数对话框

⑥按"Ctrl＋Shift＋Enter"，将返回值以数组形式显示，输出结果如图 8-14 所示。

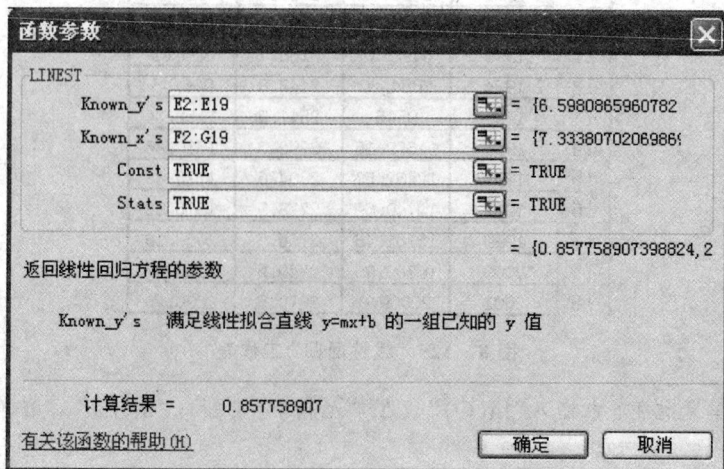

图 8-14　回归分析输出结果

由回归计算得线性回归参数 $lnA=-16.2119$，$a=2.437547$，$b=0.8577589$，保留四位小数，得柯布-道格拉斯生产函数 $lnQ=-16.2119+2.4375lnL+0.8578lnK$。

例8-6： 某溶液浓度正比对应于色谱仪器中的峰面积，现欲建立不同浓度下对应峰面积的标准曲线，以供测试未知样品的实际浓度。已知8组对应数据如下所示，建立标准曲线，并且对此曲线进行评价，给出分析数据。（$\alpha=0.01$）

浓度	峰面积
0	0
1.24	2915.3
2.37	1702
5.12	8685.2
8.12	13252
12.19	20030.1
17.58	28468.8
24.35	39698.3

① 建立"溶液浓度"工作表，如图8-15所示。

② 选择成对的数据列，将它们使用"XY散点图"制成散点图，如图8-16所示。

	A	B
1	浓度	峰面积
2	0	0
3	1.24	2915.3
4	2.37	1702
5	5.12	8685.2
6	8.12	13252
7	12.19	20030.1
8	17.58	28468.8
9	24.35	39698.3

图8-15 "溶液浓度"工作表

③ 选中数据点，单击右键，选择"添加趋势线"—"线性"，并在选项标签中要求给出公式和相关系数等，可以得到拟合的直线。如图8-17～图8-19所示。

峰面积

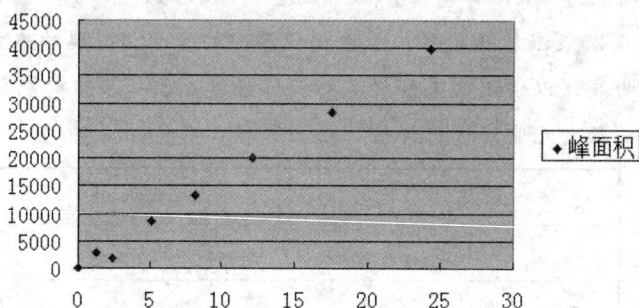

图 8 - 16 *XY* 散点图

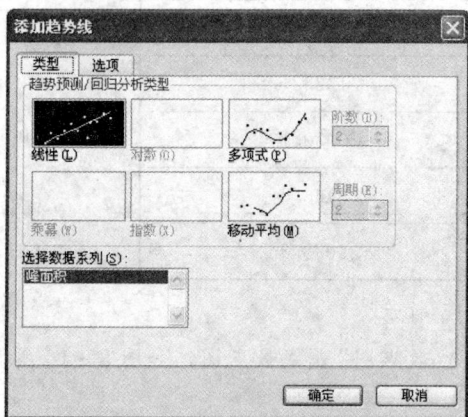

图 8 - 17 "添加趋势线"—"线性"对话框   图 8 - 18 "添加趋势线"选项

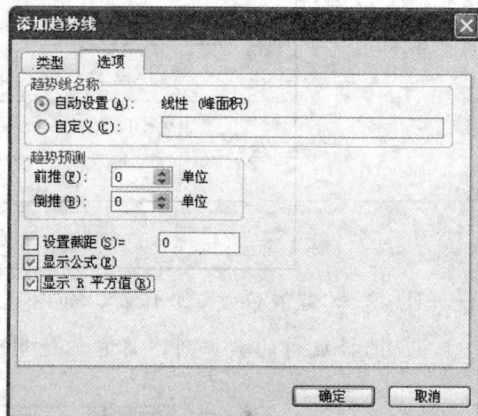

图表标题

$$y = 1639.5x - 200.89$$
$$R^2 = 0.9961$$

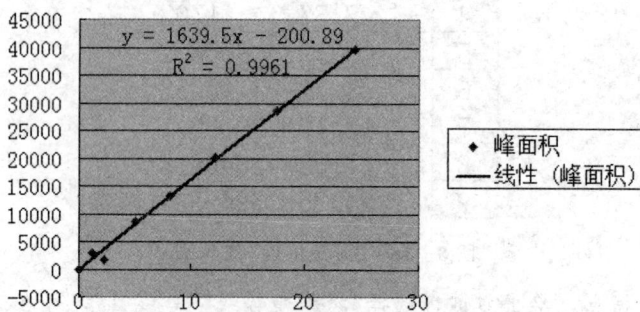

图 8 - 19 趋势线及其公式

由图 8-19 可知，拟合的直线是 $y = 1639.5x - 200.89$，$R^2 = 0.9961$。

因为 $R^2 > 0.99$，所以，这是一个线性特征非常明显的实验模型，即说明拟合直线能够以大于 99% 的解释涵盖了实测数据，具有很好的一般性，可以作为标准工作曲线，用于其他未知浓度溶液的测量。

为了进一步使用更多的指标来描述这一个模型，可以使用数据分析中的"回归"工具来详细分析这组数据。

① 打开"溶液浓度"工作表，在"工具"菜单中选择"数据分析"命令，选择"回归"分析工具。

② 单击"确定"按钮，打开"回归"分析工具对话框。在输入选项"Y 值输入区域"中输入"＄B＄1：＄B＄9"，"X 值输入区域"中输入"＄A＄1：＄A＄9"，选中"标志""常数为零"选项；在输出选项中选择"输出区域"，例 8-6 中不妨选择输出区域为"＄D＄1"；选择"残差""正态分布"选项，如图 8-20 所示。

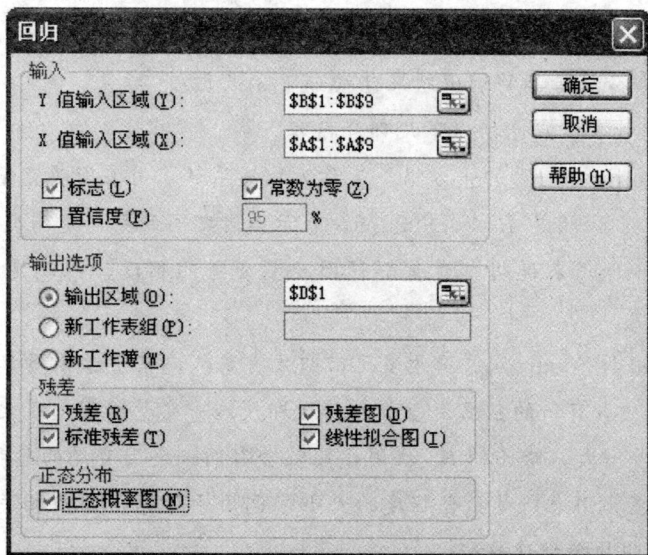

图 8-20 "回归"分析工具对话框

③ 单击"确定"按钮。"回归"工具提供了 3 张图和 3 张表。其中，3 张图分别是残差图、线性拟合图和正态概率图，输出结果如图 8-21 所示。

	D	E	F	G	H	I	J	K	L	M
1	SUMMARY OUTPUT									
2										
3	回归统计									
4	Multiple	0.999076								
5	R Square	0.998152								
6	Adjusted	0.855295								
7	标准误差	897.3483								
8	观测值	8								
9										
10	方差分析									
11		df	SS	MS	F	mificance F				
12	回归分析	1	3.04E+09	3.04E+09	3780.814	1.24E-09				
13	残差	7	5636638	805234						
14	总计	8	3.05E+09							
15										
16		Coefficien	标准误差	t Stat	P-value	Lower 95%	Upper 95%	下限 95.0%	上限 95.0%	
17	Intercept	0	#N/A	#N/A	#N/A	#N/A	#N/A	#N/A	#N/A	
18	浓度	1627.151	26.46276	61.48832	7.9E-11	1564.576	1689.725	1564.576	1689.725	
19										
20										
21										
22	RESIDUAL OUTPUT					PROBABILITY OUTPUT				
23										
24	观测值	预测 峰面积	残差	标准残差		百分比排位	峰面积			
25	1		6.25							
26	2	2017.667	897.6332	1.069384		18.75	1702			
27	3	3856.347	-2154.35	-2.56658		31.25	2915.3			
28	4	8331.011	354.1888	0.421958		43.75	8685.2			
29	5	13212.46	39.53686	0.047102		56.25	13252			
30	6	19834.97	195.1338	0.23247		68.75	20030.1			
31	7	28605.31	-136.508	-0.16263		81.25	28468.8			
32	8	39621.12	77.18208	0.09195		93.75	39698.3			
33										

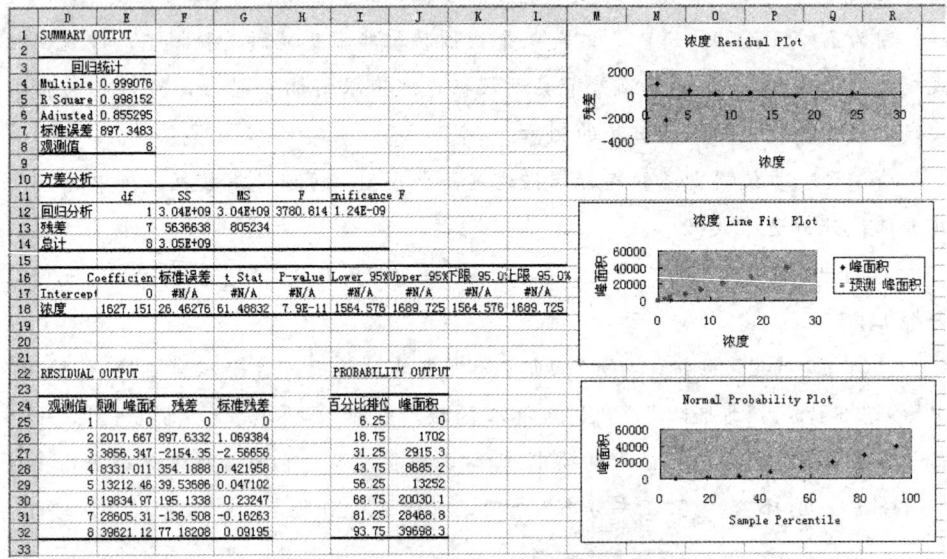

图 8-21 "回归"分析工具输出结果

Excel 回归分析工具的输出结果包括如下 3 张表。

① 回归统计表。它包括以下几部分内容。

• Multiple R。是 R^2 的平方根，又称为相关系数，用来衡量变量 x 和 y 之间相关程度的大小。例 8-6 中 $R = 0.999076$，表示二者之间的关系是高度正相关的。

• R Square。用来说明自变量解释因变量变差的程度，以测定因变量 y 的拟合效果。

• Adjusted R Square。仅用于多元回归才有意义，它用于衡量加入独立变量后模型的拟合程度。当有新的独立变量加入后，即使这一变量同因变量之间不相关，未经修正的 R^2 也要增大，修正的 R^2 仅用于比较含有同一个因变量的各种模型。

• 标准误差。用来衡量拟合程度的大小，也用于计算与回归相关的其他统计量，其值越小，说明拟合程度越好。

• 观测值。用于估计回归方程的数据的观测值个数。

② 方差分析表。它的主要作用是通过 F 检验来判断回归模型的回归效果。

③ 回归参数表。它主要用于回归方程的描述和回归参数的推断。

如图 8-21 所示的回归参数表中第 17 行和第 18 行分别是截距和斜率的各项指标，第 2 列是具体的值，据此可以写出回归方程。第 3 列是各个回归系数的 P 值，最后是置信区间的上下限。

从计算结果中可得到回归方程 $y = 1627.15x$。

实训练习

1. 某市电子工业公司有 14 个所属企业，各企业的年设备能力与年劳动生产率统计数据如下表。试分析企业年设备能力与年劳动生产率的关系。若该公司计划新建一个设备能力为 9.2 千瓦／人的企业，估计劳动生产率将为多少？

企业	设备能力	劳动生产率	企业	设备能力	劳动生产率
1	2.8	6.7	8	4.8	9.8
2	2.8	6.9	9	4.9	10.6
3	3.0	7.2	10	5.2	10.7
4	2.9	7.3	11	5.4	11.1
5	3.4	8.4	12	5.5	11.8
6	3.9	8.8	13	6.2	12.1
7	4.0	9.1	14	7.0	12.4

2. 一矿脉有 13 个相邻样本点，人为地设定一个原点，现测得各样本点与原点的距离 x，与该样本点处某种金属含量 y 的一组数据如下：

x	2	3	4	5	7	8	10
y	106.42	109.2	109.58	109.5	110	109.93	110.49
x	11	14	15	15	18	19	
y	110.59	110.6	110.9	110.76	111	111.2	

试建立合适的回归模型。

小　结

相关关系是分析两个变量之间不严格的依存关系，这些变量地位对等，不区分主从因素。本章介绍了相关关系及其识别、线性相关、非线性相关、Spearman 等级相关、偏相关等的概念；相关系数的计算和相关系数异于零的显著性检验。介绍回归分析的概念与一元线性回归与多元线性回归的基本步骤，以及回归分析工具的使用。

任务9 时间序列

【任务目标】

通过完成本项目，应该能够：

① 了解时间序列的分析方法；

② 体会时间序列的应用环境；

③ 识记不同预测方法；

④ 学会用时间序列的方法对事件发展趋势进行预测。

【任务分解】

子任务9.1：直线趋势预测。

子任务9.2：指数平滑预测。

子任务9.3：季节销售预测。

9.1 直线趋势预测

任务提示 本项目将完成时间序列分析资料工作。

背景资料

为了能够更好地预测校园超市在未来一年的销售情况，超市方面委托市场营销专业的学生对该高校前10年的招生情况进行分析，以客单10元、每日有效客流量13% 来统计，扣除销售费用后约3% 为纯利，那么下一年超市的盈利大概有多少呢？

知识要点 -- >>>

直线趋势预测法。又称线性趋势预测法，是对观察期的时间序列资料表现为接近于一条直线，表现为近似直线的上升或下降时采用的一种预测方法。关键是求得趋势直线，以利用趋势直线的延伸求得预测值。求趋势直线的方程式为

$$Y_t = a + bt$$

式中：t—— 自变量，是选定的任何 t 值；

Y_t—— 因变量，对于选定的 t 值，相应变数 Y 的平均估计值，即第 t 预测周期的预测值；

a，b—— 未知参数。

线性趋势预测法的步骤如下。

① 利用已知数据绘图，确定直线趋势。设直线方程为 $Y_t = a + bt$。

② 求变动趋势直线。可以用直观法，也可以用最小二乘法。

根据最小二乘法，可推导出两个标准方程

$$\sum y_i = na + b \sum t_i$$
$$\sum t_i = a \sum t_i + b \sum t_i^2$$

解得

$$a = \frac{1}{n} \left(\sum y_i - b \sum t_i \right), \quad b = \frac{n \sum t_i y_i - \left(\sum t_i \right) \left(\sum y_i \right)}{n \sum t_i^2 - \left(\sum t_i \right)^2}$$

t 是时间序列的编号，为了简化计算，通常按照 $\sum t_i = 0$ 的原则编号。这样，原公式就简化为

$$a = \frac{\sum y_i}{n}, \quad b = \frac{\sum y_i t_i}{\sum t_i^2}$$

式中，y_i—— 时间序列的实际值；

t_i—— 时间序列各编号；

n—— 数据个数。

在计算时，为保证 $\sum t_i = 0$，通常对于不同资料的时间间隔是不同的。当 n 为奇数时，确定资料的中央一期为 0，与中央一期对称的其他各期之和也应为 0，则时间序列的时间间隔为 1；当 n 为偶数时，中央两期之和为 0，与这两期相邻的其他各期之和也应为 0，则资料的时间间隔为 2。

③ 利用变动趋势直线的延伸，确定预测值。

例 9 - 1：表 9 - 1 是某高校 2000 - 2010 年总在校学生数，试用直线趋势预测 2011 年该校在校学生的总人数。

表 9 - 1　　　　　　　　某高校 2000 - 2010 年的总在校学生数

年份	总在校生数(y_i)	t_i	$t_i y_i$	t_i^2	y_t
2000	2428	-5	-12140	25	2569
2001	2951	-4	-11804	16	2908
2002	3533	-3	-10599	9	3248
2003	3618	-2	-7236	4	3587
2004	3616	-1	-3616	1	3926
2005	4264	0	0	0	4265
2006	4738	1	4738	1	4604
2007	5012	2	10024	4	4944
2008	5103	3	15309	9	5283
2009	5639	4	22556	16	5622
2010	6016	5	30080	25	5961
$\sum$	46918	0	37312	110	—

根据 $\sum t_i = 0$，计算出 $a = \dfrac{\sum y_i}{n} = 4265.27$，$b = \dfrac{\sum y_i t_i}{\sum t_i^2} = 339.20$

则直线趋势方程为

$$Y_t = a + bt = 4265.27 + 339.20t$$

阅读与思考

用最小二乘法建立直线趋势预测模型。

直线趋势市场预测法是以直线模型研究市场现象趋势变动的方法，若市场现象时间序列具有长期趋势变动，而且呈现直线变化规律，即直线上升趋势或直线下降趋势，就可以配合直线方程，用直线趋势预测法进行预测。

直线方程预测法的一般方程为 $Y_t = a + bt$，在直线方程中，关键是确定参数 a，b 的值。确定 a，b 值的最常用方法是最小二乘法。

例 9 - 2：现有某地区社会商品零售额资料，对此进行预测。资料如表 9 - 2

表 9 - 2　　　　　　　　　某地社会商品零售额资料

年份序号	1	2	3	4	5	6	7	8	9	10	11
零售额 Y_t / 亿元	30	34	39	43	46	50	53	57	61	65	68

以年份序号为 X 轴，零售额为 Y 轴，画出散点图，如图 9−1 所示。

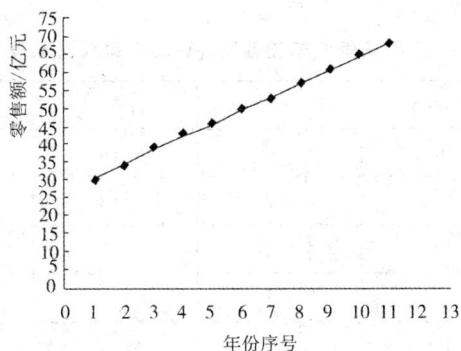

图 9−1 年份散点图

由该散点图观察，基本上呈直线上升趋势，画出趋势线。

最小二乘法的基本思想是：观察值 y_i 与趋势线上各值 y_t（即预测值）的离差平方和为最小，即 $\sum (y_i - y_t)^2$ 最小；实际观察值 y_i 与趋势线上预测值 y_t 离差之和为 0，即 $\sum (y_i - y_t) = 0$，则该直线是最理想的。

案例分析

例 9−3：某品牌汽车在苏州地区历年的销售情况如下。

年份	2001	2002	2003	2004	2005	2006	2007	2008	2009
销售量／千辆	40	45	48	50	56	63	70	76	80

试预测 2010 年的销售情况。

分析：利用已知销售数据画出散点图，如图 9−2 所示。

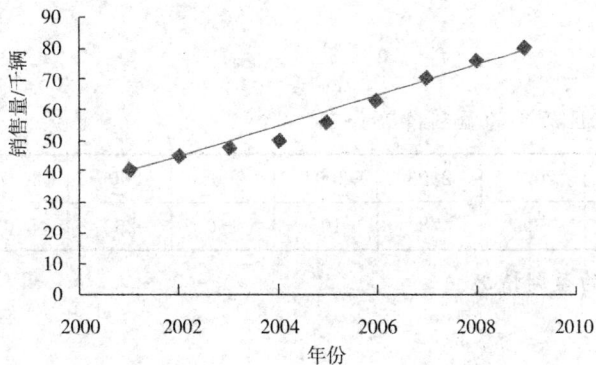

图 9−2 销售散点图

217

① 由该散点图观察，基本上呈直线上升趋势，设趋势直线方程为 $Y_t = a + bt$。

② 汽车销售情况如表 9-3 所示。

表 9-3　　　　　　　　某品牌汽车在苏州地区历年销售情况表

年份	销售量(y_i)	t_i	$t_i y_i$	t_i^2	y_t
2001	40	-4	-160	16	38
2002	45	-3	-135	9	43
2003	48	-2	-96	4	48
2004	50	-1	-50	1	54
2005	56	0	0	0	59
2006	63	1	63	1	64
2007	70	2	140	4	69
2008	76	3	228	9	74
2009	80	4	320	16	79
$\sum$	528	0	310	60	—

根据 $\sum t_i = 0$，计算出

$$a = \frac{\sum y_i}{n} = 58.67 , \quad b = \frac{\sum y_i t_i}{\sum t_i^2} = 5.17$$

趋势直线方程为

$$Y_t = 58.67 + 5.17t$$

③ 利用趋势直线方程，可预测 2010 年的销售额

$$Y_t = 58.67 + 5.17 \times 5 \approx 85 \text{ 千辆}$$

实训练习

某超市在苏州地区历年的盈利情况如下。

年份	2001	2002	2003	2004	2005	2006	2007	2008	2009
盈利／万元	48	59	78	105	156	263	570	1076	2800

试预测 2010 年的盈利情况。

9.2 指数平滑预测

任务提示 本项目将完成时间序列的指数平滑预测。

背景资料

校园超市中某饮料在 1～10 月份中的销售额（单位：瓶）分别为 123，135，193，197，200，310，277，130，220，197。该饮料在 11 月份的销售情况大概如何？为了防止该饮料缺货，超市方面该预先准备多少货源？

知识要点 ....➤➤➤

指数平滑预测。它是指以某种指标的本期实际数和本期预测数为基础，引入一个简化的加权因子，即平滑系数，以求得平均数的一种指数平滑预测法。它是加权移动平均预测法的一种变化。

其计算公式为：

下期预测数 S_{t+1} ＝本期实际数 X_t ×平滑系数 α ＋本期预测数 S_t ×（1－平滑系数 α）

上列公式是从下列公式演变而成的：

下期预测数 S_{t+1} ＝本期预测数 S_t ＋平滑系数 α（本期实际数 X_t －本期预测数 S_t）

平滑系数 α 必须大于 0、小于 1，如 0.1，0.4，0.6 等。

这个公式的含义是：在本期预测数上加上一部分用平滑系数调整过的本期实际数与本期预测数的差，就可求出下期预测数。一般说来，下期预测数常介乎本期实际数与本期预测数之间。平滑系数的大小可根据过去的预测数与实际数比较而定。差额大，则平滑系数应取大一些；反之，则取小一些。平滑系数愈大，则近期的倾向性变动影响愈大；反之，则近期的倾向性变动影响愈小、愈平滑。这种预测法简便易行，只要具备本期实际数、本期预测数和平滑系数 3 项资料，就可预测下期数。

例如，某种产品销售量的平滑系数为 0.4，1996 年实际销售量为 31 万件，预测销售量为 33 万件，则 1997 年的预测销售量为

1997 年预测销售量 = 31 万件 × 0.4 + 33 万件 × (1 − 0.4) = 32.2 万件

阅读与思考

指数平滑法一般有一次指数平滑法、二次指数平滑法和三次指数平滑法。

指数平滑法的预测模型。

（1）初始值的确定，即第一期的预测值

当原数列的项数较多时（大于 15 项），可以选用第一期的观察值或选用比第一期前一期的观察值作为初始值；当原数列的项数较少时（小于 15 项），可以选取最初几期（一般为前三期）的平均数作为初始值。指数平滑方法的选用一般可根据原数列散点图呈现的趋势来确定。如呈现直线趋势，则选用二次指数平滑法；如呈现抛物线趋势，则选用三次指数平滑法。或者，当时间序列的数据经二次指数平滑处理后，仍有曲率时，应用三次指数平滑法。

（2）指数平滑系数 α 的确定

指数平滑法的计算中，关键是 α 的取值大小，但 α 的取值又容易受主观影响，因此，合理确定 α 的取值方法十分重要。一般来说，如果数据波动较大，α 值应取大一些，可以增加近期数据对预测结果的影响；如果数据波动平稳，α 值应取小一些。一般认为，有以下几种方法可供选择。

① 经验判断法。这种方法主要依赖于时间序列的发展趋势和预测者的经验作出判断，当时间序列呈现较稳定的水平趋势时，应选较小的 α 值，一般可在 0.05 ～ 0.20 之间取值；当时间序列有波动，但长期趋势变化不大时，可选稍大的 α 值，常在 0.1 ～ 0.4 之间取值；当时间序列波动很大，长期趋势变化幅度较大，呈现明显且迅速的上升或下降趋势时，宜选择较大的 α 值，如可在 0.6 ～ 0.8 之间选值，以使预测模型灵敏度高些，能迅速跟上数据的变化；当时间序列数据是上升（或下降）的发展趋势类型时，α 应取较大的值，在 0.6 ～ 1 之间。

② 试算法。根据具体时间序列情况，参照经验判断法，来大致确定额定的取值范围，然后取几个 α 值进行试算，比较不同 α 值下的预测标准误差，选取预测标准误差最小的 α 值。

在实际应用中，预测者应结合对预测对象的变化规律，作出定性判断，且计算预测误差，并要考虑到预测灵敏度和预测精度是相互矛盾的，必须给予二者一定的考虑，采用折中的 α 值。

案例分析

例 9 - 4: 校园超市中某饮料在 1—10 月份中的销售额(单位:瓶)分别为 123, 135, 193, 197, 200, 310, 277, 130, 220, 197。预测该饮料在 11 月份的销售情况。

选取不同的平滑系数 α,设 $S_1 = X_1 = 123$, $S_{t+1} = X_t \times \alpha + S_t \times (1 - \alpha)$。

当 $\alpha = 0.1$ 时,有

$S_2 = X_1 \times \alpha + S_1 \times (1 - \alpha) = 123 \times 0.1 + 123 \times 0.9 = 123$

$S_3 = X_2 \times \alpha + S_2 \times (1 - \alpha) = 135 \times 0.1 + 123 \times 0.9 = 124$

....

当 $\alpha = 0.5$ 时,有

$S_2 = X_1 \times \alpha + S_1 \times (1 - \alpha) = 123 \times 0.5 + 123 \times 0.5 = 123$

$S_3 = X_2 \times \alpha + S_2 \times (1 - \alpha) = 135 \times 0.5 + 123 \times 0.5 = 129$

....

当 $\alpha = 0.9$ 时,有

$S_2 = X_1 \times \alpha + S_1 \times (1 - \alpha) = 123 \times 0.9 + 123 \times 0.1 = 123$

$S_3 = X_2 \times \alpha + S_2 \times (1 - \alpha) = 135 \times 0.9 + 123 \times 0.1 = 134$

....

预测结果如下表所示。

月份	实际销售额	预测销售额		
		$\alpha = 0.1$	$\alpha = 0.5$	$\alpha = 0.9$
1	123	123	123	123
2	135	123	123	123
3	193	124	129	134
4	197	131	161	187
5	200	138	179	196
6	310	144	190	200
7	277	161	250	299
8	130	172	263	279
9	220	167	241	144
10	197	172	230	212
11		174	213	198
平均平方差		5935	3310	2566

从不同 α 对应的偏差平方均值来看，当 $\alpha=0.9$ 时，取值最小，因此，选择 $\alpha=0.9$ 来预测 11 月份的销售额，预测结果为

$$197\times0.9+212\times0.1=199 \text{ 瓶}$$

实训练习

某家电在苏州地区历年的销售情况如下。

年份	2001	2002	2003	2004	2005	2006	2007	2008	2009
销售量/千台	48	59	78	105	115	206	257	307	380

试用指数平滑法预测 2010 年的销售情况。

9.3 季节销售预测

任务提示 本项目将完成用季节销售预测法进行时间序列分析。

背景资料

某超市在高校运营了几年以后，发现该超市中某品牌运动饮料的销量情况如表 9－5 所示。

表 9－5　　　　2007－2009 年每月该超市某品牌运动饮料销售情况

年份 \ 月份 销售量/瓶	1	2	3	4	5	6	7	8	9	10	11	12
2007 年	108	101	232	542	780	1090	980	750	850	642	121	118
2008 年	98	100	256	563	810	1180	932	800	910	663	130	132
2009 年	112	105	215	458	805	1056	899	785	885	658	115	157

2010 年 1 月该超市此种品牌饮料销售了 138 瓶，为了既满足学生的需求又不能造成库存的积压，超市管理人员在 2 月份补货时，对该饮料该补多少箱才比较合适呢？（假设 1 箱＝24 瓶）

知识要点

在市场活动中，某些经济变量的变化随着季节的不同而呈现出周期性变化，在一定的时间间隔内，出现相似的周期曲线。有些经济变量反映的季节变动较强，而另一些经济变量表现的季节变动相对较弱。因此，在进行市场预测时，应考虑到经济变量的季节性变化。季节销售预测就是描述时间序列的季节性变动规律，并以此为依据，预测未来市场商品的供应量、需求量及价格变动趋势。

阅读与思考

季节变动是指价格由于受到自然条件、生产条件和生活习惯等因素的影响，随着季节的转变而呈现的周期性变动。这种周期通常为 1 年。季节变动的特点是有规律性的，每年重复出现，其表现为逐年同月（或季）有相同的变化方向和大致相同的变化幅度。

季节预测法的一般步骤有以下几点。

① 收集历年（通常至少有 3 年）各月或各季的统计资料（观察值）。

② 求出各年同月或同季观察值的平均数（用 A 表示）。

③ 求出历年间所有月份或季度的平均值（用 B 表示）。

④ 计算各月或各季度的季节指数，即 $S=A/B$。

⑤ 根据未来年度的全年趋势预测值，求出各月或各季度的平均趋势预测值，然后乘以相应季节指数，即得出未来年度内各月和各季度包含季节变动的预测值。

案例分析

例 9 - 5：某校园超市在 2007—2009 年微型电扇的销售量资料如表 9 - 6 所示。已知 2010 年 1 月份的销售量为 2 台，试预测 2010 年其他各月的销售量。

表 9 - 6　　　　某校园超市 2007—2009 年微型电扇的销售量

年份\月份 销售量/瓶	1	2	3	4	5	6	7	8	9	10	11	12	年平均
2007	3	1	5	8	22	40	12	13	62	15	4	2	15.6
2008	1	1	4	9	23	51	15	15	57	15	3	1	16.3
2009	2	1	6	7	18	41	12	14	58	13	2	2	14.7
月平均	2.0	1.0	5	8	21.0	44.0	13.0	14.0	59.0	14.3	3.0	1.7	15.5
季节指数	12.90	6.45	32.26	51.61	#####	#####	83.87	90.32	#####	92.26	19.35	10.97	

具体使用季节预测方法如下。

① 计算历年同月的平均值。

$$1 月份的平均值 = \frac{3+1+2}{3} = 2$$

············

$$12 月份的平均值 = \frac{2+1+2}{3} = 1.7$$

② 计算全年月平均值。

$$\frac{2+1+5+\cdots+1.7}{12} = 15.5$$

③ 计算各月季节指数。

$$季节指数 = \frac{各年间月平均数}{全年月总平均数} \times 100\%$$

$$1 月份季节指数 = \frac{2}{15.5} = 12.9\%$$

············

$$12 月份季节指数 = \frac{1.7}{15.5} = 10.97\%$$

④ 调整月份季节预测系数。

$$调整月季节系数 = \frac{1200\%}{调整前各月季节比率之和}$$

$$调整 1 月份季节指数 = \frac{1200\%}{1200\%} \times 12.9\% = 12.9\%$$

⑤ 计算预测值。

$$某月预测值 = \frac{预测月的季节指数}{实际月的季节指数} \times 上月实际数$$

$$2010 年 2 月份的预测值 = \frac{6.45}{12.9} \times 2 = 1$$

$$2010 年 3 月份的预测值 = \frac{32.26}{6.45} \times 1 = 5$$

············

以此类推，可以求出 2010 年各月的销售预测值。

实训练习

某企业 2005—2008 年各月总产值资料如表 9-7 所示。

表 9-7   **某企业 2005—2008 年各月总产值**

月份 总产值/万元 年份	1	2	3	4	5	6	7	8	9	10	11
2005	506	473	542	546	585	547	570	576	569	810	583
2006	556	483	582	566	580	577	590	586	589	825	590
2007	563	465	591	584	602	594	605	616	605	831	603
2008	636	578	612	604	615	607	570	584	596	806	624

2009 年 1 月份的总产量为 643 万元，试预测 2009 年各月的总产量。

小   结

时间序列法是一种定量预测方法，在统计学中，作为一种常用的预测手段被广泛应用。本章介绍了时间序列的常用方法：直线趋势预测、指数平滑预测和季节销售预测。

参考文献

[1] 黄莉萍，方向阳. 应用统计和 Excel 运用[M]. 北京：中国人民大学出版社，2010.

[2] 潘鸿. 应用统计学[M]. 北京：人民邮电出版社，2011.

[3] 卢冶飞，孙忠宝. 应用统计学[M]. 北京：清华大学出版社，2012.

[4] 贾俊平，何晓群，金勇进. 统计学[M]. 5 版. 北京：中国人民大学出版社，2012.

[5] 王维鸿. Excel 在统计学中的应用[M]. 2 版. 北京：中国水利水电出版社，2012.